出る順 宅建士

2022年版

ウォーク問 過去問題集

③ 法令上の制限・税・その他

はしがき

　本書は，宅建士試験合格のためのテキスト「出る順宅建士 合格テキスト」の姉妹本の過去問題集として1988年に発刊され，多くの受験者の皆様から支持されてきました。過去に出題された問題を単に並べるのではなく，同じ項目ごとに出題された問題を編集し，同じ項目に関する問題を連続して解き，その項目に関する知識が完全に理解できるようにしています。さらに，2021年（10月試験）の出題傾向を踏まえ，確実に試験に合格できるよう，下記のような工夫をしています。

① 「出る順宅建士 合格テキスト」と完全リンク

　受験勉強の王道は，「テキストを読み，問題を解き，知識を頭に入れる」ことです。これを実現するため，「出る順宅建士 合格テキスト」の暗記項目「合格ステップ」に本書の問題番号及び選択肢を記載し，1項目勉強するごとに，その項目に該当する問題を解くことができるようにしました。是非本書と合わせて，「出る順宅建士 合格テキスト」もお求めください。

② 解説に「出る順宅建士 合格テキスト」の合格ステップ及びテキスト掲載箇所を記載

　過去問を解く，といっても，全く同じ問題が出るわけではないので，正解できるか否かは問題ではありません。その問題を解くために必要な知識を覚えることが重要です。それが「出る順宅建士 合格テキスト」の暗記項目「合格ステップ」です。これを本書の選択肢ごとに記載し，その問題を通して何を暗記すればいいのか，がわかるようにしています。また，問題に該当する合格ステップが無い場合も，テキストの本文に記述があれば，その箇所を記載しています。

③ 問題ごとの重要度について特AからCまでの4段階の重要度ランクを掲載

　最近の問題は，満点をとらせないために，普通の受験者では到底勉強しないような知識が出題されることがあります。このような問題は正解できなくても合否に影響はありません。捨ててもいい問題です。これをCランクとして表示し，効率よく勉強できるようにしています。

④ 2021年（10月試験）に出題された問題を巻末に一挙収録

　変動する宅建士試験の最近の傾向を体感していただくために，最新の本試験問題をそのまま収録しました。これを連続して解くことにより，実際の試験を体感してください。

　上記のような特長のある本書を姉妹編の「出る順宅建士 合格テキスト」とともにご利用され，一人でも多くの方が合格されることを祈念します。

2021年11月吉日

株式会社　東京リーガルマインド
LEC総合研究所　宅建士試験部

C O N T E N T S

はしがき
ウォーク問・本試験問題対照表
本書の使い方
こうして使えば効果バツグン！
インターネット情報提供サービス

第1編　法令上の制限

都市計画の内容……………………………………… 3
開発行為の規制 ……………………………………… 19
都市計画制限等 ……………………………………… 55
都市計画法総合 ……………………………………… 59
用途規制 ……………………………………………… 67
容積率 ………………………………………………… 75
建蔽率・容積率 ……………………………………… 77
高さ制限 ……………………………………………… 81
道路規制 ……………………………………………… 87
防火・準防火地域 …………………………………… 93
単体規定 ……………………………………………… 99
建築協定 ……………………………………………… 105
建築確認 ……………………………………………… 107
建築基準法総合 ……………………………………… 119
国土利用計画法 ……………………………………… 149
農地法 ………………………………………………… 167
土地区画整理法 ……………………………………… 189
宅地造成等規制法 …………………………………… 211
その他の法令上の制限 ……………………………… 223

第2編 税・価格

不動産取得税 ……………………………………… 235
固定資産税 ………………………………………… 247
地方税 ……………………………………………… 257
所得税 ……………………………………………… 259
印紙税 ……………………………………………… 271
登録免許税 ………………………………………… 285
贈与税 ……………………………………………… 295
地価公示法 ………………………………………… 297
不動産鑑定評価基準 ……………………………… 311

第3編 免除科目

住宅金融支援機構法 ……………………………… 321
景品表示法 ………………………………………… 331
土地 ………………………………………………… 349
建物 ………………………………………………… 363

第4編 令和3年度(10月試験)本試験問題

ウォーク問・本試験問題対照表

問＼年	1991	1992	1993	1994	1995	1996	1997	1998	1999	2000
問1								① 58		
問2						① 24				
問3						① 61				
問4			① 86	① 23				① 85		
問5						① 3				
問6	① 89		① 36	① 33	① 77	① 135				① 141
問7					① 119					① 34
問8										① 130
問9		① 132				① 30				
問10							① 55			
問11										
問12										
問13	① 109									
問14										① 69
問15								① 73		
問16						① 102			③ 76	
問17								③ 31		
問18					③ 30					
問19										
問20						③ 12		③ 53	③ 55	
問21		③ 57							③ 37	
問22				③ 45				③ 39	③ 48	
問23			③ 40		③ 54	③ 58				③ 33
問24			③ 52		③ 41					③ 44
問25						③ 43	③ 51		③ 111	
問26						③ 124				
問27						③ 97		③ 132	③ 123	
問28	③ 142					③ 131				
問29				③ 129						③ 148
問30		③ 127						② 35		
問31									② 36	
問32							② 29			
問33							② 46			
問34										
問35										
問36										
問37				② 34					② 76	
問38										
問39						② 48				
問40			② 47							
問41										
問42										
問43										
問44						② 65				
問45									② 31	
問46										
問47									③ 167	
問48						② 143				
問49				② 49						
問50							③ 177			

【表の読み方】 例：本試験 2002 年度問 17 出題が『③ 1』であることを示し、『③ 1』は「ウォーク問 ③法令上の制限・税・その他」の問 1 を表す。

問＼年	2001	2002	2003	2004	2005	2006	2007	2008	2009	2010
問1	① 93	① 6	① 9				① 5			
問2						① 22	① 25	① 66		① 16
問3		① 146		① 65	① 18			① 21	① 11	① 13
問4	① 88			① 26		① 91				① 64
問5	① 63	① 148					① 129			
問6						① 137	① 60	① 87		
問7										
問8			① 142				① 82	① 38	① 28	① 83
問9		① 45		① 32				① 46	① 150	① 31
問10		① 139	① 40				① 35		① 39	① 51
問11			① 106			① 133	① 41			① 126
問12		① 50			① 52	① 54	① 56			
問13	① 113	① 128		① 110	① 120		① 127	① 125	① 96	① 100
問14						① 118			① 70	
問15				① 72					③ 81	③ 75
問16				③ 80	① 67					③ 7
問17		③ 1			③ 82				③ 18	
問18	③ 13		③ 15	③ 17	③ 10			③ 28		
問19	③ 19		③ 23		③ 3		③ 24	③ 21	③ 63	③ 35
問20	③ 46	③ 34		③ 64		③ 16		③ 38		
問21				③ 65	③ 50			③ 36	③ 103	
問22						③ 42	③ 70			③ 93
問23		③ 88	③ 84	③ 107				③ 98	③ 143	
問24	③ 113	③ 114				③ 104	③ 96		③ 139	③ 116
問25						③ 92				
問26							③ 130	③ 133		② 3
問27	③ 140	③ 141					③ 137		② 13	
問28	③ 119		③ 122	③ 134		③ 121	③ 117		② 18	
問29	③ 157	③ 151							② 33	
問30		② 4	② 1		② 7			② 50	② 52	
問31		② 39					② 37			
問32					② 51		② 2			
問33			② 32					② 45		② 77
問34	② 137									② 100
問35		② 40			② 120					② 90
問36										② 93
問37							② 58	② 95	② 128	
問38							② 138			
問39		② 154	② 113	② 71						② 123
問40								② 129	② 140	
問41									② 145	
問42	② 158							② 11		
問43									② 24	
問44								② 67		
問45		② 110	② 136		② 61					
問46										
問47										③ 171
問48										
問49									③ 174	
問50					③ 173					③ 182

ウォーク問・本試験問題対照表

問＼年	2011	2012	2013	2014	2015	2016	2017	2018	2019	2020(10月)
問1							① 17	① 7	① 59	① 145
問2			① 8		① 4	① 10	① 152	① 19		
問3	① 94				① 107			① 151	① 44	
問4	① 81	① 20	① 147		① 15	① 76		① 14		① 105
問5	① 143						① 43	① 154		① 140
問6		① 62			① 78	① 42	① 57	① 79		① 2
問7		① 75		① 104					① 37	① 84
問8		① 29	① 155		① 27	① 103	① 90	① 153	① 138	
問9			① 134	① 136			① 49	① 149		
問10		① 48	① 53			① 47	① 80			① 12
問11	① 121	① 124	① 112		① 108	① 122			① 123	
問12				① 111	① 115	① 117		① 116	① 114	
問13		① 95					① 97	① 98	① 99	① 101
問14						① 71		① 68		① 74
問15	③ 74		③ 32	③ 5	③ 22	③ 78	③ 85		③ 2	
問16	③ 6	③ 27	③ 11	③ 14		③ 8	③ 29	③ 4	③ 9	③ 26
問17	③ 20		③ 49	③ 68	③ 56	③ 25				③ 60
問18	③ 47	③ 69	③ 66		③ 72		③ 59		③ 61	
問19	③ 67	③ 71	③ 108				③ 73	③ 62	③ 106	③ 109
問20		③ 110	③ 102	③ 101	③ 100	③ 105				
問21			③ 83		③ 77	③ 95	③ 94	③ 99	③ 86	③ 91
問22	③ 90	③ 89		③ 112	③ 87		③ 115			
問23	③ 138	③ 128	③ 135	③ 144	③ 146	③ 136		③ 145		
問24		③ 120			③ 126				③ 125	③ 118
問25	③ 150	③ 156	③ 152		③ 153	③ 154	③ 149	③ 155	③ 147	
問26	② 8	② 16	② 22	② 5		② 151	② 146			
問27			② 60		② 14	② 78		② 107	② 139	② 83
問28	② 41	② 86	② 81	② 25	② 73		② 157	② 155		
問29		② 74	② 144	② 59					② 150	② 75
問30	② 54							② 147	② 82	② 149
問31				② 99	② 127				② 72	② 97
問32		② 142			② 80		② 53			
問33		② 55			② 117	② 148			② 63	
問34	② 106	② 118	② 115	② 88	② 122		② 108	② 105		② 27
問35			② 102				② 10	② 94		
問36	② 85	② 42	② 135				② 21		② 103	② 68
問37					② 84			② 114	② 130	
問38			② 124			② 43	② 104	② 116	② 111	
問39	② 126	② 121	② 69		② 125		② 70	② 91	② 89	
問40				② 98	② 119	② 56				
問41		② 141	② 12	② 160	② 109	② 156	② 96	② 9	② 92	② 87
問42		② 23	② 152			② 101		② 38		
問43	② 66	② 62	② 20		② 153		② 79	② 57	② 15	
問44			② 44		② 26	② 112	② 17	② 64	② 28	
問45				② 134	② 131				② 132	② 133
問46		③ 162	③ 159	③ 160			③ 161			③ 158
問47	③ 168	③ 165	③ 166	③ 163			③ 170	③ 164		
問48										
問49			③ 176	③ 178			③ 175		③ 172	
問50	③ 183		③ 179		③ 184	③ 181	③ 185	③ 180		

【表の読み方】 例：本試験 2002 年度問 17 出題が『③ 1 』であることを示し、『③ 1 』は「ウォーク問 ③法令上の制限・税・その他」の問 1 を表す。

年 問	2020 (12月)	2021 (10月)
問1	① 131	① 156
問2		① 157
問3		① 158
問4		① 159
問5		① 160
問6		① 161
問7		① 162
問8		① 163
問9	① 144	① 164
問10	① 92	① 165
問11		① 166
問12		① 167
問13		① 168
問14		① 169
問15		③ 186
問16		③ 187
問17		③ 188
問18		③ 189
問19		③ 190
問20		③ 191
問21		③ 192
問22	③ 79	③ 193
問23		③ 194
問24		③ 195
問25		③ 196
問26		② 161
問27		② 162
問28		② 163
問29	② 159	② 164
問30		② 165
問31	② 19	② 166
問32		② 167
問33		② 168
問34		② 169
問35		② 170
問36		② 171
問37		② 172
問38		② 173
問39		② 174
問40		② 175
問41		② 176
問42		② 177
問43	② 30	② 178
問44	② 6	② 179
問45		② 180
問46		③ 197
問47	③ 169	③ 198
問48		③ 199
問49		③ 200
問50		③ 201

本書の使い方

◆問題文

重要度ランク

直近3年間の試験における出題を分析し、全問に重要度ランクを表記しています。

特Aランク
最も重要な問題。

Aランク
かなり重要な問題。

Bランク
まあまあ重要な問題

Cランク
参考程度の問題

●第1編 権利関係

意思表示

問 1 A所有の甲土地につき、Aと○○との間で売買契約が締結された場合における次の記述のうち、民法の規定及び判例によれば、正しいものはどれか。

❶ Bは、甲土地は将来地価が高騰すると勝手に思い込んで売買契約を締結したところ、実際には高騰しなかった場合、相手方に表示していなくとも、動機の錯誤を理由に本件売買契約を取り消すことができる。

❷ Bが、第三者であるCから甲土地がリゾート開発される地域内になるとだまされて売買契約を締結した場合、AがCによる詐欺の事実を知っていたとしても、Bは本件売買契約を詐欺を理由に取り消すことはできない。

❸ AがBにだまされたとして詐欺を理由にAB間の売買契約を取り消した後、Bが甲土地をAに返還せずにDに転売してDが所有権移転登記を備えても、AはDから甲土地を取り戻すことができる。

❹ BがEに甲土地を転売した後に、AがBの強迫を理由にAB間の売買契約を取り消した場合には、EがBによる強迫につき知らなかったときであっても、AはEから甲土地を取り戻すことができる。

(本試験 2011 年問 1 改題)

LEC東京リーガルマインド 2022年版出る順宅建士 ウォーク問過去問題集①権利関係

問題文

過去の出題の中で、本年度の試験対策に不可欠な問題だけを厳選し、収録しました。問題文末尾に、出題された年度と問番号があります。なお、法改正等に対応してかたちを変えた問題は、「改題」として掲載しています。

チェックボックス

1回問題を解くごとに、日付や結果を記入しましょう。試験前には、2回以上間違えた問題を解くというような使い方もできます。

本書は、本年度の試験対策に必要不可欠の過去問を厳選し、収録しています。収録問題を何度も徹底的に学習することで、本試験を突破するための実力がつきます！

◆解説文

正解肢 4

合格者正解率 **98.2%** 不合格者正解率 **89.0%**
受験者正解率 **93.8%**

正解率

LECでは2000年以降、多くの受験者の皆様に解答番号の再現をお願いし、問題ごとの正解率を出しています。合格者正解率が70％以上の問題は確実に正解できるようにしましょう。

※2021年(令和3年度)10月試験の問題の正解率は、合格発表後に、「Myページ」で公開します。詳しくは「インターネット情報提供サービス」のページをご覧ください。

☆ ❶ **誤** 動機の錯誤は相手方に表示していなければ、取り消すことはできない。

意思表示は、表示の錯誤又は動機の錯誤に基づくものであって、それが法律行為の目的及び取引上の社会通念に照らして重要なものであり（民法95条1項）、表意者に重大な過失がなかったとき（民法95条3項柱書）は、取り消すことができる。しかし、動機の錯誤は、その事情が法律行為の基礎とされていることが表示されていたときに限り、取り消すことができる（民法95条2項）。Bは、甲土地の地価が将来高騰すると勝手に思い込んでいるにすぎず、法律行為の基礎とされていることが表示されていない。よって、本肢は誤り。

☆ ❷ **誤** 相手方が悪意であるから、取り消すことができる。

相手方に対する意思表示について第三者が詐欺を行った場合においては、相手方がその事実を知り、又は知ることができたときに限り、その意思表示を取り消すことができる（民法96条2項）。したがって、相手方であるAが第三者Cによる詐欺の事実を知っていた場合には、Bは、本件売買契約を詐欺を理由に取り消すこと

☆ ❸ **誤** 登記を備えた取消し後の第三者には対抗することができない。 ステップ46

者との優劣は登記の先後によって決する（民法177条、判例）。したがって、Aは、取消し後に甲土地を取得して登記を備えたDに対して、甲土地の所有権を対抗することができず、Dから甲土地を取り戻すことはできない。よって、本肢は誤り。

☆ ❹ **正** よる意思表示は、取り消すことができる（民法96条1項）。こ 取消しは、詐欺の場合と異なり、取消し前の善意・無過失の第三 に対しても対抗することができる（民法96条3項反対解釈）。したがって、Aは、Eが強迫をしらなかったときであっても、Eに対して甲土地の所有権を対抗することができ、Eから 土地を取り戻すことができる。よって、本肢は正しく、本問の 解肢となる。

『合格テキスト』とのリンク

出題知識の復習が出来るよう、『合格テキスト』の関連箇所、「合格ステップ」の番号を併記しています。詳しくは次頁参照。

4　LEC東京リーガルマインド　2022年版出る順宅建士 ウォーク問過去問題集①権利関係

☆マーク

近年の本試験問題の傾向分析から、重要な肢には☆印を付けました。

一言解説

誤りの選択肢には、「どこが誤っているのか」が一目で分かるように「一言解説」を入れました。「一言解説」だけで理解できれば、効率のよい学習が可能になります！

こうして使えば効果バツグン！

1 合格テキストに完全対応！

解説右側にある「ステップ番号」、「項目番号」は、『合格テキスト』に完全対応しています。本書と併用していただくことで、理解を深めることが可能です。例えば、 ステップ15 は、『合格テキスト』の「合格ステップ15」、制 1-5-5 は、章、項目番号等へのリンクを表しています。

【ウォーク問】　　　【合格テキスト】

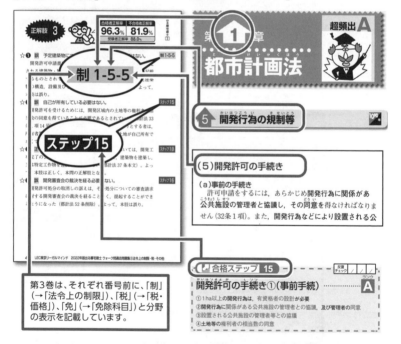

2 直近3年間の出題を分野ごとに分析!

実際に出題された試験問題のうち、直近3年間の出題を分野ごとにまとめました。この「最近の出題傾向」表で、直近3年間の出題傾向を把握し、効率的な問題練習をしましょう!

最近の出題傾向

	2019	2020 (10月)	2020 (12月)	2021 (10月)		2019	2020 (10月)	2020 (12月)	2021 (10月)
都市計画の内容	○	○	○	○	高さ制限				
都市計画の決定手続					防火・準防火地域	○		○	○
開発行為の規制	○	○	○	○	単体規定	○	○	○	
都市計画制限等		○			建築確認		○		○

3 いつでもどこでも『ウォーク問』!

持ち運び便利なハンディタイプのため、ちょっとした空き時間や外出先等、いつでもどこでも学習できます。通勤・通学電車の中やスキマ時間に、1問2分ぐらいと決めて、実戦感覚を養いましょう。

4 貼り合わせてオリジナル本にも！

本書は、オモテ面に問題文、ウラ面に解説文を配置した1枚完結型問題集です。できなかった問題だけを切り離して、直前期に集中して問題練習に取り組んだり、『合格テキスト』の同じ項目のページに貼り合わせて、あなただけのオリジナル対策本を作ることも可能です。

5 「実力診断模試」にチャレンジしよう！

『ウォーク問』を一通り終えた方は、本試験を想定した総合問題である「実力診断模試」にチャレンジしてみましょう。
本試験をシュミレートするとともに、個人成績表で受験者中の自分の順位を把握することができます。自身の弱点を発見し、本試験までにぜひ克服しましょう。

※2022年向け「実力診断模試」は、6月実施予定です。弊社ホームページよりお申込みください。

インターネット情報提供サービス

登録無料

お届けするフォロー内容

- **12月本試験 問題&解説**
- **法改正情報**
- **宅建NEWS（統計情報）**

アクセスして試験に役立つ最新情報を手にしてください。

登録方法 情報閲覧にはLECのMyページ登録が必要です。

LEC東京リーガルマインドのサイトにアクセス
https://www.lec-jp.com/

↓

 Myページ ログイン をクリック

↓

Myページ ID・会員番号をお持ちの方	Myページお持ちでない方 LECで初めてお申込頂く方
Myページログイン	**Myページ登録**

↓

必須

Myページ内 希望資格として **宅地建物取引士** を選択して、 **希望資格を追加** をクリックしてください。

ご選択頂けない場合は、情報提供が受けられません。
また、ご登録情報反映に半日程度時間を要します。しばらく経ってから再度ログインをお願いします（時間は通信環境により異なる可能性がございます）。

※サービス提供方法は変更となる場合がございます。その場合もMyページ上でご案内いたします。
※インターネット環境をお持ちでない方はご利用いただけません。ご了承ください。
※上記の図は、登録の手順を示すものです。Webの実際の画面と異なります。

注目 本書ご購入者のための特典

① 2021年度12月本試験問題&解説（2022年3月下旬公開予定）
② 2022年法改正情報（2022年8月下旬公開予定）
③ 2022年「宅建NEWS」（2022年5月中旬と8月下旬に公開予定）

〈注意〉上記情報提供サービスは、2022年宅建士試験前日までとさせていただきます。予めご了承ください。

お得情報！
LECの講座が無料で受講できます！

LECの講座に興味があるけど、なかなか受講料が高くて始めるのに迷っている方におススメの制度です。

【対象講座】

2022年合格目標

スーパー合格講座

【通学講座】各科目（「権利関係」・「宅建業法」・「法令上の制限・税・その他」）の1回目、各2.5時間
【通信講座】「権利関係」の1回目〜3回目、各2.5時間

通学講座 無料体験入学

LEC各本校で上記の講座を無料で体験できます。実施校・スケジュール等の詳細につきましてはLECコールセンターへお問い合わせいただくか、LEC宅建士ホームページをご覧ください。

通信講座 お試しWeb受講

（2021年12月上旬から順次UP予定）

【受講方法】 https://www.lec-jp.com/

インフォメーション一覧

おためしWeb受講制度

対象講座・対象クラス一覧

宅地建物取引士

おためしWeb受講利用申込

第1編
法令上の制限

最近の出題傾向

	2019	2020 (10月)	2020 (12月)	2021 (10月)		2019	2020 (10月)	2020 (12月)	2021 (10月)
都市計画の内容	○	○	○	○	高さ制限			○	
都市計画の決定手続					防火・準防火地域	○		○	○
開発行為の規制	○	○	○	○	単体規定	○	○	○	○
都市計画制限等		○			建築確認		○		○
都市計画法総合					建築基準法総合	○	○	○	○
道路規制	○	○			国土利用計画法	○	○	○	○
用途規制	○	○	○		農地法	○	○	○	○
建蔽率	○		○		土地区画整理法	○	○	○	○
容積率		○			宅地造成等規制法等	○	○	○	○

●本編で引用する法令等の略称は，次のとおりです。

略称	正式名称	略称	正式名称
都計法	都市計画法	宅造法	宅地造成等規制法
建基法	建築基準法	急傾斜地災害防止法	急傾斜地の崩壊による災害の防止に関する法律
国土法	国土利用計画法	密集市街地防災街区整備促進法	密集市街地における防災街区の整備の促進に関する法律
区画法	土地区画整理法		

※各法の施行令は「施行令」，施行規則は「規則」と略記しています

●第1編 法令上の制限

都市計画の内容

問1

都市計画法に関する次の記述のうち，誤っているものはどれか。

❶ 都市計画区域は，一体の都市として総合的に整備し，開発し，及び保全される必要がある区域であり，2以上の都府県にまたがって指定されてもよい。

❷ 都市計画は，都市計画区域内において定められるものであるが，道路や公園などの都市施設については，特に必要があるときは当該都市計画区域外においても定めることができる。

❸ 市街化区域は，既に市街地を形成している区域であり，市街化調整区域は，おおむね10年以内に市街化を図る予定の区域及び市街化を抑制すべき区域である。

❹ 無秩序な市街化を防止し，計画的な市街化を進めるため，都市計画区域を市街化区域と市街化調整区域に区分することができるが，すべての都市計画区域において区分する必要はない。

（本試験 2002 年問 17 出題）

合格者正解率	不合格者正解率
96.2%	**78.8%**

正解肢 **3**

受験者正解率 **88.3%**

☆**❶** **正** 都市計画区域は，一体の都市として総合的に整備し，開 　ステップ1
発し，及び保全される必要がある区域である。そして，必要があ
れば，一つの市町村の区域外にわたり指定することができ，2以
上の都府県にまたがって指定することもできる（都計法5条1項，
4項）。よって，本肢は正しい。

☆**❷** **正** 通常の都市計画は都市計画区域において定められるが， 　ステップ8
都市施設については，特に必要があるときは，都市計画区域外に
おいても定めることができる（都計法11条1項）。よって，本
肢は正しい。

☆**❸** **誤** 市街化調整区域は，市街化を抑制すべき区域である。 　ステップ3
　市街化区域とは，すでに市街地を形成している区域及びおおむ
ね10年以内に優先的かつ計画的に市街化を図るべき区域である
（都計法7条2項）。これに対し，市街化調整区域とは，市街化
を抑制すべき区域である（都計法7条3項）。よって，本肢は誤
りであり，本問の正解肢となる。

☆**❹** **正** 都市計画区域については，無秩序な市街化を防止し，計 　ステップ3
画的な市街化を図るため必要があるときには，市街化区域と市街
化調整区域に区分することができる（都計法7条1項）。すなわ
ち，この区域区分は，必ず定めるというものでなく，定めるか否
かは任意である。よって，本肢は正しい。

●第1編　法令上の制限

都市計画の内容

問 2　都市計画法に関する次の記述のうち，誤っているものはどれか。

❶ 高度地区は，用途地域内において市街地の環境を維持し，又は土地利用の増進を図るため，建築物の高さの最高限度又は最低限度を定める地区とされている。

❷ 特定街区については，都市計画に，建築物の容積率並びに建築物の高さの最高限度及び壁面の位置の制限を定めるものとされている。

❸ 準住居地域は，道路の沿道としての地域の特性にふさわしい業務の利便の増進を図りつつ，これと調和した住居の環境を保護するため定める地域とされている。

❹ 特別用途地区は，用途地域が定められていない土地の区域（市街化調整区域を除く。）内において，その良好な環境の形成又は保持のため当該地域の特性に応じて合理的な土地利用が行われるよう，制限すべき特定の建築物等の用途の概要を定める地区とされている。

(本試験 2019 年問 15 出題)

正解肢 4

合格者正解率 **85.0%** 不合格者正解率 **51.4%**

受験者正解率 **74.7%**

☆**①** **正** 高度地区は，用途地域内において市街地の環境を維持し， 又は土地利用の増進を図るため，建築物の高さの最高限度又は最低限度を定める地区である（都計法9条18項）。よって，本肢は正しい。

［ステップ7］

☆**②** **正** 特定街区については，都市計画に，建築物の容積率並びに建築物の高さの最高限度及び壁面の位置の制限を定めるものとされている（都計法8条3項2号リ）。よって，本肢は正しい。

［ステップ7］

☆**③** **正** 準住居地域は，道路の沿道としての地域の特性にふさわしい業務の利便の増進を図りつつ，これと調和した住居の環境を保護するため定める地域である（都計法9条7項）。よって，本肢は正しい。

［ステップ4］

☆**④** **誤** 本肢は特定用途制限地域に関する記述である。

［ステップ7］

特別用途地区は，用途地域内の一定の地区における当該地区の特性にふさわしい土地利用の増進，環境の保護等の特別の目的の実現を図るため当該用途地域の指定を補完して定める地区である（都計法9条14項）。よって，本肢は誤りであり，本問の正解肢となる。なお，本肢は「特定用途制限地域」（都計法9条15項）の定義である。

●第1編 法令上の制限

都市計画の内容

問 3

都市計画法に関する次の記述のうち，誤っているものはどれか。

---

❶ 区域区分は，都市計画区域について無秩序な市街化を防止し，計画的な市街化を図るため必要があるときに，都市計画に定める市街化区域と市街化調整区域との区分をいう。

❷ 準都市計画区域は，都市計画区域外の区域のうち，相当数の建築物その他の工作物の建築若しくは建設又はこれらの敷地の造成が現に行われ，又は行われると見込まれる区域を含み，かつ，そのまま土地利用を整序し，又は環境を保全するための措置を講ずることなく放置すれば，将来における一体の都市としての整備，開発及び保全に支障が生じるおそれがあると認められる一定の区域をいう。

❸ 再開発等促進区は，地区計画について土地の合理的かつ健全な高度利用と都市機能の増進とを図るため，一体的かつ総合的な市街地の再開発又は開発整備を実施すべき区域をいう。

❹ 高層住居誘導地区は，住居と住居以外の用途を適正に配分し，利便性の高い高層住宅の建設を誘導するため，第一種中高層住居専用地域，第二種中高層住居専用地域等において定められる地区をいう。

(本試験 2005 年問 19 改題)

正解肢 4

合格者正解率	不合格者正解率
64.9%	**46.4%**
受験者正解率 57.7%	

☆❶ **正** 区域区分は，都市計画区域について無秩序な市街化を防止し，計画的な市街化を図るため必要があるときは，都市計画に，市街化区域と市街化調整区域との区分を定めるものである（都計法7条1項）。よって，本肢は正しい。 `ステップ3`

☆❷ **正** 準都市計画区域は，都市計画区域外の区域のうち，相当数の建築物その他の工作物の建築もしくは建設又はこれらの敷地の造成が現に行われ，又は行われると見込まれる区域を含み，かつ，自然的及び社会的条件ならびに農業振興地域の整備に関する法律その他の法令による土地利用の規制の状況その他国土交通省令で定める事項に関する現況及び推移を勘案して，そのまま土地利用を整序し，又は環境を保全するための措置を講ずることなく放置すれば，将来における一体の都市としての整備，開発及び保全に支障が生じるおそれがあると認められる一定の区域である（都計法5条の2第1項）。よって，本肢は正しい。 `ステップ2`

❸ **正** 再開発等促進区は，地区計画について，土地の合理的かつ健全な高度利用と都市機能の増進とを図るため，一体的かつ総合的な市街地の再開発又は開発整備を実施すべき区域である（都計法12条の5第3項）。よって，本肢は正しい。 `制1-3-6`

❹ **誤** 第一種・第二種中高層住居専用地域には定められない。 `ステップ7`
高層住居誘導地区は，住居と住居以外の用途とを適正に配分し，利便性の高い高層住宅の建設を誘導するため，第一種住居地域，第二種住居地域，準住居地域，近隣商業地域又は準工業地域において定める地区である（都計法9条17項）。したがって，第一種中高層住居専用地域，第二種中高層住居専用地域に定められることはない。よって，本肢は誤りであり，本問の正解肢となる。

●第1編 法令上の制限

都市計画の内容

問 4

都市計画法に関する次の記述のうち、誤っているものはどれか。

❶ 田園住居地域内の農地の区域内において、土地の形質の変更を行おうとする者は、一定の場合を除き、市町村長の許可を受けなければならない。

❷ 風致地区内における建築物の建築については、一定の基準に従い、地方公共団体の条例で、都市の風致を維持するため必要な規制をすることができる。

❸ 市街化区域については、少なくとも用途地域を定めるものとし、市街化調整区域については、原則として用途地域を定めないものとする。

❹ 準都市計画区域については、無秩序な市街化を防止し、計画的な市街化を図るため、都市計画に市街化区域と市街化調整区域との区分を定めなければならない。

(本試験 2018 年問 16 出題)

正解肢 4

合格者正解率 **98.1%** ／ 不合格者正解率 **78.4%**

受験者正解率 **89.5%**

出る順宅建士 ③

❶ 正 田園住居地域内の農地の区域内において，土地の形質の 制1-5-8
変更，建築物の建築その他工作物の建設又は土石その他の政令で
定める物件の堆積を行おうとする者は，原則として市町村長の許
可を受けなければならない（都計法52条1項本文）。よって，
本肢は正しい。

❷ 正 風致地区内における建築物の建築，宅地の造成，木竹の 制1-3-4
伐採その他の行為については，政令で定める基準に従い，地方公
共団体の条例で，都市の風致を維持するため必要な規制をするこ
とができる（都計法58条1項）。よって，本肢は正しい。

☆**❸ 正** 市街化区域については，少なくとも用途地域を定めるも ステップ5
のとし，市街化調整区域については，原則として用途地域を定め
ないものとする（都計法13条1項7号）。よって，本肢は正しい。

☆**❹ 誤** 準都市計画区域に区域区分を定めることはできない。 制1-3

都市計画区域について無秩序な市街化を防止し，計画的な市街
化を図るため必要があるときは，都市計画に，市街化区域と市街
化調整区域との区分（以下「区域区分」という。）を定めること
ができる（都計法7条1項本文）。準都市計画区域には，区域区
分を定めることはできない。よって，本肢は誤りであり，本問の
正解肢となる。

10　LEC東京リーガルマインド　2022年版出る順宅建士 ウォーク問過去問題集③法令上の制限・税・その他

●第1編　法令上の制限

都市計画の内容

問 5

都市計画法に関する次の記述のうち，誤っているものはどれか。

---

❶ 都市計画区域については，用途地域が定められていない土地の区域であっても，一定の場合には，都市計画に，地区計画を定めることができる。

❷ 高度利用地区は，市街地における土地の合理的かつ健全な高度利用と都市機能の更新とを図るため定められる地区であり，用途地域内において定めることができる。

❸ 準都市計画区域においても，用途地域が定められている土地の区域については，市街地開発事業を定めることができる。

❹ 高層住居誘導地区は，住居と住居以外の用途とを適正に配分し，利便性の高い高層住宅の建設を誘導するために定められる地区であり，近隣商業地域及び準工業地域においても定めることができる。

(本試験 2014 年問 15 出題)

正解肢 3

合格者正解率	不合格者正解率
59.2%	**31.4%**
受験者正解率 50.8%	

☆**❶ 正** 地区計画は，建築物の建築形態，公共施設その他の施設 【ステップ9】
の配置等からみて，一体としてそれぞれの区域の特性にふさわし
い態様を備えた良好な環境の各街区を整備し，開発し，及び保全
するための計画であり，用途地域が定められている土地の区域，
用途地域が定められていない一定の土地の区域に定めることがで
きる（都計法 12 条の 5 第 1 項 2 号）。よって，本肢は正しい。

☆**❷ 正** 高度利用地区は，土地の合理的かつ健全な高度利用と都 【ステップ7】
市機能の更新とを図るため，建築物の容積率の最高限度及び最低
限度，建築物の建蔽率の最高限度，建築物の建築面積の最低限度
ならびに壁面の位置の制限を定める地区であり，用途地域内にお
いて定めるものである（都計法 9 条 19 項）。よって，本肢は正し
い。

❸ 誤 準都市計画区域に市街地開発事業を定めることはできな 【制1-3-7】
い。

　市街地開発事業は，市街化区域又は区域区分が定められていな
い都市計画区域内において，一体的に開発し，又は整備する必要
がある土地の区域について定めるものであり，準都市計画区域に
定めることはできない（都計法 13 条 1 項 12 号）。よって，本肢
は誤りであり，本問の正解肢となる。

❹ 正 高層住居誘導地区は，住居と住居以外の用途とを適正に 【ステップ7】
配分し，利便性の高い高層住宅の建設を誘導するため，第一種住
居地域，第二種住居地域，準住居地域，近隣商業地域，準工業地
域で一定の容積率の定められたものの内において定める地区であ
る（都計法 9 条 17 項）。よって，本肢は正しい。

12　LEC東京リーガルマインド　2022年版出る順宅建士 ウォーク問過去問題集③法令上の制限・税・その他

●第1編 法令上の制限

都市計画の内容

問 6 都市計画法に関する次の記述のうち，正しいものはどれか。

❶ 都市計画区域は，市又は人口，就業者数その他の要件に該当する町村の中心の市街地を含み，かつ，自然的及び社会的条件並びに人口，土地利用，交通量その他の現況及び推移を勘案して，一体の都市として総合的に整備し，開発し，及び保全する必要がある区域を当該市町村の区域の区域内に限り指定するものとされている。

❷ 準都市計画区域については，都市計画に，高度地区を定めることはできるが，高度利用地区を定めることはできないものとされている。

❸ 都市計画区域については，区域内のすべての区域において，都市計画に，用途地域を定めるとともに，その他の地域地区で必要なものを定めるものとされている。

❹ 都市計画区域については，無秩序な市街化を防止し，計画的な市街化を図るため，都市計画に必ず市街化区域と市街化調整区域との区分を定めなければならない。

(本試験 2011 年問 16 出題)

正解肢 2

合格者正解率 **50.9%** 不合格者正解率 **27.6%**
受験者正解率 **39.7%**

出る順宅建士 ③

☆**❶ 誤** 都市計画区域の指定は，市町村の区域の区域内に限られない。 **ステップ1**

都道府県は，市又は人口，就業者数その他の事項が政令で定める要件に該当する町村の中心の市街地を含み，かつ，自然的及び社会的条件ならびに人口，土地利用，交通量その他国土交通省令で定める事項に関する現況及び推移を勘案して，一体の都市として総合的に整備し，開発し，及び保全する必要がある区域を都市計画区域として指定する。この場合において，必要があるときは，当該市町村の区域外にわたり，都市計画区域を指定することができる（都計法5条1項）。したがって，市町村の区域の区域内に限られない。よって，本肢は誤り。

❷ 正 準都市計画区域については，都市計画に，高度地区を定めることができるが，高度利用地区を定めることはできない（都計法8条2項，1項3号）。よって，本肢は正しく，本問の正解肢となる。

☆**❸ 誤** 都市計画区域内のすべての区域に，用途地域を定めるわけではない。 **ステップ5**

都市計画区域については，都市計画に，用途地域及びその他の地域，地区又は街区で必要なものを定める（都計法8条1項）。また，市街化調整区域については，原則として用途地域を定めない（都計法13条1項7号）。したがって，都市計画区域内のすべての区域に，用途地域を定めるわけではない。よって，本肢は誤り。

☆**❹ 誤** 区域区分を定めなくてもよい。 **ステップ3**

都市計画区域について無秩序な市街化を防止し，計画的な市街化を図るため必要があるときは，都市計画に，市街化区域と市街化調整区域との区分を定めることができる（都計法7条1項本文）。したがって，定めなければならないわけではない。よって，本肢は誤り。

14　LEC東京リーガルマインド　2022年版出る順宅建士 ウォーク問過去問題集③法令上の制限・税・その他

●第1編 法令上の制限

都市計画の内容

問 7

都市計画法に関する次の記述のうち,正しいものはどれか。

❶ 市街化区域については,少なくとも用途地域を定めるものとし,市街化調整区域については,原則として用途地域を定めないものとされている。

❷ 準都市計画区域は,都市計画区域外の区域のうち,新たに住居都市,工業都市その他の都市として開発し,及び保全する必要がある区域に指定するものとされている。

❸ 区域区分は,指定都市及び中核市の区域の全部又は一部を含む都市計画区域には必ず定めるものとされている。

❹ 特定用途制限地域は,用途地域内の一定の区域における当該区域の特性にふさわしい土地利用の増進,環境の保護等の特別の目的の実現を図るため当該用途地域の指定を補完して定めるものとされている。

(本試験 2010 年問 16 改題)

☆ **❶ 正** 市街化区域については，少なくとも用途地域を定めるものとし，市街化調整区域については，原則として用途地域を定めないものとする（都計法13条1項7号）。よって，本肢は正しく，本問の正解肢となる。

ステップ5

☆ **❷ 誤** 都市として開発し，及び保全する必要がある区域に指定されるのではない。

ステップ2

準都市計画区域は，都市計画区域外の区域のうち，そのまま土地利用を整序し，又は環境を保全するための措置を講ずることなく放置すれば，将来における一体の都市としての整備，開発及び保全に支障が生じるおそれがあると認められる一定の区域に指定される（都計法5条の2第1項）。よって，本肢は誤り。

❸ 誤 必ず定めるわけでない。

ステップ3

指定都市を含む都市計画区域にあっては，原則として区域区分を定めるものとされているが（都計法7条1項但書2号，施行令3条），指定都市の区域の一部を含む都市計画区域にあっては，その区域内の人口が50万未満であるものは除かれている（都計法7条1項但書2号，施行令3条かっこ書）。また，中核市については，必ず定める旨の規定はない。よって，本肢は誤り。

☆ **❹ 誤** 本肢は特別用途地区の定義である。

ステップ7

特定用途制限地域は，用途地域が定められていない土地の区域（市街化調整区域を除く。）内において，その良好な環境の形成又は保持のため当該地域の特性に応じて合理的な土地利用が行われるよう，制限すべき特定の建築物等の用途の概要を定める地域である（都計法9条15項）。本肢は特別用途地区の定義である（都計法9条14項）。よって，本肢は誤り。

●第1編 法令上の制限

都市計画の内容

問 8

都市計画法に関する次の記述のうち，正しいものはどれか。

❶ 市街地開発事業等予定区域に係る市街地開発事業又は都市施設に関する都市計画には，施行予定者をも定めなければならない。

❷ 準都市計画区域については，都市計画に準防火地域を定めることができる。

❸ 高度利用地区は，用途地域内において市街地の環境を維持し，又は土地利用の増進を図るため，建築物の高さの最高限度又は最低限度を定める地区である。

❹ 地区計画については，都市計画に，地区計画の種類，名称，位置，区域及び面積並びに建築物の建蔽率及び容積率の最高限度を定めなければならない。

(本試験 2016 年問 16 出題)

正解肢 1

合格者正解率 **30.8%** | 不合格者正解率 **23.5%**

受験者正解率 28.2%

❶ **正** 市街地開発事業等予定区域については，都市計画に，市街地開発事業等予定区域の種類，名称，区域，施行予定者を定めるものとする（都計法 12 条の 2 第 2 項）。よって，本肢は正しく，本問の正解肢となる。

制1-6-4

☆❷ **誤** 準都市計画区域の都市計画には準防火地域は定められない。

準都市計画区域の都市計画で定められる地域の中に防火地域及び準防火地域は含まれていない（都計法 8 条 2 項，1 項 5 号参照）。よって，本肢は誤り。

☆❸ **誤** 高さの最高限度又は最低限度を定めるのは高度地区。

ステップ7

高度利用地区は，用途地域内の市街地における土地の合理的かつ健全な高度利用と都市機能の更新とを図るため，建築物の容積率の最高限度及び最低限度，建築物の建蔽率の最高限度，建築物の建築面積の最低限度ならびに壁面の位置の制限を定める地区である（都計法 9 条 19 項）。建築物の高さの最高限度又は最低限度を定めるとする本肢は，高度地区に関する記述である（都計法 9 条 18 項参照）。よって，本肢は誤り。

❹ **誤** 地区計画には建蔽率及び容積率の最高限度を定める必要はない。

制1-3-6

地区計画で定めるべき事項には，建築物の建蔽率及び容積率の最高限度は含まれていない（都計法 12 条の 5 第 2 項，12 条の 4 第 2 項，施行令 7 条の 3 参照）。よって，本肢は誤り。

●第1編 法令上の制限

開発行為の規制

重要度 特A

問 9

都市計画法に関する次の記述のうち，正しいものはどれか。ただし，許可を要する開発行為の面積については，条例による定めはないものとし，この問において「都道府県知事」とは，地方自治法に基づく指定都市，中核市及び施行時特例市にあってはその長をいうものとする。

❶ 準都市計画区域において，店舗の建築を目的とした4,000㎡の土地の区画形質の変更を行おうとする者は，あらかじめ，都道府県知事の許可を受けなければならない。

❷ 市街化区域において，農業を営む者の居住の用に供する建築物の建築を目的とした1,500㎡の土地の区画形質の変更を行おうとする者は，都道府県知事の許可を受けなくてよい。

❸ 市街化調整区域において，野球場の建設を目的とした8,000㎡の土地の区画形質の変更を行おうとする者は，あらかじめ，都道府県知事の許可を受けなければならない。

❹ 市街化調整区域において，医療法に規定する病院の建築を目的とした1,000㎡の土地の区画形質の変更を行おうとする者は，都道府県知事の許可を受けなくてよい。

（本試験 2019 年問 16 出題）

合格者正解率	不合格者正解率
87.6%	49.6%

受験者正解率 76.0%

☆ ❶ **正** 準都市計画区域においては，規模が 3,000 ㎡未満の開発行為は許可が不要となる（都計法 29 条 1 項但書 1 号，施行令 19 条 1 項）。したがって，準都市計画区域内における 4,000 ㎡の土地の区画形質の変更は都道府県知事の許可が必要となる。よって，本肢は正しく，本問の正解肢となる。

ステップ14

☆ ❷ **誤** 1,000 ㎡以上である場合，開発許可を受けなければならない。

ステップ14

　市街化区域において開発行為をしようとする場合，その規模が 1,000 ㎡以上であれば，農業を営む者の居住の用に供する建築物を建築する目的のものであっても，開発許可を受けなければならない（都計法 29 条 1 項但書 2 号参照，施行令 19 条 1 項）。よって，本肢は誤り。

☆ ❸ **誤** 8,000 ㎡の野球場の建設は開発行為にあたらない。

ステップ13

　開発行為とは，主として建築物の建築又は特定工作物の建設の用に供する目的で行う土地の区画形質の変更をいう（都計法 4 条 12 項）。野球場は 1 ヘクタール（10,000 ㎡）以上のものでなければ特定工作物にはあたらない（都計法 4 条 11 項，施行令 1 条 2 項 1 号）。したがって，野球場の建設の用に供する目的で行う 8,000 ㎡の土地の区画形質の変更は，そもそも開発行為にはあたらないことから開発許可を受ける必要はない（都計法 29 条 1 項）。よって，本肢は誤り。

☆ ❹ **誤** 1,000 ㎡についても開発行為は許可が必要である。

ステップ14

　市街化調整区域においては，小規模開発の例外がないため，1,000 ㎡の土地の区画形質の変更についても開発行為は許可が必要となる（都計法 29 条 1 項但書 1 号，施行令 19 条 1 項）。また，医療法に規定する病院の建築についても許可が不要となることはない（施行令 20 条等参照）。よって，本肢は誤り。

●第1編 法令上の制限

開発行為の規制

重要度 A

問 10

次に掲げる開発行為のうち，開発行為の規模によっては，実施に当たりあらかじめ都市計画法の開発許可を受けなければならない場合があるものはどれか。

❶ 市街化区域内において行う，農業を営む者の居住の用に供する建築物の建築の用に供する目的で行う開発行為

❷ 都市再開発法第50条の2第3項の再開発会社が市街地再開発事業の施行として行う開発行為

❸ 車庫の建築の用に供する目的で行う開発行為

❹ 公民館の建築の用に供する目的で行う開発行為

(本試験 2005 年問 18 改題)

合格者正解率	不合格者正解率
83.7%	**49.8**%
受験者正解率 **70.8**%	

正解肢 **1**

☆❶ **開発許可を受けなければならない場合がある**　ステップ14

　市街化区域内においては，農業を営む者の居住の用に供する建築物の建築の用に供する目的で行う開発行為は，開発許可が不要とならず（都計法29条1項但書2号参照），その規模が1,000㎡以上であれば，原則として開発許可を受ける必要がある（都計法29条1項但書1号，施行令19条1項）。よって，本肢は開発許可を受けなければならない場合があり，本問の正解肢となる。

☆❷ **開発許可を受けなければならない場合はない**　ステップ14

　市街地再開発事業の施行として行う開発行為は，常に開発許可が不要である（都計法29条1項但書6号）。よって，本肢は開発許可を受けなければならない場合はない。

❸ **開発許可を受けなければならない場合はない**　制1-5-3

　車庫，物置その他これらに類する附属建築物の建築の用に供する目的で行う開発行為は，常に開発許可が不要である（都計法29条1項但書11号，施行令22条2号）。よって，本肢は開発許可を受けなければならない場合はない。

☆❹ **開発許可を受けなければならない場合はない**　ステップ14

　公民館の建築の用に供する目的で行う開発行為は，常に開発許可が不要である（都計法29条1項但書3号）。よって，本肢は開発許可を受けなければならない場合はない。

●第1編 法令上の制限

開発行為の規制

問 11

都市計画法に関する次の記述のうち，正しいものはどれか。

❶ 開発行為とは，主として建築物の建築の用に供する目的で行う土地の区画形質の変更を指し，特定工作物の建設の用に供する目的で行う土地の区画形質の変更は開発行為には該当しない。

❷ 市街化調整区域において行う開発行為で，その規模が300㎡であるものについては，常に開発許可は不要である。

❸ 市街化区域において行う開発行為で，市町村が設置する医療法に規定する診療所の建築の用に供する目的で行うものであって，当該開発行為の規模が1,500㎡であるものについては，開発許可は必要である。

❹ 非常災害のため必要な応急措置として行う開発行為であっても，当該開発行為が市街化調整区域において行われるものであって，当該開発行為の規模が3,000㎡以上である場合には，開発許可が必要である。

（本試験2013年問16出題）

正解肢 **3**

合格者正解率	不合格者正解率
90.7%	**66.7**%
受験者正解率 **81.4**%	

☆**❶ 誤** 特定工作物建築のための区画形質の変更も開発行為にあたる。 ステップ13

　開発行為とは，主として建築物の建築又は特定工作物の建設の用に供する目的で行う土地の区画形質の変更をいう（都計法4条12項）。したがって，特定工作物の建設の用に供する目的で行う土地の区画形質の変更も開発行為に該当する。よって，本肢は誤り。

☆**❷ 誤** 市街化調整区域では，原則，開発許可は必要となる。 ステップ14

　市街化調整区域において行う開発行為は，その規模に関わらず，許可が必要となる。農林漁業の用に供する一定の建築物，あるいは図書館などの公益上必要な建築物の建築の用に供する目的で行う開発行為等，許可が不要となる一定の例外があるが（都計法29条1項1号，2号，3号），常に開発許可が不要となるわけではない。よって，本肢は誤り。

☆**❸ 正** 市街化区域において行う開発行為で，当該開発行為の規模が1,000㎡以上のものは開発許可が必要となる。また，市町村が設置する医療法に規定する診療所は，許可が不要となる公益上必要な建築物に該当しない。よって，本肢は正しく，本問の正解肢となる。 ステップ14

☆**❹ 誤** 非常災害のための必要な応急措置は開発許可不要 ステップ14

　非常災害のため必要な応急措置として行う開発行為は，区域・規模に関わらず，開発許可は不要である（都計法29条1項10号）。よって，本肢は誤り。

24　LEC東京リーガルマインド　2022年版出る順宅建士 ウォーク問過去問題集③法令上の制限・税・その他

●第1編 法令上の制限

開発行為の規制

問 12

都市計画法に関する次の記述のうち、正しいものはどれか。

❶ 建築物の建築を行わない青空駐車場の用に供する目的で行う土地の区画形質の変更については、その規模が1ヘクタール以上のものであっても、開発許可を受ける必要はない。

❷ 建築物の建築の用に供することを目的とする土地の区画形質の変更で、非常災害のため必要な応急措置として行うものについても、一定の場合には、開発許可を受ける必要がある。

❸ 開発許可の申請をした場合には、遅滞なく、許可又は不許可の処分が行われるが、許可の処分の場合に限り、文書で申請者に通知される。

❹ 開発許可を受けた開発行為に関する工事により設置された公共施設は、他の法律に基づく管理者が別にあるときを除き、すべてその公共施設の存する市町村の管理に属するものとされている。

(本試験 1996 年問 20 出題)

正解肢 1

合格者正解率	不合格者正解率
——	——
受験者正解率	
——	

☆❶ 正 開発行為をしようとする者は，原則として，あらかじめ，開発許可を受けなければならない（都計法 29 条 1 項，2 項）。ここでいう「開発行為」とは，主として建築物の建築又は特定工作物の建設の用に供する目的で行う土地の区画形質の変更をいう（都計法 4 条 12 項）。青空駐車場は，建築物にも特定工作物にもあたらず，その用に供する目的で行う土地の区画形質の変更は，開発行為ではない（都計法施行令 1 条）。したがって，開発許可を受ける必要はない。よって，本肢は正しく，本問の正解肢となる。

ステップ13

☆❷ 誤 開発許可を受ける必要はない。

ステップ14

非常災害のため必要な応急措置として行う開発行為は，開発許可を受ける必要はない（都計法 29 条 1 項但書 10 号，2 項 2 号）。よって，本肢は誤り。

☆❸ 誤 許可の処分の場合に限られない。

ステップ16

都道府県知事は，開発許可の申請があったときは，遅滞なく，許可又は不許可の処分をしなければならない（都計法 35 条 1 項）。そして，その処分は，許可，不許可にかかわらず，文書で申請者に通知しなければならない（都計法 35 条 2 項）。よって，本肢は誤り。

❹ 誤 管理者が別にあるときだけではない。

制1-5-5

開発許可を受けた開発行為に関する工事により公共施設が設置されたときは，その公共施設は，原則としてその公共施設の存する市町村の管理に属する。ただし，他の法律に基づく管理者が別にあるとき，又は協議により管理者について別段の定めをしたときには，その者が管理する（都計法 39 条）。よって，本肢は誤り。

26　LEC東京リーガルマインド　2022年版出る順宅建士 ウォーク問過去問題集③法令上の制限・税・その他

●第1編 法令上の制限

開発行為の規制

問 13

次に掲げる開発行為(都市計画法第4条第12項に定める行為をいう。以下この問において同じ。)のうち,同法による開発許可を常に受ける必要がないものはどれか。

❶ 図書館の建築を目的として行う開発行為

❷ 農業を営む者の居住の用に供する建築物の建築を目的として行う開発行為

❸ 土地区画整理事業が行われている区域内において行う開発行為

❹ 学校教育法による大学の建築を目的として行う開発行為

(本試験 2001 年問 18 改題)

合格者正解率	不合格者正解率
68.8%	**41.3**%
受験者正解率 52.9%	

正解肢 1

☆**❶ 常に不要**　　　　　　　　　　　　　　　　　　　　ステップ14

　図書館など公益上必要な建築物の建築の用に供する目的で行う開発行為は，常に開発許可を受ける必要はない（都計法29条1項但書3号，2項但書2号）。よって，本肢が本問の正解肢となる。

☆**❷ 常に不要とはいえない**　　　　　　　　　　　　　　ステップ14

　農業を営む者の居住の用に供する建築物の建築を目的として行う開発行為について，開発許可が不要となるのは，開発行為が市街化区域以外の区域内において行われる場合である（都計法29条1項但書2号，2項但書1号）。したがって，本肢の開発行為を市街化区域内において行う場合には，開発許可を常に受ける必要がないとはいえない（都計法29条1項但書1号，施行令19条1項）。

❸ 常に不要とはいえない　　　　　　　　　　　　　　ステップ14

　土地区画整理事業の施行として行う開発行為は，常に開発許可を受ける必要はない（都計法29条1項但書5号）。しかし，土地区画整理事業が行われている区域内において行う開発行為であっても，土地区画整理事業の施行として行うものでなければ，原則として開発許可を受ける必要がある。したがって，本肢の場合，開発許可を常に受ける必要がないとはいえない。

☆**❹ 常に不要とはいえない**　　　　　　　　　　　　　　ステップ14

　学校教育法による学校は，大学を含めて公益上必要な建築物にあたらない（都計法29条1項但書3号，施行令21条26号イ参照）。したがって，本肢の場合，開発許可を常に受ける必要がないとはいえない。

28　LEC東京リーガルマインド　2022年版出る順宅建士 ウォーク問過去問題集③法令上の制限・税・その他

●第1編　法令上の制限

開発行為の規制

問 14

次のアからウまでの記述のうち、都市計画法による開発許可を受ける必要のある、又は同法第34条の2の規定に基づき協議する必要のある開発行為の組合せとして、正しいものはどれか。ただし、開発許可を受ける必要のある、又は協議する必要のある開発行為の面積については、条例による定めはないものとする。

ア 市街化調整区域において、国が設置する医療法に規定する病院の用に供する施設である建築物の建築の用に供する目的で行われる1,500㎡の開発行為

イ 市街化区域において、農林漁業を営む者の居住の用に供する建築物の建築の用に供する目的で行われる1,200㎡の開発行為

ウ 区域区分が定められていない都市計画区域において、社会教育法に規定する公民館の用に供する施設である建築物の建築の用に供する目的で行われる4,000㎡の開発行為

❶ ア，イ
❷ ア，ウ
❸ イ，ウ
❹ ア，イ，ウ

（本試験 2014 年問 16 出題）

正解肢 1

合格者正解率 **91.4%** 不合格者正解率 **60.1%**
受験者正解率 **82.0%**

出る順宅建士 ③

☆**ア** 協議が必要である　開発行為をしようとする者は，原則として，都道府県知事等の許可を受けなければならない（都計法29条1項本文）。ただし，その規模が一定の規模未満（小規模開発）である場合，図書館・公民館といった公益上必要な建築物の建築を目的とする場合等，開発許可が不要となる例外があるが，「国が行う開発行為」であることや「病院の用に供する」開発行為であることを根拠として許可が不要となる例外は存在しない（都計法29条1項但書各号）。そして，市街化調整区域については小規模開発の例外はないので1,500㎡であっても開発許可は必要である。また，国が行う開発行為については，国の機関と都道府県知事との協議が成立することをもって，開発許可があったものとみなされる（都計法34条の2第1項）。よって，都計法第34条の2の規定に基づく協議が必要である。

制1-5-3
制1-5-4

☆**イ** 許可が必要である　市街化区域における開発行為については，農林漁業を営む者の居住の用に供する建築物の建築の用に供する目的で行うものであっても，その規模が1,000㎡以上であれば開発許可が必要である（都計法29条1項但書1号，2号，同法施行令19条1項，20条）。したがって，本肢の開発行為については都市計画法による開発許可が必要となる。

ステップ14

☆**ウ** 許可も協議も不要である　駅舎その他の鉄道の施設，図書館，公民館，変電所等の公益上必要な建築物の建築の用に供する目的で行う開発行為については開発許可が不要であり，都計法第34条の2の規定に基づく協議も不要である（都計法29条1項但書3号）。

ステップ14

　　以上より，許可等が必要なものはア，イであり，**❶**が本問の正解肢となる。

30　LEC東京リーガルマインド　2022年版出る順宅建士 ウォーク問過去問題集③法令上の制限・税・その他

●第1編 法令上の制限

開発行為の規制

問 15

開発許可に関する次の記述のうち、都市計画法の規定によれば、誤っているものはどれか。

❶ 市街化調整区域における農産物の加工に必要な建築物の建築を目的とした500㎡の土地の区画形質の変更には、常に開発許可が不要である。

❷ 市街化区域における市街地再開発事業の施行として行う3,000㎡の土地の区画形質の変更には、常に開発許可が不要である。

❸ 都市計画区域でも準都市計画区域でもない区域内における住宅団地の建設を目的とした6,000㎡の土地の区画形質の変更には、常に開発許可が不要である。

❹ 準都市計画区域における変電所の建築を目的とした5,000㎡の土地の区画形質の変更には、常に開発許可が不要である。

(本試験2003年問18改題)

正解肢 1

合格者正解率	不合格者正解率
69.0%	**33.2**%
受験者正解率 **50.2**%	

☆**❶ 誤** 農産物の加工に必要な建築物は，農林漁業用建築物にあたらない。

　市街化調整区域内において行う開発行為で，農林漁業の用に供する一定の建築物の建築の用に供する目的で行うものは，開発許可を受ける必要はない(都計法29条1項但書2号,施行令20条)。しかし，市街化調整区域内における農産物の加工に必要な建築物は，農林漁業の用に供する一定の建築物にあたらない。よって，本肢は誤りであり，本問の正解肢となる。

☆**❷ 正** 市街地再開発事業の施行として行う開発行為は，開発許可を受ける必要はない（都計法29条1項但書6号）。よって，本肢は正しい。　`ステップ14`

☆**❸ 正** 都市計画区域及び準都市計画区域外の区域内において行う開発行為は，その面積が1ヘクタール以上の場合に開発許可を受ける必要がある（都計法29条2項，施行令22条の2）。したがって，6,000㎡であれば，開発許可を受ける必要はない。よって，本肢は正しい。　`ステップ14`

☆**❹ 正** 変電所は，開発許可が不要となる公益上必要な建築物にあたる（都計法29条1項但書3号）。したがって，常に開発許可を受ける必要はない。よって，本肢は正しい。　`ステップ14`

開発行為の規制

問 16 都市計画法に関する次の記述のうち，正しいものはどれか。

❶ 開発行為に関する設計に係る設計図書は，開発許可を受けようとする者が作成したものでなければならない。

❷ 開発許可を受けようとする者が都道府県知事に提出する申請書には，開発区域内において予定される建築物の用途を記載しなければならない。

❸ 開発許可を受けた者は，開発行為に関する工事を廃止したときは，その旨を都道府県知事に報告し，その同意を得なければならない。

❹ 開発許可を受けた開発区域内の土地においては，開発行為に関する工事完了の公告があるまでの間であっても，都道府県知事の承認を受けて，工事用の仮設建築物を建築することができる。

(本試験 2006 年問 20 出題)

正解肢 2

合格者正解率 **81.6%** 不合格者正解率 **53.6%**

受験者正解率 **71.0%**

❶ **誤** 開発許可を受けようとする者が作成する必要はない。　制1-5-5

開発行為に関する設計に係る設計図書は，開発許可を受けようとする者が作成したものでなければならないという定めはない。よって，本肢は誤り。なお，1ヘクタール以上の開発行為に関する工事の場合は国土交通省令で定める一定の資格を有する者の作成したものでなければならない（都計法31条，規則18条）。

☆❷ **正** 開発許可の申請書には，開発区域内において予定される　制1-5-5
建築物の用途を記載しなければならない（都計法30条1項2号）。よって，本肢は正しく，本問の正解肢となる。

☆❸ **誤** 同意を得る必要はない。　ステップ17

開発許可を受けた者は，開発行為に関する工事を廃止したときは，遅滞なく，その旨を都道府県知事に届け出なければならないが，同意を得る必要はない（都計法38条）。よって，本肢は誤り。

☆❹ **誤** 承認を受ける必要はない。　ステップ18

開発許可を受けた開発区域内の土地においては，開発行為に関する工事完了の公告があるまでの間は，原則として建築物の建築をしてはならないが，当該開発行為に関する工事用の仮設建築物については，都道府県知事の承認がなくても建築することができる（都計法37条但書1号）。よって，本肢は誤り。

●第1編 法令上の制限

開発行為の規制

問 17 都市計画法の開発許可に関する次の記述のうち，正しいものはどれか。なお，この問における都道府県知事とは，地方自治法に基づく指定都市，中核市にあってはその長をいうものとする。

❶ 都道府県知事は，開発許可の申請があったときは，申請があった日から21日以内に，許可又は不許可の処分をしなければならない。

❷ 開発行為とは，主として建築物の建築の用に供する目的で行う土地の区画形質の変更をいい，建築物以外の工作物の建設の用に供する目的で行う土地の区画形質の変更は開発行為には該当しない。

❸ 開発許可を受けた者は，開発行為に関する工事を廃止したときは，遅滞なく，その旨を都道府県知事に届け出なければならない。

❹ 開発行為を行おうとする者は，開発許可を受けてから開発行為に着手するまでの間に，開発行為に関係がある公共施設の管理者と協議し，その同意を得なければならない。

(本試験 2004 年問 18 出題)

正解肢 **3**

合格者正解率	不合格者正解率
89.9%	**67.0**%
受験者正解率 81.0%	

☆❶ **誤** 21日以内ではない。

制1-5-5

都道府県知事は，開発許可の申請があったときは，「遅滞なく」，許可又は不許可の処分をしなければならない（都計法35条1項）。21日以内ではない。よって，本肢は誤り。

☆❷ **誤** 特定工作物の建設の用に供するものも該当する。

ステップ13

開発行為とは，主として「建築物の建築」又は「特定工作物の建設」の用に供する目的で行う土地の区画形質の変更をいう（都計法4条12項）。したがって，建築物以外の工作物の建設の用に供する目的で行うものであっても，特定工作物の建設の用に供する目的で土地の区画形質の変更を行う場合であれば，開発行為に該当する。よって，本肢は誤り。

☆❸ **正** 開発許可を受けた者は，開発行為に関する工事を廃止したときは，遅滞なく，その旨を都道府県知事に届け出なければならない（都計法38条）。よって，本肢は正しく，本問の正解肢となる。

ステップ17

☆❹ **誤** 開発許可を受けてからではない。

ステップ15

開発許可を申請しようとする者は，あらかじめ，開発行為に関係がある公共施設の管理者と協議し，その同意を得なければならない（都計法32条1項）。したがって，協議等は，開発許可を申請する前に行わなければならず，開発許可を受けてからするものではない。よって，本肢は誤り。

36　LEC東京リーガルマインド　2022年版出る順宅建士 ウォーク問過去問題集③法令上の制限・税・その他

●第1編 法令上の制限

開発行為の規制

問 18

都市計画法に関する次の記述のうち，誤っているものはどれか。なお，この問における都道府県知事とは，地方自治法に基づく指定都市，中核市及び施行時特例市にあってはその長をいうものとする。

❶ 区域区分の定められていない都市計画区域内の土地において，10,000 ㎡のゴルフコースの建設を目的とする土地の区画形質の変更を行おうとする者は，あらかじめ，都道府県知事の許可を受けなければならない。

❷ 市街化区域内の土地において，700 ㎡の開発行為を行おうとする場合に，都道府県知事の許可が必要となる場合がある。

❸ 開発許可を受けた開発行為又は開発行為に関する工事により，公共施設が設置されたときは，その公共施設は，協議により他の法律に基づく管理者が管理することとした場合を除き，開発許可を受けた者が管理することとされている。

❹ 用途地域等の定めがない土地のうち開発許可を受けた開発区域内においては，開発行為に関する工事完了の公告があった後は，都道府県知事の許可を受ければ，当該開発許可に係る予定建築物以外の建築物を新築することができる。

(本試験 2009 年問 17 出題)

正解肢 **3**

合格者正解率	不合格者正解率
72.8%	**48.9**%

受験者正解率 **65.4**%

☆❶ **正** ゴルフコースは，その面積に関係なく第二種特定工作物 _{ステップ13} _{ステップ14}
にあたる（都計法4条11項）。そして，区域区分が定められて
いない都市計画区域内においては，3,000 ㎡以上の開発行為は許
可を受ける必要がある（都計法29条1項但書1号，施行令19条
1項）。よって，本肢は正しい。

❷ **正** 市街化区域においては，1,000 ㎡未満の開発行為は許可 _{ステップ14}
不要である（都計法29条1項但書1号，施行令19条1項本文）。
ただし，市街化の状況により，無秩序な市街化を防止するため特
に必要があると認められる場合には，都道府県は，条例で，区域
を限り，300 ㎡以上1,000 ㎡未満の範囲内で，その規模を別に定
めることができる（都計法施行令19条1項但書）。また，三大
都市圏の一定の区域においては，市街化区域について許可不要な
面積は500 ㎡未満とされている（都計法施行令19条2項）。し
たがって，市街化区域内の700 ㎡の開発行為について，許可が必
要となる場合がある。よって，本肢は正しい。

☆❸ **誤** 原則として市町村が管理する。 _{制1-5-5}

開発許可を受けた開発行為又は開発行為に関する工事により公
共施設が設置されたときは，その公共施設は，他の法律に基づく
管理者が別にあるとき，又は協議により管理者について別段の定
めをしたときを除き，工事完了の公告の日の翌日において，その
公共施設の存する市町村の管理に属する（都計法39条）。よって，
本肢は誤りであり，本問の正解肢となる。

☆❹ **正** 開発許可を受けた開発区域内においては，工事完了の公 _{ステップ18}
告があった後は，都道府県知事が許可したとき，又は当該開発区
域内の土地について用途地域等が定められているときを除き，当
該開発許可に係る予定建築物等以外の建築物を新築してはならな
い（都計法42条1項）。よって，本肢は正しい。

●第1編 法令上の制限

開発行為の規制

重要度 特A

問 19

都市計画法の開発許可に関する次の記述のうち，正しいものはどれか。

---

❶ 開発許可申請書には，予定建築物の用途のほか，その構造，設備及び予定建築価額を記載しなければならない。

❷ 開発許可の申請は，自己が所有している土地についてのみ行うことができる。

❸ 開発許可を受けた開発区域内の土地においては，開発工事完了の公告があるまでの間は，原則として，建築物を建築することができない。

❹ 開発許可処分については，開発審査会の裁決を経なければ，その取消しの訴えを提起することができない。

(本試験 2001 年問 19 改題)

正解肢 3

合格者正解率	不合格者正解率
96.3%	**81.9%**
受験者正解率 **88.0%**	

☆❶ **誤** 予定建築物について用途以外は記載する必要はない。　　　制1-5-5

　開発許可申請書には，予定建築物等（開発区域内において予定
される建築物・特定工作物）の用途，設計，工事施行者等を記載
するものとされている（都計法30条1項）。しかし，予定建築
物の構造，設備及び予定建築価額の記載は不要である。よって，
本肢は誤り。

☆❷ **誤** 自己が所有している必要はない。　　　ステップ15

　開発許可を受けるためには，開発区域内の土地等の権利者の相
当数の同意を得ていることが必要であるとされている（都計法33
条1項14号）。したがって，開発許可を申請しようとする者は，
所有者等の同意を得ていれば足りるのであり，土地が自己所有で
なくてもよい。よって，本肢は誤り。

☆❸ **正** 開発許可を受けた開発区域内の土地においては，開発工　　　ステップ18
事完了の公告があるまでの間は，原則として，建築物を建築し，
又は特定工作物を建設してはならない（都計法37条本文）。よっ
て，本肢は正しく，本問の正解肢となる。

☆❹ **誤** 開発審査会の裁決を経る必要はない。　　　ステップ16

　開発許可処分の取消しの訴えは，その処分についての審査請求
に対する開発審査会の裁決を経ることなく，提起することができ
るようになった（都計法52条削除）。よって，本肢は誤り。

●第1編 法令上の制限

開発行為の規制

問 20

都市計画法に関する次の記述のうち,正しいものはどれか。なお,この問における都道府県知事とは,地方自治法に基づく指定都市,中核市及び施行時特例市にあってはその長をいうものとする。

❶ 開発許可を申請しようとする者は,あらかじめ,開発行為に関係がある公共施設の管理者と協議しなければならないが,常にその同意を得ることを求められるものではない。

❷ 市街化調整区域内において生産される農産物の貯蔵に必要な建築物の建築を目的とする当該市街化調整区域内における土地の区画形質の変更は,都道府県知事の許可を受けなくてよい。

❸ 都市計画法第33条に規定する開発許可の基準のうち,排水施設の構造及び能力についての基準は,主として自己の居住の用に供する住宅の建築の用に供する目的で行う開発行為に対しては適用されない。

❹ 非常災害のため必要な応急措置として行う開発行為は,当該開発行為が市街化調整区域内において行われるものであっても都道府県知事の許可を受けなくてよい。

(本試験 2011 年問 17 出題)

正解肢 4

合格者正解率	不合格者正解率
77.5%	**61.6**%
受験者正解率 69.8%	

☆❶ **誤** 同意を得る必要がある。 ステップ15

開発行為を申請しようとする者は，あらかじめ開発行為に関係がある公共施設の管理者と協議し，その同意を得なければならない（都計法32条1項）。よって，本肢は誤り。

❷ **誤** 市街化調整区域内で農産物の貯蔵に必要な建築物のための開発行為は許可必要。

農産物の生産又は集荷の用に供する建築物，農業の生産資材の貯蔵又は保管の用に供する建築物は，開発許可が不要な農林漁業用建築物であるが，農産物そのものの処理，貯蔵又は加工に必要な建築物は，農林漁業用建築物ではない（都計法29条1項但書2号，施行令20条参照）。そして，市街化調整区域内で，市街化調整区域内において生産される農作物の貯蔵に必要な建築物の建築の用に供する目的で行う開発行為と認める場合，都道府県知事は開発許可をしなければならない（都計法34条4号）。すなわち，この市街化調整区域の開発許可基準に該当すれば許可されるのであって，許可不要となるのではない。よって，本肢は誤り。

❸ **誤** 自己居住用の開発行為にも適用される。 制1-5-5

排水施設の構造及び能力の基準については，自己居住用・自己の業務用・その他の区分を問わず，すべての開発行為に適用される（都計法33条1項3号）。よって，本肢は誤り。

☆❹ **正** 非常災害のため必要な応急措置として行う開発行為は， ステップ14
区域を問わず，常に開発許可を受ける必要はない（都計法29条1項但書10号）。よって，本肢は正しく，本問の正解肢となる。

●第1編　法令上の制限

開発行為の規制

問 21 都市計画法に関する次の記述のうち，誤っているものはどれか。なお，この問における都道府県知事とは，地方自治法に基づく指定都市，中核市及び施行時特例市にあってはその長をいうものとする。

❶ 開発許可を受けた開発区域内の土地であっても，当該許可に係る開発行為に同意していない土地の所有者は，その権利の行使として建築物を建築することができる。

❷ 開発行為をしようとする者は，当該開発行為に係る開発許可の取得後から当該開発行為の完了までに，当該開発行為に関係がある公共施設の管理者と協議し，その同意を得なければならない。

❸ 都市計画法に違反した者だけでなく，違反の事実を知って，違反に係る建築物を購入した者も，都市計画法の規定により，都道府県知事から建築物の除却等の命令を受ける対象となる。

❹ 地方公共団体は，一定の基準に従い，条例で，開発区域内において予定される建築物の敷地面積の最低限度に関する制限を定めることが可能であり，このような条例が定められている場合は，制限の内容を満たさない開発行為は許可を受けることができない。

（本試験 2008 年問 19 出題）

合格者正解率	不合格者正解率
79.9%	**50.7**%
受験者正解率 **68.9**%	

正解肢 2

☆**❶ 正** 開発許可を受けた開発区域内では，工事完了の公告があるまでの間は，原則として建築物の建築や特定工作物の建設をしてはならない（都計法37条本文）。例外として，①開発行為のための工事用の仮設建築物を建築するとき，②都道府県知事が支障がないと認めたとき，③開発行為に同意していない土地等の権利者がその権利行使として建築物の建築等を行うとき，については建築物の建築等を行うことができる(都計法37条但書1号，2号)。本肢の場合は，この③に該当するため，建築物を建築することができる。よって，本肢は正しい。 　ステップ18

☆**❷ 誤** 開発許可の取得後ではない。

開発許可を申請しようとする者は，あらかじめ，開発行為に関係がある公共施設の管理者と協議し，その同意を得なければならない（都計法32条1項）。開発許可の取得後からその開発行為の完了までではない。よって，本肢は誤りであり，本問の正解肢となる。 　ステップ15

❸ 正 都道府県知事は，必要な限度に応じて，都市計画法の規定に違反した者に対して，建築物の除却等の措置を命ずることができる（都計法81条1項1号）。そして，この命令は，都市計画法に違反した者だけではなく，違反の事実を知って違反建築物等を譲り受けた者にもなされる(都計法81条1項1号)。よって，本肢は正しい。

❹ 正 地方公共団体は，良好な住居等の環境の形成又は保持のため必要と認める場合においては，政令で定める基準に従い，条例で，区域，目的又は予定される建築物の用途を限り，開発区域内において予定される建築物の敷地面積の最低限度に関する制限を定めることができる（都計法33条4項）。そして，この条例で定める制限を満たさない開発行為は，許可を受けることができない（都計法33条1項かっこ書）。よって，本肢は正しい。

●第1編　法令上の制限

開発行為の規制

重要度 A

問 22

都市計画法に関する次の記述のうち、正しいものはどれか。なお、この問において「都道府県知事」とは、地方自治法に基づく指定都市、中核市及び施行時特例市にあってはその長をいうものとする。

❶ 市街化区域内において開発許可を受けた者が、開発区域の規模を100㎡に縮小しようとする場合においては、都道府県知事の許可を受けなければならない。

❷ 開発許可を受けた開発区域内の土地において、当該開発許可に係る予定建築物を建築しようとする者は、当該建築行為に着手する日の30日前までに、一定の事項を都道府県知事に届け出なければならない。

❸ 開発許可を受けた開発区域内において、開発行為に関する工事の完了の公告があるまでの間に、当該開発区域内に土地所有権を有する者のうち、当該開発行為に関して同意をしていない者がその権利の行使として建築物を建築する場合については、都道府県知事が支障がないと認めたときでなければ、当該建築物を建築することはできない。

❹ 何人も、市街化調整区域のうち開発許可を受けた開発区域以外の区域内において、都道府県知事の許可を受けることなく、仮設建築物を新築することができる。

（本試験 2015 年問 15 出題）

正解肢 **4**

合格者正解率	不合格者正解率
26.9%	**12.8**%

受験者正解率 **22.1**%

☆**❶** 誤 都道府県知事の許可は不要である。　　　　　ステップ17

　開発許可を受けた者は，開発区域の位置，区域及び規模の変更をする場合においては，都道府県知事の許可を受けなければならない（都計法35条の2第1項本文）。ただし，市街化区域内において，開発行為の規模を1,000㎡未満に変更する場合には，開発許可が不要となる（都計法35条の2第1項但書，29条1項但書1号，施行令19条1項）。よって，本肢は誤り。

☆**❷** 誤 予定建築物の建築について都道府県知事への届出は不要。　ステップ18

　開発許可を受けた開発区域内の土地において，工事が完了した旨の公告があるまでの間は，予定建築物であっても都道府県知事が支障がないと認めたときに建築することができる（都計法37条1号）。また，開発許可を受けた開発区域内の土地において，工事が完了した旨の公告があった後は，当該開発許可に係る予定建築物以外の建築物を建築する場合には都道府県知事の許可が必要となることがあるが（都計法42条1項），予定建築物を建築する場合にはこの許可は必要ではなく，都道府県知事に届出をする旨の規定もない。よって，本肢は誤り。

☆**❸** 誤 不同意の土地所有者は，建築物を建築できる。　　ステップ18

　開発許可を受けた開発区域内において，開発行為に関する工事の完了の公告があるまでの間は，建築物を建築し，又は特定工作物を建設してはならない。ただし，①工事用の仮設建築物又は特定工作物を建築し，又は建設するとき，②都道府県知事が支障がないと認めたとき，③当該開発区域内に土地所有権を有する者のうち，当該開発行為に関して同意をしていない者がその権利の行使として建築物を建築するときはこの限りでない（都計法37条）。よって，本肢は誤り。

☆**❹** 正 何人も，市街化調整区域のうち開発許可を受けた開発区域以外の区域内においては，原則として，都道府県知事の許可を受けなければ建築物の新築をしてはならない。ただし，仮設建築物の新築についてはこの限りでない（都計法43条1項3号）。よって，本肢は正しく，本問の正解肢となる。　ステップ19

●第1編 法令上の制限

開発行為の規制 特A 重要度

問 23   開発許可に関する次の記述のうち，都市計画法の規定によれば，誤っているものはどれか。なお，この問における都道府県知事とは，地方自治法の指定都市等にあっては，それぞれの指定都市等の長をいうものとする。

❶ 開発許可を受けた開発区域内において，開発行為に関する工事が完了した旨の公告があるまでの間は，開発許可を受けた者は，工事用の仮設建築物を建築するとき，その他都道府県知事が支障がないと認めたとき以外は，建築物を建築してはならない。

❷ 開発許可を受けた用途地域の定めのない開発区域内において，開発行為に関する工事が完了した旨の公告があった後は，民間事業者は，都道府県知事が許可したときを除けば，予定建築物以外の建築物を新築してはならない。

❸ 市街化調整区域のうち開発許可を受けた開発区域以外の区域において，民間事業者は，都道府県知事の許可を受けて，又は都市計画事業の施行としてでなければ，建築物を新築してはならない。

❹ 都市計画法の規定に違反する建築物を，それと知って譲り受けた者に対して，国土交通大臣又は都道府県知事は，都市計画上必要な限度において，建築物の除却など違反を是正するため必要な措置をとることを命ずることができる。

(本試験 2003 年問 19 出題)

正解肢 **3**

合格者正解率 **35.3**%　不合格者正解率 **30.1**%
受験者正解率 **32.6**%

☆❶ **正**　開発許可を受けた開発区域内の土地においては，工事完了の公告があるまでの間は，原則として，建築物を建築し，又は特定工作物を建設してはならない（都計法37条本文）。ただし，開発許可を受けた者が，当該開発行為に関する工事用の仮設建築物又は特定工作物を建築し，又は建設するとき，その他都道府県知事が支障がないと認めたときは，この限りではない（都計法37条但書1号）。よって，本肢は正しい。なお，「開発行為に同意していない者」は本肢の「開発許可を受けた者」ではないから，考慮する必要はない（都計法37条但書2号参照）。 ステップ18

☆❷ **正**　開発許可を受けた開発区域内においては，工事完了の公告があった後は，都道府県知事が許可したとき，又は，用途地域等が定められているときを除き，当該開発許可に係る予定建築物以外の建築物を新築してはならない（都計法42条1項）。よって，本肢は正しい。 ステップ18

☆❸ **誤**　本肢の場合に限られない。 ステップ19

　市街化調整区域のうち開発許可を受けた開発区域以外の区域内においては，原則として，建築物の新築等をしてはならない。ただし，一定の例外に該当すれば建築することができ，この例外には，都道府県知事の許可を受けた場合や都市計画事業の施行として行う場合だけでなく，公益上必要な建築物を建築する場合や非常災害のため必要な応急措置として行う場合などがある（都計法43条1項）。よって，本肢は誤りであり，本問の正解肢となる。

❹ **正**　国土交通大臣又は都道府県知事は，都市計画法の規定に違反した者又は当該違反の事実を知って，当該違反に係る土地もしくは工作物等を譲り受けた者に対して，都市計画上必要な限度において，相当の期限を定めて，建築物等の除却その他違反を是正するため必要な措置をとることを命ずることができる（都計法81条1項1号）。よって，本肢は正しい。

●第1編 法令上の制限

開発行為の規制

問 24

都市計画法に関する次の記述のうち,正しいものはどれか。なお,この問における都道府県知事とは,地方自治法に基づく指定都市及び中核市にあってはその長をいうものとする。

❶ 開発許可を受けた開発区域内において,当該開発区域内の土地について用途地域等が定められていないとき,都道府県知事に届け出れば,開発行為に関する工事完了の公告があった後,当該開発許可に係る予定建築物以外の建築物を建築することができる。

❷ 開発許可を受けた土地において,地方公共団体は,開発行為に関する工事完了の公告があった後,都道府県知事との協議が成立すれば,当該開発許可に係る予定建築物以外の建築物を建築することができる。

❸ 都道府県知事は,市街化区域内における開発行為について開発許可をする場合,当該開発区域内の土地について,建築物の建ぺい率に関する制限を定めることができる。

❹ 市街化調整区域のうち開発許可を受けた開発区域以外の区域内において,公民館を建築する場合は,都道府県知事の許可を受けなくてよい。

(本試験 2007 年問 19 出題)

正解肢 **4**

合格者正解率	不合格者正解率
83.0%	**53.3**%
受験者正解率 **70.6**%	

☆❶ **誤** 届出ではなく，許可が必要。 ステップ18

開発許可を受けた開発区域内において用途地域等が定められていないとき，工事完了の公告があった後は，原則として当該開発許可に係る予定建築物以外の建築物を建築することはできないが，都道府県知事が許可した場合には，予定建築物以外の建築物を建築することができる（都計法42条1項）。よって，本肢は誤り。

❷ **誤** 都道府県等以外の地方公共団体にこのような例外はない。 制1-5-7

開発許可を受けた開発区域内においては，工事完了の公告があった後は，原則として当該開発許可に係る予定建築物以外の建築物を建築することはできない（都計法42条1項本文）。例外として，国及び都道府県等が行う行為については，国の機関又は都道府県等と都道府県知事との協議が成立することをもって，都道府県知事の許可があったものとみなして，予定建築物以外の建築物を建築することができる（都計法42条2項，1項但書）。よって，本肢は誤り。

❸ **誤** 市街化区域内においてではない。 制1-5-5

都道府県知事は，用途地域の定められていない土地の区域における開発行為について開発許可をする場合において必要があると認めるときは，当該開発区域内の土地について，建築物の建蔽率等を定めることができる（都計法41条1項）。本肢では市街化区域内であるため，必ず用途地域が定められるので「用途地域の定められていない土地の区域」にはあたらない（都計法13条1項7号）。よって，本肢は誤り。

☆❹ **正** 市街化調整区域のうち開発許可を受けた開発区域以外の区域内においては，都道府県知事の許可を受けなければ，建築物を新築することはできないが，公民館を建築する場合は，都道府県知事の許可を受けなくても建築することができる（都計法43条1項本文，29条1項但書3号）。よって，本肢は正しく，本問の正解肢となる。 ステップ19

50　LEC東京リーガルマインド　2022年版出る順宅建士 ウォーク問過去問題集③法令上の制限・税・その他

開発行為の規制

問 25　都市計画法に関する次の記述のうち、正しいものはどれか。なお、この問において「都道府県知事」とは、地方自治法に基づく指定都市、中核市及び施行時特例市にあってはその長をいうものとする。

❶ 開発許可を受けた者は、開発行為に関する工事を廃止するときは、都道府県知事の許可を受けなければならない。

❷ 二以上の都府県にまたがる開発行為は、国土交通大臣の許可を受けなければならない。

❸ 開発許可を受けた者から当該開発区域内の土地の所有権を取得した者は、都道府県知事の承認を受けることなく、当該開発許可を受けた者が有していた当該開発許可に基づく地位を承継することができる。

❹ 都道府県知事は、用途地域の定められていない土地の区域における開発行為について開発許可をする場合において必要があると認めるときは、当該開発区域内の土地について、建築物の敷地、構造及び設備に関する制限を定めることができる。

(本試験 2016 年問 17 出題)

正解肢 **4**

合格者正解率	不合格者正解率
60.9%	**49.3%**
受験者正解率 **56.9%**	

☆**❶ 誤** 工事の廃止は許可ではなく届出である。 `ステップ17`

開発許可を受けた者は，開発行為に関する工事を廃止したとき
は，遅滞なく，国土交通省令で定めるところにより，その旨を都
道府県知事に届け出なければならない（都計法38条）。許可は
必要ない。よって，本肢は誤り。

❷ 誤 国土交通大臣が，開発許可をすることはない。

二以上の都府県にまたがる開発行為は，国土交通大臣の許可を
受けなければならないという規定はない。よって，本肢は誤り。

☆**❸ 誤** 開発許可に基づく地位の承継には，都道府県知事の承認 `ステップ17`
が必要。

開発許可を受けた者から当該開発区域内の土地の所有権その他
当該開発行為に関する工事を施行する権原を取得した者は，都道
府県知事の承認を受けて，当該開発許可を受けた者が有していた
当該開発許可に基づく地位を承継することができる（都計法45
条）。よって，本肢は誤り。

☆**❹ 正** 都道府県知事は，用途地域の定められていない土地の区 `制1-5-5`
域における開発行為について開発許可をする場合において必要が
あると認めるときは，当該開発区域内の土地について，建築物の
建蔽率，建築物の高さ，壁面の位置その他建築物の敷地，構造及
び設備に関する制限を定めることができる（都計法41条1項）。
よって，本肢は正しく，本問の正解肢となる。

開発行為の規制

問 26 都市計画法に関する次の記述のうち,誤っているものはどれか。なお,この問において「都道府県知事」とは,地方自治法に基づく指定都市,中核市及び施行時特例市にあってはその長をいうものとする。

❶ 開発許可を申請しようとする者は,あらかじめ,開発行為又は開発行為に関する工事により設置される公共施設を管理することとなる者と協議しなければならない。

❷ 都市計画事業の施行として行う建築物の新築であっても,市街化調整区域のうち開発許可を受けた開発区域以外の区域内においては,都道府県知事の許可を受けなければ,建築物の新築をすることができない。

❸ 開発許可を受けた開発行為により公共施設が設置されたときは,その公共施設は,工事完了の公告の日の翌日において,原則としてその公共施設の存する市町村の管理に属するものとされている。

❹ 開発許可を受けた者から当該開発区域内の土地の所有権を取得した者は,都道府県知事の承認を受けて,当該開発許可を受けた者が有していた当該開発許可に基づく地位を承継することができる。

(本試験 2020 年 10 月問 16 出題)

正解肢 **2**

合格者正解率	不合格者正解率
70.0%	**49.9**%
受験者正解率 **61.6**%	

☆**❶ 正** 開発許可を申請しようとする者は，あらかじめ，開発行 `ステップ15`
為又は開発行為に関する工事により設置される公共施設を管理す
ることとなる者と協議しなければならない（都計法 32 条 2 項）。
よって，本肢は正しい。

☆**❷ 誤** 都市計画事業の施行として行う場合，許可は不要である。 `ステップ19`
何人も，市街化調整区域のうち開発許可を受けた開発区域以外
の区域内においては，原則として都道府県知事の許可を受けなけ
れば，建築物を新築することはできない。ただし，都市計画事業
の施行として行う建築物の新築については，例外的に許可は不要
である（都計法 43 条 1 項 1 号）。よって，本肢は誤りであり，
本問の正解肢となる。

❸ 正 開発許可を受けた開発行為により公共施設が設置された `1-5-5`
ときは，その公共施設は，工事完了の公告の日の翌日において，
原則としてその公共施設の存する市町村の管理に属する（都計法
39 条本文）。よって，本肢は正しい。

☆**❹ 正** 開発許可を受けた者から当該開発区域内の土地の所有権 `ステップ17`
を取得した者は，都道府県知事の承認を受けて，当該開発許可を
受けた者が有していた当該開発許可に基づく地位を承継すること
ができる（都計法 45 条）。よって，本肢は正しい。

54   LEC東京リーガルマインド　2022年版出る順宅建士 ウォーク問過去問題集③法令上の制限・税・その他

●第1編 法令上の制限

都市計画制限等

問 27

都市計画法に関する次の記述のうち，正しいものはどれか。

❶ 市街地開発事業等予定区域に関する都市計画において定められた区域内において，非常災害のため必要な応急措置として行う建築物の建築であれば，都道府県知事（市の区域内にあっては，当該市の長）の許可を受ける必要はない。

❷ 都市計画の決定又は変更の提案は，当該提案に係る都市計画の素案の対象となる土地について所有権又は借地権を有している者以外は行うことができない。

❸ 市町村は，都市計画を決定しようとするときは，あらかじめ，都道府県知事に協議し，その同意を得なければならない。

❹ 地区計画の区域のうち地区整備計画が定められている区域内において，建築物の建築等の行為を行った者は，一定の行為を除き，当該行為の完了した日から30日以内に，行為の種類，場所等を市町村長に届け出なければならない。

（本試験 2012 年問 16 出題）

正解肢 1

合格者正解率	不合格者正解率
87.9%	**65.6**%
受験者正解率 80.2%	

☆**❶ 正** 市街地開発事業等予定区域に関する都市計画において定められた区域内において，建築物の建築等を行おうとする者は，都道府県知事（市の区域内にあっては，当該市の長）の許可を受けなければならないが，非常災害のため必要な応急措置として行う建築物の建築は，許可は不要である（都計法52条の2第1項但書2号）。よって，本肢は正しく，本問の正解肢となる。　`ステップ20`

❷ 誤 所有権者等に限られない。　`制1-4-2`

まちづくりの推進を図る活動を行うことを目的として設立された特定非営利活動法人，一般社団法人，一般財団法人その他の営利を目的としない法人，独立行政法人都市再生機構，地方住宅供給公社等は，都市計画の素案の対象となる土地の区域について，都道府県又は市町村に対し，都市計画の決定又は変更をすることを提案することができる（都計法21条の2第2項）。本肢のように所有権又は借地権を有している者に限られるわけではない。よって，本肢は誤り。

❸ 誤 同意は不要である。　`ステップ11`

市町村は，都市計画区域又は準都市計画区域について都市計画を決定しようとするときは，あらかじめ，都道府県知事に協議しなければならない（都計法19条3項）。しかし，市町村が都道府県知事の同意を得なければならないわけではない。よって，本肢は誤り。

❹ 誤 行為に着手する日の30日前までに市町村長に届け出なければならない。　`ステップ9`

地区計画の区域（再開発等促進区もしくは開発整備促進区又は地区整備計画が定められている区域に限る。）内において，建築物の建築等の行為を行おうとする者は，一定の行為を除き，当該行為に着手する日の30日前までに，行為の種類，場所等を市町村長に届け出なければならない（都計法58条の2第1項）。行為の完了した日から30日以内に届け出るのではない。よって，本肢は誤り。

●第1編 法令上の制限

都市計画制限等

問28

都市計画法に関する次の記述のうち、正しいものはどれか。

❶ 都市計画施設の区域又は市街地開発事業の施行区域内において建築物の建築をしようとする者は、行為の種類、場所及び設計又は施行方法を都道府県知事に届け出なければならない。

❷ 都市計画事業の認可の告示があった後、当該認可に係る事業地内において当該事業の施行の障害となるおそれがある土地の形質の変更、建築物の建築、工作物の建設を行おうとする者は、当該事業の施行者の同意を得て、当該行為をすることができる。

❸ 都市計画事業の認可の告示があった後、当該認可に係る事業地内の土地建物等を有償で譲り渡した者は、当該譲渡の後速やかに、譲渡価格、譲渡の相手方その他の事項を当該事業の施行者に届け出なければならない。

❹ 市町村長は、地区整備計画が定められた地区計画の区域内において、地区計画に適合しない行為の届出があった場合には、届出をした者に対して、届出に係る行為に関し設計の変更その他の必要な措置をとることを勧告することができる。

（本試験 2008 年問 18 出題）

正解肢 4

合格者正解率 **83.3%**　不合格者正解率 **61.0%**

受験者正解率 **74.7%**

☆**❶ 誤**　届出ではなく，許可が必要。

ステップ20

　都市計画施設の区域又は市街地開発事業の施行区域内において建築物の建築を行おうとする者は，原則として，都道府県知事等の許可を受けなければならない（都計法53条1項）。都道府県知事への届出ではない。よって，本肢は誤り。

☆**❷ 誤**　施行者の同意ではなく，知事等の許可が必要。

ステップ20

　都市計画事業の認可の告示があった後において，当該事業地内で，当該事業の施行の障害となるおそれがある土地の形質の変更，建築物の建築その他工作物の建設を行い，又は一定の移動の容易でない物件の設置もしくは堆積を行おうとする者は，都道府県知事等の許可を受けなければならない（都計法65条1項）。事業の施行者の同意ではない。よって，本肢は誤り。

❸ 誤　告示があった後ではなく，また譲渡後ではない。

制1-6-3

　都市計画事業の認可の告示に係る公告の日の翌日から起算して10日を経過した後に事業地内の土地建物等を有償で譲り渡そうとする者は，原則として，当該土地建物等，その予定対価の額及び当該土地建物等を譲り渡そうとする相手方等の事項を書面で施行者に届け出なければならない（都計法67条1項）。届出義務が課せられるのは公告の日の翌日から10日経過後であり，また譲渡前に届け出るのであって，譲渡後速やかに届け出るのではない。よって，本肢は誤り。

❹ 正　市町村長は，地区整備計画が定められている地区計画の区域内において届出があった場合に，その届出に係る行為が地区計画に適合しないと認めるときは，その届出をした者に対し，その届出に係る行為に関し設計の変更その他の必要な措置をとることを勧告することができる（都計法58条の2第3項）。よって，本肢は正しく，本問の正解肢となる。

ステップ9

58　LEC東京リーガルマインド　2022年版出る順宅建士 ウォーク問過去問題集③法令上の制限・税・その他

●第1編 法令上の制限

都市計画法総合

問 29 都市計画法に関する次の記述のうち，正しいものの組合せはどれか。

ア 都市計画施設の区域又は市街地開発事業の施行区域内において建築物の建築をしようとする者は，一定の場合を除き，都道府県知事(市の区域内にあっては，当該市の長)の許可を受けなければならない。

イ 地区整備計画が定められている地区計画の区域内において，建築物の建築を行おうとする者は，都道府県知事(市の区域内にあっては，当該市の長)の許可を受けなければならない。

ウ 都市計画事業の認可の告示があった後，当該認可に係る事業地内において，当該都市計画事業の施行の障害となるおそれがある土地の形質の変更を行おうとする者は，都道府県知事(市の区域内にあっては，当該市の長)の許可を受けなければならない。

エ 都市計画事業の認可の告示があった後，当該認可に係る事業地内の土地建物等を有償で譲り渡そうとする者は，当該事業の施行者の許可を受けなければならない。

❶ ア，ウ
❷ ア，エ
❸ イ，ウ
❹ イ，エ

(本試験 2017 年問 16 出題)

正解肢 1

合格者正解率	不合格者正解率
88.4%	**69.1%**

受験者正解率 79.9%

☆**ア　正**　都市計画施設の区域又は市街地開発事業の施行区域内において建築物の建築をしようとする者は，原則として，都道府県知事等の許可を受けなければならない（都計法53条1項本文）。よって，本肢は正しい。　*ステップ20*

☆**イ　誤**　市町村長に届け出なければならない。　*ステップ9*

地区整備計画が定められている地区計画の区域内において，土地の区画形質の変更，建築物の建築その他の一定の行為を行おうとする者は，当該行為に着手する日の30日前までに，行為の種類，場所，設計又は施行方法，着手予定日その他の一定事項を市町村長に届け出なければならない（都計法58条の2第1項）。都道府県知事（市の区域内にあっては，当該市の長）の許可を受けるのではない。よって，本肢は誤り。

☆**ウ　正**　都市計画事業の認可等の告示があった後においては，当該事業地内において，都市計画事業の施行の障害となるおそれがある土地の形質の変更若しくは建築物の建築その他工作物の建設を行い，又は一定の移動の容易でない物件の設置若しくは堆積を行おうとする者は，都道府県知事等の許可を受けなければならない（都計法65条1項）。よって，本肢は正しい。　*ステップ20*

エ　誤　施行者に届け出なければならない。　*制1-6-3*

都市計画事業の施行の公告の日の翌日から起算して10日を経過した後に事業地内の土地建物等を有償で譲り渡そうとする者は，当該土地建物等，その予定対価の額及び当該土地建物等を譲り渡そうとする相手方その他一定の事項を書面で施行者に届け出なければならない（都計法67条1項）。当該事業の施行者の許可を受けるのではない。よって，本肢は誤り。

以上より，正しいものはア，ウであり，**❶**が本問の正解肢となる。

●第1編　法令上の制限

都市計画法総合

問 30　都市計画法に関する次の記述のうち，正しいものはどれか。

❶ 特別用途地区とは，特別の目的からする土地利用の増進，環境の保護等を図るため定める地区であり，用途地域が定められていない区域において定められるものである。

❷ 都市施設は，適切な規模で必要な位置に配置することにより，円滑な都市活動を確保し，良好な都市環境を保持するよう定めることとされており，市街化調整区域には定めることができない。

❸ 市街地開発事業の施行区域又は都市計画施設の区域内において建築物の建築をしようとする者は，非常災害のため必要な応急措置として行う行為についても，都道府県知事等の許可を受けなければならない。

❹ 地区計画等とは，一定のまとまりのある地区を対象にその地区の実情にあったきめ細かい規制等を行うことを内容とするもので，地区計画，防災街区整備地区計画，歴史的風致維持向上地区計画，沿道地区計画及び集落地区計画をいう。

（本試験 1995 年問 18 改題）

正解肢 4

合格者正解率 ——　不合格者正解率 ——

受験者正解率 ——

出る順宅建士 ③

☆❶ **誤** **用途地域が定められていない区域には定められない。**　ステップ7

　特別用途地区とは，用途地域内の一定の地区における当該地区の特性にふさわしい土地利用の増進，環境の保護等の特別の目的の実現を図るため当該用途地域の指定を補完して定める地区である（都計法9条14項）。したがって，用途地域内にしか定めることができない。よって，本肢は誤り。

☆❷ **誤** **市街化調整区域にも定めることができる。**　ステップ8

　都市施設は，都市計画区域について，適切な規模で必要な位置に配置することにより，円滑な都市活動を確保し，良好な都市環境を保持するように定めることとされ，特に必要があるときは，都市計画区域外においても定めることができる（都計法11条1項，13条1項11号）。したがって，都市計画区域内である市街化調整区域内においても定めることができる。よって，本肢は誤り。

☆❸ **誤** **許可を受ける必要はない。**　ステップ20

　都市計画施設の区域又は市街地開発事業の施行区域内において建築物の建築をしようとする場合には，原則として都道府県知事等の許可を受けなければならない（都計法53条1項）。しかし，非常災害のため必要な応急措置として行う行為については，都道府県知事等の許可を必要としない（都計法53条1項但書2号）。よって，本肢は誤り。

❹ **正** 地区計画等とは，地区計画，防災街区整備地区計画，歴史的風致維持向上地区計画，沿道地区計画及び集落地区計画をいう（都計法12条の4第1項）。一定のまとまりのある地区を対象にその地区の実情にあったきめ細かい規制等を行うことを内容とする（都計法12条の5，12条の6など）。よって，本肢は正しく，本問の正解肢となる。　制1-3-6

62　LEC東京リーガルマインド　2022年版出る順宅建士 ウォーク問過去問題集③法令上の制限・税・その他

●第1編　法令上の制限

都市計画法総合

問 31 都市計画法に関する次の記述のうち，正しいものはどれか。

❶ 地区計画は，良好な環境の街区の整備等を図るための都市計画であるが，用途地域が定められていない土地の区域についても一定の場合には，定めることができる。

❷ 特別用途地区は，土地の利用の増進，環境の保護等を図るため定める地区であることから，その区域内においては，用途地域で定める建築物の用途に関する制限を強化することができるが，制限を緩和することはできない。

❸ 市町村は，市町村における都市計画の総合的なマスタープランとして，都道府県知事の承認を得て，当該市町村の都市計画に関する基本的な方針を定めることができる。

❹ 都市計画事業の認可の告示後，事業地内において行われる建築物の建築については，都市計画事業の施行の障害となるおそれがあるものであっても，非常災害の応急措置として行うものであれば，都道府県知事の許可を受ける必要はない。

（本試験 1998 年問 17 改題）

正解肢 1

合格者正解率	不合格者正解率
—	—
受験者正解率	—

☆**❶ 正** 地区計画は，良好な環境の街区の整備等を図るための都
市計画であり，用途地域が定められていない土地の区域について
も一定の場合には，定めることができる（都計法12条の5第1
項2号）。よって，本肢は正しく，本問の正解肢となる。

ステップ9

❷ 誤 緩和することができる。

特別用途地区内においては，地方公共団体は，その地区の指定
の目的のために必要と認める場合には，国土交通大臣の承認を得
て，条例で，用途に関する制限を緩和することができる（建基法
49条2項）。よって，本肢は誤り。

制1-3-4
制2-2-2

❸ 誤 承認を得る必要はない。

市町村は，議会の議決を経て定められた当該市町村の建設に関
する基本構想ならびに都市計画区域の整備，開発及び保全の方針
に即し，当該市町村の都市計画に関する基本的な方針を定める（都
計法18条の2第1項）。そして，市町村は，基本的な方針を定
めたときは，遅滞なく，これを公表し，都道府県知事に通知しな
ければならない（都計法18条の2第3項）。しかし，都道府県
知事の承認を得ることは必要ではない。よって，本肢は誤り。

制1-4-1

☆**❹ 誤 許可を受ける必要がある。**

都市計画事業の認可の告示があった後に，当該事業地内におい
て，都市計画事業の施行の障害となるおそれがある建築物の建築
を行おうとする者は，都道府県知事等の許可を受けなければなら
ない（都計法65条1項）。非常災害の応急措置として行うもの
であっても例外ではなく，都道府県知事等の許可が必要である。
よって，本肢は誤り。

ステップ20

64　LEC東京リーガルマインド　2022年版出る順宅建士 ウォーク問過去問題集❸法令上の制限・税・その他

●第1編　法令上の制限

都市計画法総合

問 32

都市計画法に関する次の記述のうち，誤っているものはどれか。

❶　都市計画施設の区域又は市街地開発事業の施行区域内において建築物の建築をしようとする者であっても，当該建築行為が都市計画事業の施行として行う行為である場合には都道府県知事（市の区域内にあっては，当該市の長）の許可は不要である。

❷　用途地域の一つである特定用途制限地域は，良好な環境の形成又は保持のため当該地域の特性に応じて合理的な土地利用が行われるよう，制限すべき特定の建築物等の用途の概要を定める地域とする。

❸　都市計画事業の認可の告示があった後においては，当該事業地内において，当該都市計画事業の施行の障害となるおそれがある土地の形質の変更又は建築物の建築その他工作物の建設を行おうとする者は，都道府県知事（市の区域内にあっては，当該市の長）の許可を受けなければならない。

❹　一定の条件に該当する土地の区域における地区計画については，劇場，店舗，飲食店その他これらに類する用途に供する大規模な建築物の整備による商業その他の業務の利便の増進を図るため，一体的かつ総合的な市街地の開発整備を実施すべき区域である開発整備促進区を都市計画に定めることができる。

(本試験 2013 年問 15 出題)

正解肢 2

合格者正解率	不合格者正解率
54.4%	34.7%
受験者正解率 46.9%	

❶ 正　都市計画施設の区域又は市街地開発事業の施行区域内において建築物の建築をしようとする者であっても，当該建築行為が都市計画事業の施行として行う行為である場合には都道府県知事（市の区域内にあっては，当該市の長）の許可は不要である（都計法53条1項3号）。よって，本肢は正しい。

制1-6-2

☆❷ 誤　特定用途制限地域は，用途地域ではない。

特定用途制限地域は，用途地域が定められていない土地の区域（市街化調整区域を除く。）内において定められる地域地区であり用途地域ではない。よって，本肢は誤りであり，本問の正解肢となる。なお，その良好な環境の形成又は保持のため当該地域の特性に応じて合理的な土地利用が行われるよう，制限すべき特定の建築物等の用途の概要を定める地域である（都計法9条14項）とする内容は正しい。

ステップ7

☆❸ 正　都市計画事業の認可の告示があった後においては，当該事業地内において，当該都市計画事業の施行の障害となるおそれがある土地の形質の変更又は建築物の建築その他工作物の建設を行おうとする者は，都道府県知事（市の区域内にあっては，当該市の長)の許可を受けなければならない(都計法65条1項)。よって，本肢は正しい。

ステップ20

❹ 正　一定の条件に該当する土地の区域における地区計画については，特定大規模建築物の整備による商業その他の業務の利便の増進を図るため，一体的かつ総合的な市街地の開発整備を実施すべき区域である開発整備促進区を都市計画に定めることができる（都計法12条の5第4項）。よって，本肢は正しい。

制1-3-6

66　LEC東京リーガルマインド　2022年版出る順宅士 ウォーク問過去問題集③法令上の制限・税・その他

●第1編 法令上の制限

用途規制

問 33

建築物の用途制限に関する次の記述のうち，建築基準法の規定によれば，正しいものはどれか。ただし，特定行政庁の許可については考慮しないものとする。

❶ 病院は，工業地域，工業専用地域以外のすべての用途地域内において建築することができる。

❷ 老人ホームは，工業専用地域以外のすべての用途地域内において建築することができる。

❸ 図書館は，すべての用途地域内において建築することができる。

❹ 大学は，工業地域，工業専用地域以外のすべての用途地域内において建築することができる。

(本試験 2000 年問 23 出題)

正解肢 **2**

合格者正解率	不合格者正解率
87.7%	—

受験者正解率 **72.1**%

出る順宅建士 ③

☆❶ **誤** 第一種・第二種低層住居専用地域，田園住居地域内にも 建築できない。　　　　　　　　　　　　　　　　　ステップ21

　病院は，第一種・第二種低層住居専用地域，田園住居地域，工業地域，工業専用地域内において建築することができない。よって，本肢は誤り。

☆❷ **正** 老人ホームは，工業専用地域以外のすべての用途地域内 において建築することができる。よって，本肢は正しく，本問の 正解肢となる。　　　　　　　　　　　　　　　　　ステップ21

☆❸ **誤** 工業専用地域には建築できない。　　　　　ステップ21

　図書館は，工業専用地域内において建築することができない。したがって，すべての用途地域において建築することができるわけではない。よって，本肢は誤り。

☆❹ **誤** 第一種・第二種低層住居専用地域，田園住居地域内にも 建築できない。　　　　　　　　　　　　　　　　　ステップ21

　大学は，第一種・第二種低層住居専用地域，田園住居地域，工業地域，工業専用地域内において建築することができない。よって，本肢は誤り。

（以上，建基法 48 条，別表第二）

68　LEC東京リーガルマインド　2022年版出る順宅建士 ウォーク問過去問題集③法令上の制限・税・その他

●第1編 法令上の制限

用途規制

問 34　建築基準法第48条に規定する用途規制に関する次の記述のうち、誤っているものはどれか。ただし、特定行政庁の許可は考慮しないものとする。

❶ 第一種低層住居専用地域内では、小学校は建築できるが、中学校は建築できない。

❷ 第一種住居地域内では、ホテル（床面積計3,000㎡以下）は建築できるが、映画館は建築できない。

❸ 近隣商業地域内では、カラオケボックスは建築できるが、料理店は建築できない。

❹ 工業地域内では、住宅は建築できるが、病院は建築できない。

(本試験 2002 年問 20 出題)

正解肢 1

合格者正解率 94.7%　不合格者正解率 74.1%
受験者正解率 85.4%

☆❶ 誤　中学校も建築できる。 ステップ21

　小学校・中学校は，工業地域及び工業専用地域以外の用途地域であれば建築することができる。したがって，小学校も中学校も第一種低層住居専用地域内において，建築することができる。よって，本肢は誤りであり，本問の正解肢となる。

☆❷ 正　第一種住居地域内においては，床面積の合計が3,000㎡以下のホテルは建築することができるが，映画館は建築することができない。よって，本肢は正しい。 ステップ22

☆❸ 正　近隣商業地域内においては，カラオケボックスは建築することができるが，料理店は建築することができない。よって，本肢は正しい。 ステップ22

☆❹ 正　工業地域内においては，住宅は建築することができるが，病院は建築することができない。よって，本肢は正しい。 ステップ21

（以上，建基法48条，別表第二）

●第1編　法令上の制限

用途規制

問 35

建築物の用途規制に関する次の記述のうち、建築基準法の規定によれば、誤っているものはどれか。ただし、用途地域以外の地域地区等の指定及び特定行政庁の許可は考慮しないものとする。

❶ 建築物の敷地が工業地域と工業専用地域にわたる場合において、当該敷地の過半が工業地域内であるときは、共同住宅を建築することができる。

❷ 準住居地域内においては、原動機を使用する自動車修理工場で作業場の床面積の合計が 150 ㎡を超えないものを建築することができる。

❸ 近隣商業地域内において映画館を建築する場合は、客席の部分の床面積の合計が 200 ㎡未満となるようにしなければならない。

❹ 第一種低層住居専用地域内においては、高等学校を建築することはできるが、高等専門学校を建築することはできない。

（本試験 2010 年問 19 出題）

合格者正解率	不合格者正解率
60.6%	**33.9**%
受験者正解率 **50.5**%	

正解肢 **3**

☆❶ **正** 建築物の敷地が用途規制の異なる複数の地域にわたる場合，その建築物又はその敷地の全部について，敷地の過半の属する地域の用途規制に関する規定が適用される（建基法91条）。本肢は過半が工業地域内である。共同住宅は，工業専用地域では建築することができないが，工業地域では建築することができる（建基法48条12項，13項　別表第二）。よって，本肢は正しい。 ステップ21 ステップ23

☆❷ **正** 準住居地域内において，作業場の床面積の合計が150㎡を超えない原動機を使用する自動車修理工場を建築することができる（建基法48条7項　別表第二）。よって，本肢は正しい。 ステップ22

☆❸ **誤** 200㎡以上の映画館も建築することができる。 ステップ22

　近隣商業地域内において，客席の部分の床面積にかかわらず，映画館を建築することができる（建基法48条9項　別表第二）。客席の部分の床面積の合計が200㎡以上の映画館も，建築することができる。よって，本肢は誤りであり，本問の正解肢となる。

☆❹ **正** 第一種低層住居専用地域内において，高等学校は建築することができるが，高等専門学校は建築することができない（建基法48条1項　別表第二）。よって，本肢は正しい。 ステップ21

●第1編 法令上の制限

用途規制

問 36 建築基準法（以下この問において「法」という。）に関する次の記述のうち、正しいものはどれか。ただし、用途地域以外の地域地区等の指定及び特定行政庁の許可は考慮しないものとする。

❶ 店舗の用途に供する建築物で当該用途に供する部分の床面積の合計が 20,000 ㎡であるものは、準工業地域においては建築することができるが、工業地域においては建築することができない。

❷ 第一種住居地域において、カラオケボックスで当該用途に供する部分の床面積の合計が 500 ㎡であるものは建築することができる。

❸ 建築物が第一種中高層住居専用地域と第二種住居地域にわたる場合で、当該建築物の敷地の過半が第二種住居地域内に存するときは、当該建築物に対して法第 56 条第 1 項第 3 号の規定による北側高さ制限は適用されない。

❹ 第一種中高層住居専用地域において、火葬場を新築しようとする場合には、都市計画により敷地の位置が決定されていれば新築することができる。

（本試験 2008 年問 21 出題）

正解肢 **1**

合格者正解率	不合格者正解率
46.6%	**33.6**%

受験者正解率 **42.1**%

出る順宅建士 ③

☆**❶ 正** 店舗，飲食店等の用途に供する建築物でその用途に供する部分の床面積の合計が 10,000 ㎡ を超えるものは，準工業地域においては建築することができるが，工業地域においては建築することができない（建基法 48 条 11 項，12 項，別表第二）。よって，本肢は正しく，本問の正解肢となる。

ステップ22

☆**❷ 誤 建築することができない。**

カラオケボックスは，その面積にかかわらず，第一種住居地域においては建築することができない（建基法 48 条 5 項，別表第二）。よって，本肢は誤り。

ステップ22

☆**❸ 誤 適用される。**

北側斜線制限は，第一種中高層住居専用地域においては適用されるが，第二種住居地域においては適用されない（建基法 56 条 1 項 3 号）。そして，建築物の敷地が 2 以上の地域にわたる場合，建築物のうちで第一種中高層住居専用地域内に存する部分については，北側斜線制限が適用される（建基法 56 条 5 項）。よって，本肢は誤り。

ステップ29

❹ 誤 都市計画により敷地の位置が決定されていれば新築できるとはいえない。

都市計画区域内においては，火葬場の用途に供する建築物は，都市計画においてその敷地の位置が決定しているものでなければ，新築等をしてはならない（建基法 51 条）。このことは，都市計画により敷地の位置が決定されていれば火葬場を新築することができるということではなく，さらに用途地域ごとの用途規制をも満たす必要がある。そして，第一種中高層住居専用地域には，火葬場は建築することができない（建基法 48 条 3 項，別表第二）。したがって，第一種中高層住居専用地域において，火葬場は，都市計画により敷地の位置が決定されていれば新築することができるとはいえない。よって，本肢は誤り。

ステップ22

74　LEC東京リーガルマインド　2022年版出る順宅建士 ウォーク問過去問題集③法令上の制限・税・その他

●第1編 法令上の制限

容積率

問 37

建築物の容積率（延べ面積の敷地面積に対する割合）に関する次の記述のうち，建築基準法の規定によれば，正しいものはどれか。

❶ 容積率の算定に当たり，建築物の延べ面積の3分の1を限度として，地下室の床面積を建築物の延べ面積に算入しないとする特例は，住宅以外の用途に供する部分を有する建築物には適用されない。

❷ 容積率の算定に当たっては，共同住宅の共用の廊下又は階段の用に供する部分の床面積は，その建築物の延べ面積には算入しない。

❸ 高度地区内においては，容積率は，高度地区に関する都市計画で定められた内容に適合しなければならない。

❹ 近隣商業地域及び商業地域内で，かつ，防火地域内にある耐火建築物については，容積率制限は適用されない。

（本試験 1999 年問 21 出題）

正解肢 2

合格者正解率	不合格者正解率
——	——
受験者正解率 ——	

☆❶ **誤　適用される。**

ステップ27

建築物の地階でその天井が地盤面からの高さ1m以下にあるものの住宅の用途に供する部分の床面積（当該床面積が当該建築物の住宅の用途に供する部分の床面積の合計の3分の1を超える場合においては、当該建築物の住宅の用途に供する部分の床面積の合計の3分の1）は、容積率の算定にあたり、建築物の延べ面積には算入しない（建基法52条3項）。この制度は住宅以外の用途に供する部分を有する建築物にも適用される。よって、本肢は誤り。

☆❷ **正**　共同住宅の場合、容積率の算定上、共用の廊下又は階段の用に供する部分の床面積は、延べ面積に算入しない（建基法52条6項）。よって、本肢は正しく、本問の正解肢となる。

ステップ27

☆❸ **誤　「容積率」ではなく、「高さ」である。**

ステップ7

高度地区とは、用途地域内において市街地の環境を維持し、又は土地利用の増進を図るため、建築物の高さの最高限度又は最低限度を定める地区をいう（都計法9条18項）。高度地区に関する都市計画で定められた内容に適合しなければならないものは建築物の「高さ」であって「容積率」ではない（建基法58条）。よって、本肢は誤り。

☆❹ **誤　容積率制限は適用される。**

ステップ24

都市計画で建蔽率の限度が10分の8とされる地域又は商業地域内にあり、かつ、防火地域内にある耐火建築物等の場合、建蔽率の制限が適用されなくなる（建基法53条6項1号）。適用されなくなる制限は「建蔽率」であって「容積率」ではない。よって、本肢は誤り。

●第1編 法令上の制限

建蔽率・容積率

問 38

建築物の建築面積の敷地面積に対する割合（以下この問において「建蔽率」という。）及び建築物の延べ面積の敷地面積に対する割合（以下この問において「容積率」という。）に関する次の記述のうち、建築基準法の規定によれば、誤っているものはどれか。

---

❶ 建蔽率の限度が80％とされている防火地域内にある耐火建築物については、建蔽率による制限は適用されない。

❷ 建築物の敷地が、幅員15m以上の道路（以下「特定道路」という。）に接続する幅員6m以上12m未満の前面道路のうち、当該特定道路からの延長が70m以内の部分において接する場合における当該敷地の容積率の限度の算定に当たっては、当該敷地の前面道路の幅員は、当該延長及び前面道路の幅員を基に一定の計算により算定した数値だけ広いものとみなす。

❸ 容積率を算定する上では、共同住宅の共用の廊下及び階段部分は、当該共同住宅の延べ面積の3分の1を限度として、当該共同住宅の延べ面積に算入しない。

❹ 隣地境界線から後退して壁面線の指定がある場合において、当該壁面線を越えない建築物で、特定行政庁が安全上、防火上及び衛生上支障がないと認めて許可したものの建蔽率は、当該許可の範囲内において建蔽率による制限が緩和される。

（本試験2008年問20出題）

正解肢 **3**

合格者正解率	不合格者正解率
74.7%	**44.7**%
受験者正解率 **63.4**%	

☆**❶** **正** 都市計画において建蔽率の限度が 10 分の 8 とされている地域内で，かつ，防火地域内にある耐火建築物等については，建蔽率の制限は適用されない（建基法 53 条 6 項 1 号）。よって，本肢は正しい。

ステップ24

❷ **正** 建築物の敷地が，幅員 15 m 以上の道路（特定道路）に接続する幅員 6 m 以上 12 m 未満の前面道路のうち，当該特定道路からの延長が 70 m 以内の部分において接する場合における当該建築物に対する容積率の限度の算定については，当該前面道路の幅員に，当該特定道路から当該建築物の敷地が接する当該前面道路の部分までの延長に応じて政令で定める数値を加えたものとする（建基法 52 条 9 項）。よって，本肢は正しい。

☆**❸** **誤** 3 分の 1 を限度とするのではない。

ステップ27

容積率算定の基礎となる延べ面積には，共同住宅の共用の廊下又は階段の用に供する部分の床面積は，算入しない（建基法 52 条 6 項）。延べ面積の 3 分の 1 を限度として算入しないのではない。よって，本肢は誤りであり，本問の正解肢となる。

❹ **正** 隣地境界線から後退して壁面線の指定がある場合において，当該壁面線を越えない建築物で，特定行政庁が安全上，防火上及び衛生上支障がないと認めて許可したものの建蔽率は，その許可の範囲内において建蔽率による制限が緩和される（建基法 53 条 4 項）。よって，本肢は正しい。

●第1編 法令上の制限

建蔽率・容積率

問 39

下図のような敷地A（第一種住居地域内）及び敷地B（準工業地域内）に住居の用に供する建築物を建築する場合における当該建築物の容積率（延べ面積の敷地面積に対する割合）及び建蔽率（建築面積の敷地面積に対する割合）に関する次の記述のうち、建築基準法の規定によれば、正しいものはどれか。ただし、他の地域地区等の指定、特定道路、他の特定行政庁の指定及び特定行政庁の許可は考慮しないものとする。

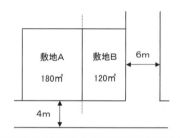

敷地A：
都市計画において定められた
容積率の最高限度 20/10
建蔽率の最高限度 6/10

敷地B：
都市計画において定められた
容積率の最高限度 40/10
建蔽率の最高限度 6/10

❶ 敷地Aのみを敷地として建築物を建築する場合、容積率の最高限度は200パーセント、建蔽率の最高限度は60パーセントとなる。

❷ 敷地Bのみを敷地として建築物を建築する場合、敷地Bが街区の角にある敷地として特定行政庁の指定を受けているとき、建蔽率の最高限度は20パーセント増加して80パーセントとなる。

❸ 敷地Aと敷地Bをあわせて一の敷地として建築物を建築する場合、容積率の最高限度は264パーセントとなる。

❹ 敷地Aと敷地Bをあわせて一の敷地として建築物を建築する場合、建蔽率の最高限度は74パーセントとなる。

（本試験1998年問22改題）

正解肢 3

☆❶ 誤 容積率の最高限度は 200％ではない。

　前面道路が 12 m未満である場合，第一種住居地域内での容積率の最高限度は，原則として前面道路の幅員に 10 分の 4 を乗じた数値と都市計画において定められた数値を比較して小さいほうになる（建基法 52 条 1 項，2 項）。したがって，敷地Aのみを敷地として建築物を建築する場合，前面道路の幅員 4 mに 10 分の 4 を乗じた数値が容積率の最高限度として用いられ，容積率の最高限度は 160％となる。よって，本肢は誤り。

ステップ24
ステップ26

☆❷ 誤 建蔽率は 20％増加ではない。

　敷地Bの建蔽率の最高限度は原則として 60％となる。しかし，街区の角にある敷地として特定行政庁の指定を受けているときには建蔽率の最高限度は 10％増加するから，70％となる（建基法 53 条 3 項 2 号）。よって，本肢は誤り。

ステップ24

☆❸ 正 本問においては，前面道路の幅員が 6 mであり（幅員の異なる複数の道路に接している場合には広いほうを基準とする），12 m未満なので，前面道路の幅員に法定乗数を乗じた数値を求めると，第一種住居地域は 6 × 4/10 で 24/10，準工業地域は 6 × 6/10 で 36/10 である。これらの数値と都市計画により定められた容積率とを比較し，小さいほうの数値が容積率の最高限度になるから，敷地Aは 20/10，敷地Bは 36/10 となる。したがって，敷地Aと敷地Bをあわせて一の敷地とする場合，容積率の最高限度は 20/10 × 180/300 ＋ 36/10 × 120/300 ＝ 264/100，すなわち 264％となる。よって，本肢は正しく，本問の正解肢となる。

ステップ26
ステップ27

☆❹ 誤 建蔽率の最高限度は 74％ではない。

　敷地Aと敷地Bの建蔽率の最高限度はそれぞれ 60％なので，両方の敷地をあわせて一の敷地とする場合も建蔽率の最高限度は 60％となる（6/10 × 180/300 ＋ 6/10 × 120/300 ＝ 6/10）。よって，本肢は誤り。

ステップ24
ステップ25

●第1編　法令上の制限

高さ制限

問 40 建築物の高さの制限に関する次の記述のうち，建築基準法の規定によれば，正しいものはどれか。

❶ 道路斜線制限（建築基準法第56条第1項第1号の制限をいう。）は，用途地域の指定のない区域内については，適用されない。

❷ 隣地斜線制限（建築基準法第56条第1項第2号の制限をいう。）は，第一種低層住居専用地域，第二種低層住居専用地域，田園住居地域，第一種中高層住居専用地域及び第二種中高層住居専用地域内については，適用されない。

❸ 北側斜線制限（建築基準法第56条第1項第3号の制限をいう。）は，第一種低層住居専用地域，第二種低層住居専用地域，田園住居地域，第一種中高層住居専用地域及び第二種中高層住居専用地域内に限り，適用される。

❹ 日影制限（建築基準法第56条の2の制限をいう。）は，商業地域内においても，適用される。

(本試験 1993 年問 23 改題)

正解肢 3

☆❶ 誤 適用される。 ステップ29

道路斜線制限は，都市計画区域及び準都市計画区域内であれば，用途地域の指定のない区域（用途地域無指定区域）内においても適用がある（建基法56条1項1号，別表第三）。よって，本肢は誤り。

☆❷ 誤 適用される。 ステップ29

第一種・第二種低層住居専用地域，田園住居地域内においては，もともと厳しい絶対的高さ制限が定められているので（建基法55条1項），隣地斜線制限の適用はないが（建基法56条1項2号），第一種・第二種中高層住居専用地域内においては，隣地斜線制限の適用がある（建基法56条1項2号）。よって，本肢は誤り。

☆❸ 正 第一種・第二種低層住居専用地域，田園住居地域及び第一種・第二種中高層住居専用地域内においては，これらの地域が「良好な住居の環境を保護するため定める地域」であることから（都計法9条1項～4項），北側斜線制限の適用がある（建基法56条1項3号）。よって，本肢は正しく，本問の正解肢となる。 ステップ29

☆❹ 誤 適用されない。 ステップ30

日影による中高層の建築物の高さの制限（日影制限）は，用途地域のうちでも，住宅地が多いと考えられる10の用途地域（住居系の用途地域全部，近隣商業地域，準工業地域）内及び都市計画区域及び準都市計画区域内の用途地域無指定区域内において適用がある（建基法56条の2第1項，別表第四）。これに対して，商業地域内においては，日影制限の適用はない（建基法56条の2第1項，別表第四）。よって，本肢は誤り。

高さ制限

問 41　日影による中高層の建築物の高さの制限（以下この問において「日影規制」という。）に関する次の記述のうち，建築基準法の規定によれば，正しいものはどれか。

❶ 日影規制の対象となる区域については，その区域の存する地方の気候及び風土，土地利用の状況等を勘案して，都市計画で定められる。

❷ 第一種中高層住居専用地域又は第二種中高層住居専用地域において，日影規制の対象となるのは，軒の高さが 7 m 又は高さが 10 m を超える建築物である。

❸ 同一の敷地内に 2 以上の建築物がある場合においては，これらの建築物を一の建築物とみなして，日影規制が適用される。

❹ 建築物の敷地が道路，水面，線路敷その他これらに類するものに接する場合であっても，日影規制の緩和に関する措置はない。

（本試験 1995 年問 24 出題）

合格者正解率	不合格者正解率
——	——
受験者正解率 ——	

正解肢 3

☆❶ **誤** 都市計画ではなく，条例で定める。　ステップ30

　日影規制の対象となる区域は，住居系の用途地域，近隣商業地域，準工業地域，ならびに都市計画区域及び準都市計画区域内の用途地域の指定のない区域の中から，地方公共団体の条例で指定する（建基法56条の2第1項，別表第四）。よって，都市計画で定められるとする本肢は誤り。

☆❷ **誤** 軒の高さが7mを超える建築物は規制対象とならない。　ステップ30

　第一種中高層住居専用地域又は第二種中高層住居専用地域において，日影規制の対象となるのは，高さが10mを超える建築物である（建基法56条の2第1項，別表第四）。よって，本肢は誤り。

☆❸ **正** 同一の敷地内に2以上の建築物がある場合には，これらの建築物を一の建築物とみなして，日影規制が適用される（建基法56条の2第2項）。よって，本肢は正しく，本問の正解肢となる。　ステップ30

❹ **誤** 緩和措置がある。　制2-4-2

　建築物の敷地が道路，水面，線路敷その他これらに類するものに接する場合，日影規制の緩和に関する一定の措置がある（建基法56条の2第3項，施行令135条の12第1項1号）。よって，本肢は誤り。

84　　LEC東京リーガルマインド　2022年版出る順宅建士　ウォーク問過去問題集③法令上の制限・税・その他

●第1編 法令上の制限

高さ制限

問 42 建築基準法（以下この問において「法」という。）に関する次の記述のうち，正しいものはどれか。

❶ 第二種中高層住居専用地域内における建築物については，法第56条第1項第3号の規定による北側斜線制限は適用されない。

❷ 第一種低層住居専用地域，第二種低層住居専用地域及び田園住居地域内における建築物については，法第56条第1項第2号の規定による隣地斜線制限が適用される。

❸ 隣地境界線上で確保される採光，通風等と同程度以上の採光，通風等が当該位置において確保されるものとして一定の基準に適合する建築物については，法第56条第1項第2号の規定による隣地斜線制限は適用されない。

❹ 法第56条の2第1項の規定による日影規制の対象区域は地方公共団体が条例で指定することとされているが，商業地域，工業地域及び工業専用地域においては，日影規制の対象区域として指定することができない。

(本試験 2006 年問 22 改題)

合格者正解率	不合格者正解率
78.5%	**55.2%**
受験者正解率 **69.9%**	

正解肢 4

☆**❶ 誤 適用される。** ステップ29

北側斜線制限は，第一種低層住居専用地域，第二種低層住居専用地域，田園住居地域，第一種中高層住居専用地域及び第二種中高層住居専用地域において適用される（建基法56条1項3号）。よって，本肢は誤り。

☆**❷ 誤 適用されない。** ステップ29

隣地斜線制限は，第一種低層住居専用地域，第二種低層住居専用地域及び田園住居地域においては適用されない（建基法56条1項2号）。よって，本肢は誤り。

❸ 誤 隣地境界線上ではない。

隣地境界線から一定の水平距離のある位置において確保される採光，通風等と同程度以上の採光，通風等が当該位置において確保されるものとして一定の基準に適合する建築物については，隣地斜線制限は適用されない（建基法56条7項2号）。よって，隣地境界線上で確保される採光，通風等と同程度以上とする本肢は誤り。

☆**❹ 正 商業地域，工業地域及び工業専用地域においては，日影** ステップ30
規制の対象区域として指定することができない（建基法56条の2第1項，別表第四）。よって，本肢は正しく，本問の正解肢となる。

●第1編 法令上の制限

道路規制

問 43 都市計画区域及び準都市計画区域内における建築物の敷地又は建築物と道路との関係に関する次の記述のうち、建築基準法の規定によれば、正しいものはどれか。

❶ 建築物の敷地は、原則として道路に2m以上接していなければならないが、その敷地の周囲に広い空地がある場合等で、特定行政庁が交通上、安全上、防火上及び衛生上支障がないと認めて建築審査会の同意を得て許可したものについては、この限りではない。

❷ 建築物の敷地は、原則として幅員6m以上の道路に接していなければならない。

❸ 公衆便所、巡査派出所その他これらに類する公益上必要な建築物で特定行政庁が通行上支障がないと認めて建築審査会の同意を得て許可したものについても、道路に突き出して建築してはならない。

❹ 地方公共団体は、一定の建築物の用途又は規模の特殊性により必要があると認めるときは、条例で、建築物の敷地と道路との関係についての制限を緩和することができる。

(本試験 1996 年問 25 改題)

正解肢 1

合格者正解率　不合格者正解率
――　　　　　――

受験者正解率　――

☆**❶　正**　建築物の敷地は，原則として道路に2m以上接していな　ステップ32
ければならない（建基法43条1項）。しかし，その敷地の周囲
に広い空地がある場合等で，特定行政庁が交通上，安全上，防火
上及び衛生上支障がないと認めて建築審査会の同意を得て許可し
たものについては，2m以上接していなくてもよい場合がある（建
基法43条2項）。よって，本肢は正しく，本問の正解肢となる。

☆**❷　誤**　6m以上ではなく，4m以上。　ステップ32
建築物の敷地は，原則として幅員4m以上の道路に接していな
ければならない（建基法43条1項，42条1項）。よって，本肢
は誤り。

☆**❸　誤**　建築することができる。　ステップ34
建築物は，原則として，道路内に，又は道路に突き出して建築
してはならない（建基法44条1項本文）。ただし，公衆便所，
巡査派出所その他これらに類する公益上必要な建築物で特定行政
庁が通行上支障がないと認めて建築審査会の同意を得て許可した
ものは，道路に突き出して建築することができる（建基法44条
1項但書2号）。よって，本肢は誤り。

☆**❹　誤**　条例で緩和することはできない。　ステップ32
地方公共団体は，一定の建築物の用途又は規模の特殊性により
必要があると認めるときは，条例で，建築物の敷地と道路との関
係についての制限を付加することができる（建基法43条3項）。
しかし，緩和することはできない。よって，本肢は誤り。

88　LEC東京リーガルマインド　2022年版出る順宅建士 ウォーク問過去問題集③法令上の制限・税・その他

●第1編 法令上の制限

道路規制

問 44

建築基準法に関する次の記述のうち,正しいものはどれか。

❶ 道路法による道路は,すべて建築基準法上の道路に該当する。

❷ 建築物の敷地は,必ず幅員4m以上の道路に2m以上接しなければならない。

❸ 地方公共団体は,土地の状況等により必要な場合は,建築物の敷地と道路との関係について建築基準法に規定された制限を,条例で緩和することができる。

❹ 地盤面下に設ける建築物については,道路内に建築することができる。

(本試験 2000 年問 24 出題)

正解肢 **4**

合格者正解率	不合格者正解率
86.1%	―
受験者正解率 **66.4**%	

☆❶ **誤** すべて該当するわけではない。　　　　　　　　ステップ32

　建築基準法上の道路とは，道路法による道路等のうち，幅員4
m（特定行政庁がその地方の気候・風土の特殊性等により必要と
認めて都道府県都市計画審議会の議を経て指定する区域内におい
ては，6 m）以上のものをいう（建基法42条1項）。よって，
本肢は誤り。

☆❷ **誤** 必ずではなく，一定の例外がある。　　　　　　ステップ32

　建築物の敷地は，原則として，道路に2 m以上接しなければな
らない（建基法43条1項）。ただし，その敷地の周囲に広い空
地を有する建築物等で，特定行政庁が交通上，安全上，防火上及
び衛生上支障がないと認めて建築審査会の同意を得て許可したも
のについては，例外が認められている（建基法43条2項）。よっ
て，本肢は誤り。

☆❸ **誤** 条例で緩和することはできない。　　　　　　　ステップ32

　地方公共団体は，特殊建築物等の敷地又は当該建築物と道路と
の関係について，条例で，必要な制限を付加することができる（建
基法43条3項）。しかし，建築基準法に規定された制限を，条
例で緩和することはできない。よって，本肢は誤り。

☆❹ **正** 建築物は，原則として，道路内に建築してはならない（建　　ステップ34
基法44条1項本文）。ただし，地盤面下に設ける建築物は，例
外として，道路内に建築することができる（建基法44条1項但
書1号）。よって，本肢は正しく，本問の正解肢となる。

90　　LEC東京リーガルマインド　2022年版出る順宅建士 ウォーク問過去問題集③法令上の制限・税・その他

●第1編　法令上の制限

道路規制

問 45　建築物の敷地又は建築物と道路との関係に関する次の記述のうち，建築基準法の規定によれば，正しいものはどれか。

❶ 建築物の敷地は，原則として幅員4m以上の道路に接しなければならないが，この幅員については，地方の特殊性等により加重されることはない。

❷ 建築物は，地下に設けるものであっても，道路に突き出して建築してはならない。

❸ 私道の所有者が私道を廃止し，又は変更する場合，その私道に接する敷地に与える影響のいかんによっては，特定行政庁から，その廃止又は変更を禁止し，又は制限されることがある。

❹ 建築基準法の規定が適用された際現に建築物が立ち並んでいる幅員4m未満の道で，特定行政庁が指定したものについては，同法の規定が適用された際の道路の境界線が，その道路の境界線とみなされる。

（本試験 1994 年問 22 出題）

正解肢 3

合格者正解率	不合格者正解率
―	―

受験者正解率 ―

☆**❶ 誤　6m以上に加重されることがある。**　　　　　　　　ステップ32

　都市計画区域及び準都市計画区域内においては，建築物の敷地は，原則として，幅員4m以上の道路に接していなければならない（建基法43条1項，42条1項）。ただし，特定行政庁がその地方の気候もしくは風土の特殊性等により必要と認めて都道府県都市計画審議会の議を経て指定する区域内（たとえば豪雪地帯）においては，幅員6m以上の道路に接していなければならない（建基法42条1項かっこ書）。よって，本肢は誤り。

☆**❷ 誤　地盤面下には建築することができる。**　　　　　　　ステップ34

　建築物は，原則として，道路内に，又は道路に突き出して建築してはならない（建基法44条1項本文）。ただし，地盤面下に設ける建築物は，この制限を受けない（建基法44条1項但書1号）。地下に設けるものは，通行の妨げにならないからである。よって，本肢は誤り。

☆**❸ 正**　私道の変更又は廃止によって，その道路に接する敷地が接道義務に抵触することとなる場合には，特定行政庁は，その私道の変更又は廃止を禁止し，又は制限することができる（建基法45条1項）。よって，本肢は正しく，本問の正解肢となる。　　　　ステップ33

☆**❹ 誤　建築基準法の規定が適用された際の道路の境界線ではない。**　　　　　　　　　　　　　　　　　　　　　　　　ステップ33

　本肢の「建築基準法の規定が適用された際現に建築物が立ち並んでいる幅員4m未満の道で，特定行政庁が指定したもの」とは，いわゆる2項道路（みなし道路）のことである（建基法42条2項）。2項道路については，原則として道路の中心線から水平距離2mの線が，道路との境界線とみなされる（建基法42条2項）。よって，本肢は誤り。

防火・準防火地域

問 46

防火地域又は準防火地域に関する次の記述のうち、建築基準法の規定によれば、正しいものはどれか。

❶ 防火地域内にある建築物に附属する門又は塀で、高さ2mを超えるものは、必ず耐火建築物としなければならない。

❷ 準防火地域内にある地階を除く階数が2で延べ面積が500㎡の木造建築物は、外壁及び軒裏で延焼のおそれのある部分を防火構造とし、延焼のおそれのある部分の外壁開口部に片面防火設備を設けた建築物又はそれと同等以上の延焼防止性能を有する建築物としなければならない。

❸ 建築物が防火地域及び準防火地域にわたる場合においては、その全部について準防火地域内の建築物に関する規定が適用される。

❹ 防火地域又は準防火地域以外においても、建築物の高さが15mを超える建築物は、必ず耐火建築物又は準耐火建築物としなければならない。

(本試験 2001 年問 20 改題)

正解肢 **2**

合格者正解率	不合格者正解率
85.5%	**65.4**%
受験者正解率 **73.9**%	

❶ **誤** 耐火建築物とする必要はない。　　　　　　　　　ステップ35

防火地域内にある建築物に附属する門又は塀で、高さ2mを超えるものは、延焼防止上支障のない構造であればよい（建基法施行令136条の2第5号）。耐火建築物とする必要はない。よって、本肢は誤り。

☆❷ **正** 準防火地域内にある地階を除く階数が2階以下で延べ面　ステップ35
積が500㎡以下の木造建築物等は、外壁及び軒裏で延焼のおそれのある部分を防火構造とし、延焼のおそれのある部分の外壁開口部に片面防火設備を設けた建築物又はそれと同等以上の延焼防止性能を有する建築物としなければならない（建基法施行令136条の2第3号）。よって、本肢は正しく、本問の正解肢となる。

☆❸ **誤** 防火地域内の規定が適用される。　　　　　　　　ステップ35

建築物が、防火地域及び準防火地域にわたる場合には、原則として、その全部について防火地域内の建築物に関する規定が適用される（建基法65条2項）。よって、本肢は誤り。

❹ **誤** 本肢のような規定はない。

防火地域又は準防火地域以外において、建築物の高さが15mを超える建築物を、必ず耐火建築物又は準耐火建築物としなければならないとの規定はない。よって、本肢は誤り。

94　LEC東京リーガルマインド　2022年版出る順宅建士 ウォーク問過去問題集③法令上の制限・税・その他

●第1編 法令上の制限

防火・準防火地域

問 47

建築基準法に関する次の記述のうち，正しいものはどれか。

❶ 建築物が防火地域及び準防火地域にわたる場合，原則として，当該建築物の全部について防火地域内の建築物に関する規定が適用される。

❷ 防火地域内においては，3階建て，延べ面積が 200 ㎡の住宅は耐火建築物又は準耐火建築物としなければならない。

❸ 防火地域内において建築物の屋上に看板を設ける場合には，その主要な部分を難燃材料で造り，又は覆わなければならない。

❹ 防火地域にある建築物は，外壁が耐火構造であっても，その外壁を隣地境界線に接して設けることはできない。

（本試験 2011 年問 18 出題）

正解肢 1

合格者正解率	不合格者正解率
88.3%	**66.7**%
受験者正解率 **77.9**%	

☆❶ **正** 建築物が防火地域及び準防火地域にわたる場合は，原則 ステップ35
として，その全部について防火地域内の建築物に関する規定が適
用される（建基法65条2項本文）。よって，本肢は正しく，本
問の正解肢となる。

☆❷ **誤** 耐火建築物又は延焼防止建築物としなければならない。 ステップ35
防火地域内においては，階数が3以上，又は延べ面積が100㎡を
超える建築物は，耐火建築物又は延焼防止建築物としなければな
らない（建基法61条本文，施行令136条の2第1号）。本肢の
建築物は，そのどちらにも該当するのであるから，耐火建築物又
は延焼防止建築物としなければならず，準耐火建築物とすること
はできない。よって，本肢は誤り。

❸ **誤** 難燃材料で造るのではなく，不燃材料である。 ステップ35
防火地域内にある看板，広告塔，装飾塔その他これらに類する
工作物で，建築物の屋上に設けるもの又は高さ3mを超えるもの
は，その主要な部分を不燃材料で造り，又は覆わなければならな
い（建基法64条）。難燃材料で造るのではない。よって，本肢
は誤り。

☆❹ **誤** 隣地境界線に接して設けることができる。 ステップ35
防火地域又は準防火地域内にある建築物で，外壁が耐火構造の
ものについては，その外壁を隣地境界線に接して設けることがで
きる（建基法63条）。よって，本肢は誤り。

96 LEC東京リーガルマインド 2022年版出る順宅建士 ウォーク問過去問題集③法令上の制限・税・その他

防火・準防火地域

問 48

準防火地域内において、地階を除く階数が3（高さ12m）、延べ面積が1,200㎡で事務所の用途に供する建築物を建築しようとする場合に関する次の記述のうち、建築基準法の規定によれば、正しいものはどれか。

❶ この建築物は、耐火建築物、準耐火建築物又はこれらと同等以上の延焼防止性能を有する一定の建築物としなければならない。

❷ この建築物の屋上に看板を設ける場合においては、その主要な部分を不燃材料で造り、又は覆わなければならない。

❸ この建築物が耐火建築物である場合は、防火上有効な構造の防火壁又は防火床によって有効に区画しなければならない。

❹ この建築物には、非常用の昇降機を設けなければならない。

（本試験 1999 年問 22 改題）

正解肢 1

合格者正解率	不合格者正解率
―	―

受験者正解率 ―

☆❶ 正 準防火地域内においては，地階を除く階数が3で，かつ 〔ステップ35〕
延べ面積が 500 ㎡ を超え 1,500 ㎡ 以下の建築物は，耐火建築物，
準耐火建築物又はこれらと同等以上の延焼防止性能を有する一定
の建築物としなければならない（建基法 61 条，施行令 136 条の
2 第 2 号）。したがって，本問の建築物は，耐火建築物，準耐火
建築物又はこれらと同等以上の延焼防止性能を有する一定の建築
物としなければならない。よって，本肢は正しく，本問の正解肢
となる。

☆❷ 誤 準防火地域内に本肢のような規制はない。 〔ステップ35〕

本問の建築物は準防火地域内にあるので，本肢のような規制は
適用されない。よって，本肢は誤り。なお，防火地域内にある看板，
広告塔，装飾塔その他これらに類する工作物で，建築物の屋上に
設けるもの，又は高さ 3 m を超えるものは，その主要な部分を不
燃材料で造り，又は覆わなければならない（建基法 64 条）。

☆❸ 誤 耐火・準耐火建築物については防火壁又は防火床によっ 〔ステップ38〕
て有効に区画する必要はない。

延べ面積が 1,000 ㎡ を超える建築物は，原則として，防火上有
効な構造の防火壁又は防火床によって有効に区画し，かつ，各区
画の床面積の合計をそれぞれ 1,000 ㎡ 以内としなければならない
（建基法 26 条本文）。しかし，耐火建築物又は準耐火建築物は例
外とされている（建基法 26 条但書 1 号）。よって，本肢は誤り。

☆❹ 誤 設ける必要はない。 〔ステップ39〕

高さ 31 m を超える建築物（政令で定めるものを除く）には，
非常用の昇降機を設けなければならない（建基法 34 条 2 項）。
しかし，本問の建築物の高さは 12 m であるから，非常用の昇降
機を設ける必要はない。よって，本肢は誤り。

98　LEC東京リーガルマインド　2022年版出る順宅建士 ウォーク問過去問題集③法令上の制限・税・その他

●第1編　法令上の制限

単体規定

問 49

建築基準法に関する次の記述のうち，誤っているものはいくつあるか。

ア 一室の居室で天井の高さが異なる部分がある場合，室の床面から天井の一番低い部分までの高さが2.1m以上でなければならない。

イ 3階建ての共同住宅の各階のバルコニーには，安全上必要な高さが1.1m以上の手すり壁，さく又は金網を設けなければならない。

ウ 石綿以外の物質で居室内において衛生上の支障を生ずるおそれがあるものとして政令で定める物質は，ホルムアルデヒドのみである。

エ 高さが20mを超える建築物には原則として非常用の昇降機を設けなければならない。

❶ 一つ
❷ 二つ
❸ 三つ
❹ 四つ

（本試験 2013 年問 17 出題）

正解肢 **4**

合格者正解率 **12.7**% 不合格者正解率 **9.2**%
受験者正解率 **11.4**%

ア 誤 「平均」の高さが 2.1 m 以上でなければならない。　　制2-9-1

居室の天井の高さは，2.1 m 以上でなければならない（建基法施行令 21 条 1 項）。そして，一室で高さの異なる部分がある場合は，その平均の高さによる（建基法施行令 21 条 2 項）。一番低い部分の高さではない。よって，本肢は誤り。

イ 誤 2 階以上の階にあるバルコニーに設置しなければならない。

屋上広場又は 2 階以上の階にあるバルコニーその他これに類するものの周囲には，安全上必要な高さが 1.1 m 以上の手すり壁，さく又は金網を設けなければならない（建基法施行令 126 条 1 項）。したがって，3 階建ての共同住宅の場合，2 階以上の階に設ければ足り，各階に設ける必要はない。よって，本肢は誤り。

☆**ウ 誤** ホルムアルデヒドの他にクロルピリホスがある。　　制2-9-1

石綿以外の物質で居室内において衛生上の支障を生ずるおそれがあるものとして政令で定める物質としては，ホルムアルデヒドの他にクロルピリホスがある（建基法 28 条の 2 第 3 号，施行令 20 条の 5）。よって，本肢は誤り。

☆**エ 誤** 高さ 31 m を超える建築物に設置義務あり。　　ステップ39

高さ 31 m を超える建築物には，原則として，非常用の昇降機を設けなければならない（建基法 34 条 2 項）。20 m ではない。よって，本肢は誤り。

　　以上より，誤っているものはア，イ，ウ，エの四つであり，**❹**が本問の正解肢となる。

● 第1編 法令上の制限

単体規定

問 50 建築基準法に関する次の記述のうち，正しいものはどれか。

❶ 2階建てで延べ面積が100㎡の鉄骨造の建築物を建築する場合，構造計算は必要としない。

❷ 5階建てで延べ面積が1,000㎡の共同住宅の所有者は，当該共同住宅の敷地，構造及び建築設備について，定期的に一級建築士等に調査させなければならず，調査を担当した一級建築士等は，その結果を特定行政庁に報告しなければならない。

❸ 特定行政庁は，建築基準法施行令第9条に規定する建築基準関係規定である都市計画法第29条に違反した建築物について，当該建築物の所有者に対して，違反を是正するための措置を命ずることができる。

❹ 便所には，採光及び換気のため直接外気に接する窓を設けなければならないが，水洗便所で，これに代わる設備をした場合においては，必ずしも設ける必要はない。

(本試験 2005 年問 21 出題)

	合格者正解率	不合格者正解率
正解肢 **4**	**26.7**%	**20.3**%
	受験者正解率 **24.2**%	

☆**❶** **誤** 構造計算を必要とする。　　　　　　　　　　　　ステップ38

　木造以外の建築物で階数2以上，又は延べ面積200 ㎡を超える
ものは，一定の基準に従った構造計算によって確かめられる安全
性を有しなければならない（建基法20条1項2号イ，ロ，3号イ，
ロ，6条1項3号）。したがって，2階建てで鉄骨造の建築物に
ついては，構造計算を必要とする。よって，本肢は誤り。

❷ **誤** 一級建築士等が報告するのではない。

　建築確認を必要とする大規模の特殊建築物その他政令で定める
建築物で特定行政庁が指定するものの所有者（所有者と管理者が
異なる場合は管理者）は，当該建築物の敷地，構造及び建築設備
について，定期に，一級建築士等にその状況の調査をさせて，そ
の結果を特定行政庁に報告しなければならない（建基法12条1
項）。したがって，報告義務を負うのは所有者（又は管理者）で
あり，一級建築士等ではない。よって，本肢は誤り。

❸ **誤** 建築基準関係規定に違反した建築物についてではない。

　特定行政庁は，建築基準法令の規定に違反した建築物又は建築
物の敷地については，当該建築物又は建築物の敷地の所有者等に
対して，違反を是正するために必要な措置をとることを命ずるこ
とができる（建基法9条1項）。都市計画法29条の規定は，建
築基準法施行令9条に規定する建築基準関係規定であるが（建基
法施行令9条12号），建築基準法令の規定ではなく（建基法6
条1項参照），特定行政庁が建築基準法令の規定以外の建築基準
関係規定に違反する建築物の所有者に対して違反を是正するため
に必要な措置をとることを命ずることができる旨の規定はない。
よって，本肢は誤り。

❹ **正** 便所には，採光及び換気のため直接外気に接する窓を設　　制2-9-1
けなければならない。ただし，水洗便所で，これに代わる設備を
した場合においては，この限りでない（建基法施行令28条）。よっ
て，本肢は正しく，本問の正解肢となる。

102　LEC東京リーガルマインド　2022年版出る順宅建士 ウォーク問過去問題集③法令上の制限・税・その他

●第1編　法令上の制限

単体規定

問 51

次の記述のうち，建築基準法の規定によれば，正しいものはどれか。

❶ 建築物の敷地には，雨水及び汚水を排出し，又は処理するための適当な下水管，下水溝又はためますその他これらに類する施設をしなければならない。

❷ 鉄筋造の建築物でも，延べ面積が 300 ㎡のものであれば，政令で定める基準に従った構造計算により構造の安全性を確かめる必要はない。

❸ 住宅は，敷地の周囲の状況によってやむを得ない場合を除くほか，その1以上の居室の開口部が日照を受けることができるものでなければならない。

❹ 住宅の居室，学校の教室又は病院の病室は，防火上支障のない場合を除き，地階に設けることができない。

(本試験 1997 年問 25 改題)

正解肢 1

合格者正解率	不合格者正解率
―	―

受験者正解率 ―

❶ **正** 建築基準法は，衛生上の配慮から，建築物の敷地には，雨水，汚水を排出処理するための施設を設置しなければならないと規定している（建基法19条3項）。建築物の敷地が衛生的でない場合や安全性に欠けるものであれば，そこに建築される建築物も不衛生で危険なものになりかねないからである。よって，本肢は正しく，本問の正解肢となる。

制2-9-1

☆❷ **誤 構造計算を必要とする。**

木造以外の建築物で2以上の階数を有し，又は延べ面積が200㎡を超える建築物については，構造計算によって確かめられる安全性を有しなければならない（建基法20条1項2号イ，ロ，3号イ，ロ，6条1項3号）。本問の建築物は，鉄筋造で延べ面積が300㎡であることから，構造計算により構造の安全性を確かめなければならない。よって，本肢は誤り。

ステップ38

☆❸ **誤 日照を受けることができるものである必要はない。**

住宅などの居室には，原則として，採光のための窓その他の開口部を設けなければならない（建基法28条1項）。しかし，その開口部が日照を受けることができるものでなければならないという規定はない。よって，本肢は誤り。

ステップ38

❹ **誤 防火上支障のない場合ではない。**

住宅の居室，学校の教室，病院の病室又は寄宿舎の寝室で地階に設けるものは，衛生上必要な技術的基準に適合するものとしなければならない（建基法29条）。したがって，「防火上支障のない場合」ではなく「衛生上の一定の基準に適合する」場合に，地階に設けることができる。よって，本肢は誤り。

ステップ38

●第1編　法令上の制限

建築協定

問 52　建築基準法の建築協定に関する次の記述のうち，誤っているものはどれか。

---

❶ 建築協定を締結するには，当該建築協定区域内の土地（借地権の目的となっている土地はないものとする。）の所有者の，全員の合意が必要である。

❷ 建築協定は，当該建築協定区域内の土地の所有者が1人の場合でも，定めることができる。

❸ 建築協定は，建築物の敷地，位置及び構造に関して定めることができるが，用途に関しては定めることができない。

❹ 建築協定は，特定行政庁の認可を受ければ，その認可の公告の日以後新たに当該建築協定区域内の土地の所有者となった者に対しても，その効力が及ぶ。

(本試験 1993 年問 24 出題)

正解肢 **3**

合格者正解率	不合格者正解率
―	―

受験者正解率 ―

❶ **正** 建築協定を締結するには，原則として土地の所有者及び 建築物の所有を目的とする地上権又は賃借権（借地権）を有する 者の全員の同意が必要とされるが，借地権の目的となっている土 地については，借地権を有する者の合意があれば，土地の所有者 の合意は不要とされている（建基法70条3項）。本肢の場合， 借地権の目的となっている土地はないものとされているので，土 地の所有者の全員の合意が必要となる。よって，本肢は正しい。 `ステップ40`

❷ **正** マンション等の住宅地の新規開発の際，良好な住宅地の 環境を将来にわたって確保するため，分譲前，所有者が1人のと きにも，単独で建築協定を定めたい場合がある。このような場合 に備えて，土地の所有者が1人の場合でも，建築協定を定めるこ とができるものとされている（建基法76条の3）。よって，本 肢は正しい。 `ステップ40`

❸ **誤** 用途に関しても定めることができる。 `ステップ40`

建築協定は，建築物の敷地，位置，構造，用途，形態，意匠又 は建築設備に関する基準について定めることができる（建基法69 条）。したがって，建築物の敷地，位置及び構造の他，建築物の 用途についても定めることができる。よって，本肢は誤りであり， 本問の正解肢となる。

☆❹ **正** 特定行政庁による認可の公告のあった建築協定は，その 公告のあった日以後にその建築協定区域内の土地の所有者等と なった者に対しても，原則としてその効力が及ぶ（建基法75条）。 よって，本肢は正しい。 `ステップ40`

106 LEC東京リーガルマインド 2022年版出る順宅建士 ウォーク問過去問題集③法令上の制限・税・その他

●第1編 法令上の制限

建築確認

問 53

建築基準法の建築主事の確認に関する次のうち，誤っているものはどれか。

---

❶ 木造3階建てで，高さ13 mの住宅を新築する場合には，建築主事の確認を受けなければならない。

❷ 建築物の改築で，その改築に係る部分の床面積の合計が10 ㎡以内のものであれば，建築主事の確認の申請が必要となることはない。

❸ 建築物については，建築する場合のほか，修繕をする場合にも建築主事の確認を受けなければならないことがある。

❹ 建築主事は，事務所である建築物について確認をする場合，建築物の工事施工地又は所在地を管轄する消防長又は消防署長の同意を得なければならない。

(本試験 1998 年問 20 改題)

正解肢 2

合格者正解率	不合格者正解率
―	―

受験者正解率

☆❶ **正** 木造建築物においては，階数 3 以上，又は延べ面積が 500 ㎡，高さが 13 m もしくは軒の高さが 9 m を超えるものは，大規模建築物にあたり，新築の場合には，確認が必要である（建基法 6 条 1 項 2 号）。本肢の住宅は 3 階建てであるので，大規模建築物にあたり，建築確認を受けなければならない。よって，本肢は正しい。 **ステップ41**

☆❷ **誤** 防火・準防火地域内では 10 ㎡以内の改築も確認が必要。 **ステップ41** 防火・準防火地域外において建築物を増改築・移転しようとする場合，その増改築・移転にかかる部分の床面積が 10 ㎡以内であれば建築確認は不要であるが，防火・準防火地域内で建築物の改築を行う場合には，その改築に係る部分の床面積の規模に関わらす，確認が必要である（建基法 6 条 1 項，2 項）。よって，本肢は誤りであり，本問の正解肢となる。

☆❸ **正** 建築物が，大規模建築物にあたる場合，大規模修繕を行うときには，建築確認が必要である（建基法 6 条 1 項 1 号ないし 3 号）。よって，本肢は正しい。 **ステップ41**

❹ **正** 建築主事又は指定確認機関は，建築確認をする場合，建築物の工事施工地又は所在地を管轄する消防長又は消防署長の同意を得なければならない。この同意は，防火・準防火地域外にある住宅の場合は不要だが，事務所の場合は必要である（建基法 93 条 1 項）。よって，本肢は正しい。 **制2-10-2**

●第1編 法令上の制限

建築確認

問 54 建築基準法の確認に関する次の記述のうち,誤っているものはどれか。ただし,都道府県知事が都道府県都市計画審議会の意見を聴いて指定する区域については,考慮に入れないものとする。

❶ 地上2階地下1階建て,延べ面積が200㎡の木造住宅を改築しようとする場合において,その改築に係る部分の床面積の合計が20㎡であるときは,建築確認を受ける必要がある。

❷ 共同住宅の用途に供する部分の床面積が300㎡の建築物を増築しようとする場合において,その増築に係る部分の床面積の合計が20㎡であるときは,建築確認を受ける必要がある。

❸ 木造2階建て,延べ面積が500㎡の事務所の大規模の修繕をしようとする場合には,建築確認を受ける必要がある。

❹ 都市計画区域又は準都市計画区域内において建築物を新築する場合には,当該建築物の用途,構造又は規模にかかわらず,建築確認を受ける必要がある。

(本試験1995年問23改題)

正解肢 **3**

合格者正解率	不合格者正解率
―	―

受験者正解率　―

☆❶ **正**　階数が3以上の木造建築物を改築しようとする場合には　ステップ41
改築に係る床面積の合計が10㎡を超えるものであれば，建築確
認を受ける必要がある。そして，階数には地階も含まれる。よって，
本肢は正しい。

☆❷ **正**　共同住宅等の特殊建築物で，その用途に供する部分の床　ステップ41
面積の合計が200㎡を超えるものについて増築を行う場合には，
増築に係る部分の床面積の合計が10㎡を超えるものであれば，
建築確認を受ける必要がある。よって，本肢は正しい。

☆❸ **誤**　大規模建築物ではないから確認を受ける必要はない。　ステップ41

延べ面積が200㎡を超える特殊建築物の大規模の修繕を行う場
合には，建築確認を受ける必要がある。しかし，事務所は特殊建
築物にはあたらない。また，木造の建築物の大規模の修繕で建築
確認が必要となるのは，階数が3以上又は延べ面積が500㎡を超
える建築物の場合である。本肢の場合は階数が2で延べ面積が
500㎡であるので，建築確認を受ける必要はない。よって，本
肢は誤りであり，本問の正解肢となる。

☆❹ **正**　都市計画区域又は準都市計画区域内において新築をする　ステップ41
場合，建築物の用途，構造，規模を問わず，建築確認を受ける必
要がある。よって，本肢は正しい。

（以上，建基法6条1項，2項，6条の2第1項）

●第1編 法令上の制限

建築確認

問 55

建築基準法の確認に関する次の記述のうち,誤っているものはどれか。

❶ 木造3階建て,延べ面積が 300 ㎡の建築物の建築をしようとする場合は,建築確認を受ける必要がある。

❷ 鉄筋コンクリート造平家建て,延べ面積が 300 ㎡の建築物の建築をしようとする場合は,建築確認を受ける必要がある。

❸ 自己の居住の用に供している建築物の用途を変更して共同住宅(その床面積の合計 300 ㎡)にしようとする場合は,建築確認を受ける必要がない。

❹ 文化財保護法の規定によって重要文化財として仮指定された建築物の大規模の修繕をしようとする場合は,建築確認を受ける必要がない。

(本試験 1999 年問 20 改題)

正解肢 3

合格者正解率	不合格者正解率
———	———
受験者正解率 ———	

☆**❶ 正** 木造建築物で，3階以上，又は，延べ面積が 500 ㎡，高 ┃ステップ41
さが 13 m もしくは軒の高さが 9 m を超えるものを，建築（新築，
増築，改築，又は移転）しようとする場合，建築確認を受ける必
要がある（建基法6条1項2号，6条の2第1項）。したがって，
木造3階建ての建築物を建築する場合，建築確認を受ける必要が
ある。よって，本肢は正しい。

☆**❷ 正** 木造以外の建築物で，2階以上，又は，延べ面積が 200 ┃ステップ41
㎡を超えるものを，建築（新築，増築，改築，又は移転）しよう
とする場合，建築確認を受ける必要がある（建基法6条1項3号，
6条の2第1項）。したがって，鉄筋コンクリート造で延べ面積
300 ㎡の建築物を建築する場合，建築確認を受ける必要がある。
よって，本肢は正しい。

☆**❸ 誤** **200 ㎡超の共同住宅であるから確認が必要。** ┃ステップ41

建築物の用途を変更して特殊建築物（その用途に供する部分の
床面積の合計が 200 ㎡を超えるもの）とする場合，原則として，
建築確認を受ける必要がある（建基法 87 条1項）。そして，共
同住宅は特殊建築物にあたる（別表第一）。したがって，床面積
の合計が 300 ㎡の共同住宅に用途変更する場合，建築確認が必要
である。よって，本肢は誤りであり，本問の正解肢となる。

❹ 正 文化財保護法の規定によって国宝，重要文化財等として ┃制2-9-3
指定され，又は仮指定された建築物については，建築基準法の規
定は適用されない（建基法3条1項1号）。したがって，文化財
保護法の規定によって重要文化財として仮指定された建築物につ
いては，建築確認を受ける必要はない。よって，本肢は正しい。

●第1編　法令上の制限

建築確認

問 56

建築基準法に関する次の記述のうち，誤っているものはどれか。

❶ 防火地域及び準防火地域外において建築物を改築する場合で，その改築に係る部分の床面積の合計が10 ㎡以内であるときは，建築確認は不要である。

❷ 都市計画区域外において高さ12 m，階数が3階の木造建築物を新築する場合，建築確認が必要である。

❸ 事務所の用途に供する建築物をホテル（その用途に供する部分の床面積の合計が500 ㎡）に用途変更する場合，建築確認は不要である。

❹ 映画館の用途に供する建築物で，その用途に供する部分の床面積の合計が300 ㎡であるものの改築をしようとする場合，建築確認が必要である。

（本試験 2015 年問 17 出題）

正解肢 3

合格者正解率	不合格者正解率
87.0%	**76.3%**
受験者正解率 **83.4%**	

☆**❶ 正** 防火地域及び準防火地域外において建築物を増築し，改築し，又は移転しようとする場合で，その増築，改築又は移転に係る部分の床面積の合計が 10 ㎡以内であるとき，建築確認を得る必要はない（建基法6条2項）。よって，本肢は正しい。

ステップ41

☆**❷ 正** 木造の建築物で3以上の階数を有するものは，建築確認を得る必要がある（建基法6条1項2号）。よって，本肢は正しい。

ステップ41

☆**❸ 誤** 特殊建築物に用途変更するときは建築確認が必要。

ステップ41

建築物の用途を変更して特殊建築物とする場合，建築確認を得る必要がある（建基法87条1項）。事務所は特殊建築物ではないが，ホテルは特殊建築物である（建基法別表1（い）欄）。したがって，事務所をホテルに供する部分の床面積の合計が 200 ㎡を超えるものに用途変更する場合，建築確認が必要となる（建基法87条1項，6条1項1号）。よって，本肢は誤りであり，本問の正解肢となる。

☆**❹ 正** 映画館は特殊建築物であり（建基法別表1（い）欄），その用途に供する部分の床面積の合計が 200 ㎡を超えるものについて改築する場合，建築確認が必要となる（建基法6条1項1号，2項）。よって，本肢は正しい。

ステップ41

●第1編 法令上の制限

建築確認

問57

木造3階建て，延べ面積400㎡，高さ12mの一戸建て住宅の建築等に関する次の記述のうち，建築基準法の規定によれば，誤っているものはどれか。

❶ この建物を新築する場合は，建築確認を受ける必要があるが，大規模の修繕をする場合は，建築確認を受ける必要はない。

❷ この建物の新築工事の施工者は，工事現場の見やすい場所に，建築主事の確認を受けた旨の表示をしなければならない。

❸ この建物の建築主は，新築工事を完了したときは，指定確認検査機関による完了検査の引受けがあった場合を除き，工事が完了した日から4日以内に建築主事に到達するように検査を申請しなければならない。

❹ この建物の1階部分（床面積250㎡）をコンビニエンスストアに用途変更する場合，建築確認を受ける必要がある。

(本試験 1992年問21改題)

正解肢 1

合格者正解率	不合格者正解率
──	──

受験者正解率 ──

☆❶ 誤 木造3階建てであるから確認を受ける必要がある。 ステップ41

木造の建築物で，3以上の階数を有し，又は延べ面積が500㎡，高さが13mもしくは軒の高さが9mを超えるものについては，新築・増改築・移転をしようとする場合の他，大規模な修繕・模様替えをしようとする場合にも建築確認を受けなければならない（建基法6条1項2号，6条の2第1項）。本問の建物は，木造3階建てであるから，これに該当し，大規模の修繕をする場合にも建築確認を受ける必要がある。よって，本肢は誤りであり，本問の正解肢となる。

☆❷ 正 建築確認を必要とする建築物の建築，大規模な修繕・模様替えをする場合，施工者は工事現場の見やすい場所に，建築確認を受けた旨等の表示をしなければならない（建基法89条1項）。❶で述べたように，本問の建物は，その新築に建築確認を要するから，建築確認を受けた旨の表示をしなければならないことになる。よって，本肢は正しい。 ステップ42

☆❸ 正 建築確認を必要とする工事を行ってこれを完了した場合，建築主は，指定確認検査機関による完了検査の引受けがあった場合を除き，工事が完了した日から4日以内に建築主事に到達するように検査を申請しなければならない（建基法7条1項，2項，7条の2第1項）。よって，本肢は正しい。 ステップ42

☆❹ 正 特殊建築物への用途変更は，その用途に供する部分の床面積が200㎡を超える場合に建築確認が必要となる（建基法87条1項）。コンビニエンスストアは特殊建築物にあたるから（別表第一（い）（四）），その用途に供する部分の床面積が250㎡である本問では，建築確認が必要となる。よって，本肢は正しい。 ステップ41

●第1編 法令上の制限

建築確認

問 58 木造3階建て（延べ面積300㎡）の住宅を新築する場合に関する次の記述のうち、建築基準法の規定によれば、誤っているものはどれか。

❶ 建築主は、新築工事に着手する前に建築確認を受けるとともに、当該住宅を新築する旨を都道府県知事に届け出なければならない。

❷ 新築工事の施工者は、工事現場の見易い場所に、建築主、設計者、工事施工者及び工事の現場管理者の氏名又は名称並びに当該工事に係る建築確認があった旨の表示をしなければならない。

❸ 新築工事が完了した場合は、建築主は、指定確認検査機関による完了検査の引受けがあった場合を除き、建築主事の検査を申請しなければならない。

❹ 建築主は、検査済証の交付を受けた後でなければ、建築主事に完了検査の申請をし、それが受理された日から7日を経過したときでも、仮に、当該住宅を使用し、又は使用させてはならない。

(本試験 1996年問23 改題)

正解肢 4

☆ ❶ **正** 階数が3階以上の木造建築物を新築する場合には建築確認を受ける必要がある（建基法6条1項2号，6条の2第1項）。また，床面積が10㎡を超える建築物を建築しようとする場合には，都道府県知事に届け出なければならない（建基法15条1項）。よって，本肢は正しい。　　ステップ41

☆ ❷ **正** 建築確認を必要とする新築を行う場合には，その施工者は，工事現場の見やすい場所に，建築主，設計者，工事施工者及び工事の現場管理者の氏名又は名称ならびにその工事に係る建築確認があった旨の表示をしなければならない（建基法89条1項）。よって，本肢は正しい。　　ステップ42

☆ ❸ **正** 建築確認を必要とする新築を行ってこれが完了した場合，建築主は，建築主事又は指定確認検査機関に完了検査を申請しなければならない（建基法7条1項，7条の2第1項）。よって，本肢は正しい。　　ステップ42

☆ ❹ **誤** 使用し，又は使用させることができる。　　ステップ42

　階数が3階以上の木造建築物を新築する建築主は，原則として，検査済証の交付を受けた後でなければ，その建築物を使用し，又は使用させてはならない。ただし，建築主事に完了検査の申請をし，それが受理された日（なお，指定確認検査機関が検査の引受けを行った場合は，検査の引受けに係る工事が完了した日又は検査の引受けを行った日のいずれか遅い日）から7日を経過したときは，検査済証の交付を受ける前でも，建築物を仮に使用し，又は使用させることができる（建基法7条の6第1項但書2号）。よって，本肢は誤りであり，本問の正解肢となる。

●第1編 法令上の制限

建築基準法総合

問 59

建築基準法に関する次の記述のうち，誤っているものはどれか。

❶ 鉄筋コンクリート造であって，階数が2の住宅を新築する場合において，特定行政庁が，安全上，防火上及び避難上支障がないと認めたときは，検査済証の交付を受ける前においても，仮に，当該建築物を使用することができる。

❷ 長屋の各戸の界壁は，自動スプリンクラー設備等設置部分の界壁等を除き，小屋裏又は天井裏に達するものとしなければならない。

❸ 下水道法に規定する処理区域内においては，便所は，汚水管が公共下水道に連結された水洗便所としなければならない。

❹ ホテルの用途に供する建築物を共同住宅（その用途に供する部分の床面積の合計が300㎡）に用途変更する場合，建築確認は不要である。

(本試験 2017 年問 18 出題)

正解肢 4

合格者正解率	不合格者正解率
79.1%	**64.4%**

受験者正解率 72.6%

☆**❶ 正** 大規模建築物を新築する場合，特定行政庁が，安全上，防火上及び避難上支障がないと認めたときには，検査済証の交付を受ける前においても，仮に，当該建築物又は建築物の部分を使用し，又は使用させることができる（建基法7条の6第1項但書1号）。よって，本肢は正しい。

❷ 正 長屋又は共同住宅の各戸の界壁は，自動スプリンクラー設備等設置部分の界壁等を除き，準耐火構造とし，一定の場合を除き，小屋裏又は天井裏に達せしめなければならない（建基法施行令114条1項）。よって，本肢は正しい。

❸ 正 下水道法2条8号に規定する処理区域内においては，便所は，水洗便所（汚水管が下水道法2条3号に規定する公共下水道に連結されたものに限る。）以外の便所としてはならない（建基法31条1項）。よって，本肢は正しい。

☆**❹ 誤** 特殊建築物に用途変更するので，建築確認が必要となる。
建築物の用途を変更して特殊建築物のいずれかとする場合（当該用途の変更が一定の類似の用途相互間におけるものである場合を除く。）においては，建築確認が必要となる（建基法87条1項，6条1項1号）。200㎡を超える共同住宅は特殊建築物である（建基法別表第1）。また，ホテルと共同住宅は類似の用途にはならない（建基法施行令137条の18第4号）。したがって，ホテルの用途に供する建築物を床面積300㎡の共同住宅に用途変更する場合，建築確認が必要となる。よって，本肢は誤りであり，本問の正解肢となる。

ステップ42

ステップ41

● 第1編 法令上の制限

建築基準法総合

問 60

建築基準法に関する次の記述のうち，正しいものはどれか。

❶ 階数が2で延べ面積が200 ㎡の鉄骨造の共同住宅の大規模の修繕をしようとする場合，建築主は，当該工事に着手する前に，確認済証の交付を受けなければならない。

❷ 居室の天井の高さは，一室で天井の高さの異なる部分がある場合，室の床面から天井の最も低い部分までの高さを2.1 m以上としなければならない。

❸ 延べ面積が1,000 ㎡を超える準耐火建築物は，防火上有効な構造の防火壁又は防火床によって有効に区画し，かつ，各区画の床面積の合計をそれぞれ1,000 ㎡以内としなければならない。

❹ 高さ30 mの建築物には，非常用の昇降機を設けなければならない。

（本試験 2020 年 10 月問 17 出題）

正解肢 1

合格者正解率	不合格者正解率
79.0%	**54.8%**
受験者正解率 **69.0%**	

☆**❶ 正** 建築主は、木造以外の建築物で2以上の階数を有し、又 `ステップ41`
は延べ面積が200㎡を超えるものの大規模の修繕をしようとする
場合、工事に着手する前に、確認済証の交付を受けなければなら
ない（建基法6条1項3号、6条の2第1項）。本肢の鉄骨造の
共同住宅は、延べ面積は200㎡を超えてはいないものの、階数が
2であり、この点において確認済証の交付を受ける必要がある。
よって、本肢は正しく、本問の正解肢となる。

❷ 誤 「平均」の高さが2.1m以上でなければならない。 `2-9-1`

居室の天井の高さは、2.1m以上でなければならない（施行令
21条1項）。そして、天井の高さは、室の床面から測り、一室で
天井の高さの異なる部分がある場合は、その平均の高さによる（施
行令21条2項）。最も低い部分までの高さではない。よって、
本肢は誤り。

☆**❸ 誤** 準耐火建築物なので防火壁等による区画割りは不要。 `ステップ38`

延べ面積が1,000㎡を超える建築物は、原則として防火上有効
な構造の防火壁又は防火床によって有効に区画し、かつ、各区画
の床面積の合計をそれぞれ1,000㎡以内としなければならない。
しかし、耐火建築物又は準耐火建築物はこの規制を受けない（建
基法26条但書1号）。よって、本肢は誤り。

☆**❹ 誤** 31mを超えていないので不要。 `ステップ39`

高さ31mを超える建築物には、原則として非常用の昇降機を
設けなければならない（建基法34条2項）。したがって、高さ30
mの建築物であれば、非常用の昇降機を設ける必要はない。よっ
て、本肢は誤り。

●第1編　法令上の制限

建築基準法総合

問 61　建築基準法に関する次の記述のうち，正しいものはどれか。

❶ 第一種低層住居専用地域内においては，延べ面積の合計が 60 ㎡であって，居住の用に供する延べ面積が 40 ㎡，クリーニング取次店の用に供する延べ面積が 20 ㎡である兼用住宅は，建築してはならない。

❷ 工業地域内においては，幼保連携型認定こども園を建築することができる。

❸ 都市計画において定められた建蔽率の限度が 10 分の 8 とされている地域外で，かつ，防火地域内にある準耐火建築物の建蔽率については，都市計画において定められた建蔽率の数値に 10 分の 1 を加えた数値が限度となる。

❹ 地方公共団体は，その敷地が袋路状道路にのみ接する一戸建ての住宅について，条例で，その敷地が接しなければならない道路の幅員に関して必要な制限を付加することができる。

（本試験 2019 年問 18 出題）

正解肢 2

合格者正解率	不合格者正解率
25.4%	16.4%
受験者正解率 22.6%	

❶ 誤 第一種低層住居専用地域内であっても建築することができる。 `ステップ21`

クリーニング取次店を兼ねる兼用住宅は，当該住宅の延べ面積の2分の1以上が居住の用に供するものであり，かつ，クリーニング取次店の用途に供する部分の床面積の合計が50㎡以下であれば第一種低層住居専用地域内に建築することができる（建基法別表第2（い），施行令130条の3）。したがって，本肢の兼用住宅は第一種低層住居専用地域内に建築することができる。よって，本肢は誤り。

❷ 正 工業地域内においては学校を建築することはできない `ステップ21` が，この学校から「幼保連携型認定こども園」は除かれている（建基別表第2（を））。したがって，幼保連携型認定こども園は工業地域内に建築することができる。よって，本肢は正しく，本問の正解肢となる。なお，「幼保連携型認定こども園」は全ての用途地域で建築することができる。

❸ 誤 準耐火建築物の場合は緩和されない。 `ステップ24`

都市計画において定められた建蔽率の限度が10分の8とされている地域外で，かつ，「防火地域内」にある「耐火建築物等」については，都市計画に定める数値に10分の1を加えた数値が建蔽率の限度となる（建基法53条3項1号イ）。しかし，「準耐火建築物」について本肢のような緩和措置は規定されていない。よって，本肢は誤り。

❹ 誤 一戸建て住宅については付加することはできない。 `ステップ32`

地方公共団体は，その敷地が袋路状道路にのみ接する建築物で，延べ面積が150㎡を超える場合，条例で建築物と道路との関係に関して必要な制限を付加することができるが，この対象から一戸建ての住宅は除かれている（建基法43条3項5号）。よって，本肢は誤り。

● 第1編　法令上の制限

建築基準法総合

問 62

建築基準法（以下この問において「法」という。）に関する次の記述のうち，誤っているものはどれか。

❶ 田園住居地域内においては，建築物の高さは，一定の場合を除き，10m又は12mのうち当該地域に関する都市計画において定められた建築物の高さの限度を超えてはならない。

❷ 一の敷地で，その敷地面積の40％が第二種低層住居専用地域に，60％が第一種中高層住居専用地域にある場合は，原則として，当該敷地内には大学を建築することができない。

❸ 都市計画区域の変更等によって法第3章の規定が適用されるに至った際現に建築物が立ち並んでいる幅員2mの道で，特定行政庁の指定したものは，同章の規定における道路とみなされる。

❹ 容積率規制を適用するに当たっては，前面道路の境界線又はその反対側の境界線からそれぞれ後退して壁面線の指定がある場合において，特定行政庁が一定の基準に適合すると認めて許可した建築物については，当該前面道路の境界線又はその反対側の境界線は，それぞれ当該壁面線にあるものとみなす。

（本試験 2018 年問 19 出題）

正解肢 **2**

合格者正解率 **82.0**% ／ 不合格者正解率 **59.5**%
受験者正解率 **72.2**%

☆**❶** **正** 田園住居地域内においては，建築物の高さは，10 m 又は ［ステップ31］
12 mのうち当該地域に関する都市計画において定められた建築物
の高さの限度を超えてはならない（建基法 55 条 1 項）。よって，
本肢は正しい。なお，第一種・第二種低層住居専用地域内におい
ても同様の規制がある。

☆**❷** **誤** 過半の属する地域の用途規制が適用されるので大学を建 ［ステップ21］
築することができる。 ［ステップ23］

　建築物の敷地が用途規制の異なる複数の地域にわたる場合に
は，その敷地の全部について敷地の過半の属する地域の用途規制
に関する規定が適用される（建基法 91 条）。したがって，本肢
の場合，第一種中高層住居専用地域内にあるものとして規制が及
ぶ。そして，第一種中高層住居専用地域内においては，大学を建
築することができる（建基法 48 条　別表第二（は））。よって，
本肢は誤りであり，本問の正解肢となる。

☆**❸** **正** 建築基準法第 3 章の規定が適用されるに至った際現に建 ［ステップ33］
築物が立ち並んでいる幅員 4 メートル未満の道で，特定行政庁の
指定したものは，道路とみなされる（建基法 42 条 2 項）。よって，
本肢は正しい。

　❹ **正** 前面道路の境界線又はその反対側の境界線からそれぞれ
後退して壁面線の指定がある場合において，特定行政庁が掲げる
基準に適合すると認めて許可した建築物については，当該前面道
路の境界線又はその反対側の境界線は，それぞれ当該壁面線にあ
るものとみなして，容積率の規定を適用するものとする（建基法
52 条 11 項）。よって，本肢は正しい。

126　LEC東京リーガルマインド　2022年版出る順宅建士 ウォーク問過去問題集③法令上の制限・税・その他

●第1編 法令上の制限

建築基準法総合

問63

建築基準法（以下この問において「法」という。）に関する次の記述のうち、誤っているものはどれか。

❶ 高度地区内においては、建築物の高さは、高度地区に関する地方公共団体の条例において定められた内容に適合するものでなければならない。

❷ 認可の公告のあった建築協定は、その公告のあった日以後に協定の目的となっている土地の所有権を取得した者に対しても、効力がある。

❸ 商業地域内にある建築物については、法第56条の2第1項の規定による日影規制は、適用されない。ただし、冬至日において日影規制の対象区域内の土地に日影を生じさせる、高さ10mを超える建築物については、この限りでない。

❹ 特別用途地区内においては、地方公共団体は、その地区の指定の目的のために必要と認める場合においては、国土交通大臣の承認を得て、条例で、法第48条の規定による建築物の用途制限を緩和することができる。

（本試験 2009 年問 19 出題）

合格者正解率	不合格者正解率
21.1%	**11.6**%
受験者正解率 **18.2**%	

正解肢 **1**

☆**❶ 誤** 地方公共団体の条例ではなく，都市計画である。

　高度地区内においては，建築物の高さは，高度地区に関する都市計画において定められた内容に適合するものでなければならない（建基法58条）。地方公共団体の条例において定められた内容ではない。よって，本肢は誤りであり，本問の正解肢となる。

☆**❷ 正** 認可の公告のあった建築協定は，その公告のあった日以後において当該建築協定区域内の土地の所有者等となった者に対しても，その効力があるものとする（建基法75条）。よって，本肢は正しい。 `ステップ40`

☆**❸ 正** 商業地域，工業地域，工業専用地域においては，日影規制は適用されない（建基法56条の2第1項，別表第四）が，対象区域外にある高さが10mを超える建築物で，冬至日において，対象区域内の土地に日影を生じさせるものは，当該対象区域内にある建築物とみなして，日影規制が適用される（建基法56条の2第4項）。よって，本肢は正しい。 `ステップ30`

❹ 正 特別用途地区内においては，地方公共団体は，その地区の指定の目的のために必要と認める場合においては，国土交通大臣の承認を得て，条例で，建築基準法の規定による建築物の用途制限を緩和することができる（建基法49条2項）。よって，本肢は正しい。 `制2-2-2`

128　LEC東京リーガルマインド　2022年版出る順宅建士 ウォーク問過去問題集③法令上の制限・税・その他

●第1編 法令上の制限

建築基準法総合

重要度 B

問 64

建築基準法に関する次の記述のうち,誤っているものはどれか。

❶ 建築物の敷地が第一種住居地域と近隣商業地域にわたる場合,当該敷地の過半が近隣商業地域であるときは,その用途について特定行政庁の許可を受けなくとも,カラオケボックスを建築することができる。

❷ 建築物が第二種低層住居専用地域と第一種住居地域にわたる場合,当該建築物の敷地の過半が第一種住居地域であるときは,北側斜線制限が適用されることはない。

❸ 建築物の敷地が,都市計画により定められた建築物の容積率の限度が異なる地域にまたがる場合,建築物が一方の地域内のみに建築される場合であっても,その容積率の限度は,それぞれの地域に属する敷地の部分の割合に応じて按分計算により算出された数値となる。

❹ 建築物が防火地域及び準防火地域にわたる場合,建築物が防火地域外で防火壁により区画されているときは,その防火壁外の部分については,準防火地域の規制に適合させればよい。

(本試験 2004 年問 20 出題)

正解肢 **2**

合格者正解率 **21.6%**　不合格者正解率 **27.2%**
受験者正解率 **23.8%**

☆**❶ 正**　建築物の敷地が用途規制の異なる複数の地域にわたる場合には，その敷地の全部について敷地の過半の属する地域の用途規制に関する規定が適用される（建基法91条）。本肢の敷地には，近隣商業地域の用途規制に関する規定が適用される。そして，近隣商業地域においては，特定行政庁の許可を受けなくとも，カラオケボックスを建築することができる（建基法48条9項，別表第二）。よって，本肢は正しい。

ステップ22
ステップ23

☆**❷ 誤**　適用される。

ステップ29

　北側斜線制限は，第一種・第二種低層住居専用地域，田園住居地域内と第一種・第二種中高層住居専用地域内（日影規制の対象区域は除く）において適用される（建基法56条1項3号）。建築物の敷地の過半が第一種住居地域である場合であっても，第二種低層住居専用地域内にある建築物の部分については北側斜線制限の適用がある（建基法56条5項）。よって，本肢は誤りであり，本問の正解肢となる。

☆**❸ 正**　建築物の敷地が，都市計画により定められた建築物の容積率の限度が異なる地域にまたがる場合，当該建築物の容積率は，当該各地域内の建築物の容積率の限度にその敷地の当該地域内にある各部分の面積の敷地面積に対する割合を乗じて得たものの合計以下でなければならない（建基法52条7項）。よって，本肢は正しい。

ステップ27

❹ 正　建築物が防火地域外で防火壁により区画されている場合には，その防火壁外の部分については，準防火地域内の建築物に関する規定が適用される（建基法65条2項但書）。よって，本肢は正しい。

制2-6-5

●第1編 法令上の制限

建築基準法総合

問 65

建築基準法に関する次の記述のうち，正しいものはどれか。

❶ 準防火地域内においては，延べ面積が1,200㎡の建築物は耐火建築物又はそれと同等以上の延焼防止性能を有する一定の建築物としなければならない。

❷ 木造3階建て，延べ面積500㎡，高さ15mの一戸建て住宅について大規模の修繕をする場合は，建築確認を受ける必要はない。

❸ 特定行政庁は，仮設店舗について安全上，防火上及び衛生上支障がないと認める場合には，一定の場合を除き，1年以内の期間を定めてその建築を許可することができる。

❹ 居室を有する建築物は，住宅等の特定の用途に供する場合に限って，その居室内においてホルムアルデヒド及びクロルピリホスの発散による衛生上の支障がないよう，建築材料及び換気設備について一定の技術的基準に適合するものとしなければならない。

（本試験 2004 年問 21 改題）

正解肢 3

合格者正解率	不合格者正解率
26.7%	**20.3**%
受験者正解率 **24.2**%	

☆ ❶ 誤 **耐火建築物又は延焼防止建築物としなくてもよい場合がある。**

ステップ35

準防火地域内において耐火建築物又は延焼防止建築物としなければならないのは，①地階を除く階数が4以上である建築物，又は②延べ面積が1,500㎡を超える建築物である（建基法61条本文，施行令136条の2第1号）。したがって，延べ面積が1,200㎡の建築物であれば，耐火建築物又は延焼防止建築物としなくてもよい場合がある。よって，本肢は誤り。

☆ ❷ 誤 **木造3階建てであるから確認を受ける必要がある。**

ステップ41

木造の建築物で3以上の階数を有し，又は延べ面積が500㎡，高さが13mもしくは軒の高さが9mを超えるものについて，大規模の修繕・模様替をしようとする場合には，建築確認を受けなければならない（建基法6条1項2号，6条の2第1項）。本肢の住宅は，木造3階建てであり，高さが13mを超えているから，大規模の修繕をする場合，建築確認を受ける必要がある。よって，本肢は誤り。

❸ 正 特定行政庁は，仮設店舗について安全上，防火上及び衛生上支障がないと認める場合には，一定の場合を除き，1年以内の期間を定めてその建築を許可することができる（建基法85条5項）。よって，本肢は正しく，本問の正解肢となる。

制2-9-1

❹ 誤 **住宅等の特定の用途に供する場合に限られない。**

制2-9-1

居室を有する建築物にあっては，建築材料からの発散による衛生上の支障がないよう，ホルムアルデヒド及びクロルピリホスの区分に応じ，建築材料及び換気設備について一定の技術的基準に適合するものとしなければならない（建基法28条の2第3号，施行令20条の5）。この規定は，居室を有する建築物であれば適用があり，住宅等の特定の用途に供する場合に限られない。よって，本肢は誤り。

132 LEC東京リーガルマインド　2022年版出る順宅建士 ウォーク問過去問題集③法令上の制限・税・その他

●第1編 法令上の制限

建築基準法総合

問 66 建築基準法(以下この問において「法」という。)に関する次の記述のうち、誤っているものはどれか。

❶ 地方公共団体は、延べ面積が 1,000 ㎡を超える建築物の敷地が接しなければならない道路の幅員について、条例で、避難又は通行の安全の目的を達するために必要な制限を付加することができる。

❷ 建蔽率の限度が 10 分の 8 とされている地域内で、かつ、防火地域内にある耐火建築物については、建蔽率の制限は適用されない。

❸ 建築物が第二種中高層住居専用地域及び近隣商業地域にわたって存する場合で、当該建築物の過半が近隣商業地域に存する場合には、当該建築物に対して法第 56 条第 1 項第 3 号の規定(北側斜線制限)は適用されない。

❹ 建築物の敷地が第一種低層住居専用地域及び準住居地域にわたる場合で、当該敷地の過半が準住居地域に存する場合には、作業場の床面積の合計が 100 ㎡の自動車修理工場は建築可能である。

(本試験 2013 年問 18 出題)

正解肢 3

合格者正解率 **82.3**%　不合格者正解率 **51.1**%

受験者正解率 **70.2**%

❶ **正**　地方公共団体は，特殊建築物，階数が3以上である建築物，政令で定める窓その他の開口部を有しない居室を有する建築物又は延べ面積が1,000㎡を超える建築物の敷地が接しなければならない道路の幅員等について，条例で，必要な制限を付加することができる（建基法43条3項）。よって，本肢は正しい。

制2-5-1

☆❷ **正**　建蔽率の限度が10分の8とされている地域内で，かつ，防火地域内にある耐火建築物等については，建蔽率の制限は適用されない（建基法53条6項1号）。よって，本肢は正しい。

ステップ24

☆❸ **誤**　第二種中高層住居専用地域に属する建物の部分には適用がある。

ステップ29

　北側斜線制限は，第一種低層住居専用地域，第二種低層住居専用地域，田園住居地域，第一種中高層住居専用地域，第二種中高層住居専用地域において適用がある（建基法56条1項3号）。北側斜線制限の適用がある地域と適用のない地域にわたって建築物が存する場合は，適用地域に係る建築物の部分について，北側斜線制限が適用される（建基法91条，56条5項）。よって，本肢は誤りであり，本問の正解肢となる。

☆❹ **正**　建築物の敷地が用途規制の異なる複数の地域にわたる場合，その建築物又はその敷地の全部について，敷地の過半の属する地域の用途規制に関する規定が適用される（建基法91条）。本肢の敷地は過半が準住居地域内であり，床面積100㎡の自動車修理工場は建築可能である（建基法48条7項，別表第二（と）2号）。よって，本肢は正しい。

ステップ23

134　LEC東京リーガルマインド　2022年版出る順宅建士 ウォーク問過去問題集③法令上の制限・税・その他

建築基準法総合

問 67　建築基準法(以下この問において「法」という。)に関する次の記述のうち、正しいものはどれか。ただし、他の地域地区等の指定及び特定行政庁の許可については考慮しないものとする。

❶ 第二種住居地域内において、工場に併設した倉庫であれば倉庫業を営む倉庫の用途に供してもよい。

❷ 法が施行された時点で現に建築物が立ち並んでいる幅員4m未満の道路は、特定行政庁の指定がなくとも法上の道路となる。

❸ 容積率の制限は、都市計画において定められた数値によるが、建築物の前面道路(前面道路が二以上あるときは、その幅員の最大のもの。)の幅員が12m未満である場合には、当該前面道路の幅員のメートルの数値に法第52条第2項各号に定められた数値を乗じたもの以下でなければならない。

❹ 建蔽率の限度が10分の8とされている地域内で、かつ、防火地域内にある耐火建築物については建蔽率の限度が10分の9に緩和される。

(本試験2011年問19出題)

正解肢 **3**

合格者正解率 **58.5**% 不合格者正解率 **45.7**%
受験者正解率 **52.3**%

☆❶ **誤** 第二種住居地域内には倉庫業を営む倉庫は建築できない。 ステップ22

第二種住居地域内においては，倉庫業を営む倉庫は建築してはならない（建基法48条6項，別表第二）。工場に併設した倉庫であっても，同じである。よって，本肢は誤り。

☆❷ **誤** 道路とみなされるには特定行政庁の指定が必要である。 ステップ33

建築基準法の規定が適用されるに至った際，現に建築物が立ち並んでいる幅員4m未満の道で，特定行政庁の指定したものは，道路とみなされる（建基法42条2項）。したがって，特定行政庁の指定がなければ，建築基準法上の道路とならない。よって，本肢は誤り。

☆❸ **正** 容積率に対する規制は，用途地域に応じて都市計画で定められる数値（指定容積率，建基法52条1項）と，前面道路の幅員に応じて定められるものがあるが，前面道路の幅員が12m未満の場合の建築物においては，「当該前面道路の幅員のメートルの数値に法52条第2項各号に定められた数値を乗じたもの」以下でなければならない（建基法52条2項）。よって，本肢は正しく，本問の正解肢となる。 ステップ26

☆❹ **誤** 建蔽率制限は適用されない。 ステップ24

建蔽率が10分の8とされている地域内で，かつ防火地域内にある耐火建築物等については，建蔽率の制限は適用されない（建基法53条6項1号）。よって，本肢は誤り。

136 LEC東京リーガルマインド 2022年版出る順宅建士 ウォーク問過去問題集③法令上の制限・税・その他

●第1編 法令上の制限

建築基準法総合

問 68

建築基準法に関する次の記述のうち，正しいものはどれか。

❶ 住宅の地上階における居住のための居室には，採光のための窓その他の開口部を設け，その採光に有効な部分の面積は，その居室の床面積に対して7分の1以上としなければならない。

❷ 建築確認の対象となり得る工事は，建築物の建築，大規模の修繕及び大規模の模様替であり，建築物の移転は対象外である。

❸ 高さ15mの建築物には，周囲の状況によって安全上支障がない場合を除き，有効に避雷設備を設けなければならない。

❹ 準防火地域内において建築物の屋上に看板を設ける場合は，その主要な部分を不燃材料で造り，又は覆わなければならない。

(本試験2014年問17出題)

正解肢 1

合格者正解率	不合格者正解率
66.7%	**35.9**%

受験者正解率 **57.4**%

出る順宅建士 ③

☆❶ **正** 建築物の居室には，採光のための窓その他の開口部を設　制2-9-1
け，その採光に有効な部分の面積は，その居室の床面積に対して，
住宅にあっては7分の1以上としなければならない（建基法28
条1項）。よって，本肢は正しく，本問の正解肢となる。

☆❷ **誤** 移転も建築確認の対象となる。　ステップ41

建築確認の対象となり得る工事は，建築，大規模の修繕及び大
規模の模様替である（建基法6条1項）。建築とは，建築物を新
築し，増築し，改築し，又は移転することをいう（建基法2条13
号）。したがって，建築物の移転は対象となる工事である。よって，
本肢は誤り。

☆❸ **誤** 高さ15mの建築物には避雷設備を設ける必要はない。　ステップ39

有効に避雷設備を設けなければならない建築物は，高さが20
mを超える建築物である（建基法33条本文）。したがって，高
さ15mの建築物であれば避雷設備を設ける必要はない。よって，
本肢は誤り。

☆❹ **誤** 準防火地域内においては本肢のような規制はない。　ステップ35

看板，広告塔，装飾塔その他これらに類する工作物で，建築物
の屋上に設けるもの又は高さ3mを超えるものは，その主要な部
分を不燃材料で造り，又は覆わなければならないという規制は，
防火地域内にある工作物について適用される（建基法64条）。
準防火地域内にある工作物に関してはこの規制は適用されない。
よって，本肢は誤り。

●第1編 法令上の制限

建築基準法総合

問 69

建築基準法に関する次の記述のうち，正しいものはどれか。

❶ 建築基準法の改正により，現に存する建築物が改正後の建築基準法の規定に適合しなくなった場合，当該建築物は違反建築物となり，速やかに改正後の建築基準法の規定に適合させなければならない。

❷ 事務所の用途に供する建築物を，飲食店（その床面積の合計 250 ㎡）に用途変更する場合，建築主事又は指定確認検査機関の確認を受けなければならない。

❸ 住宅の居室には，原則として，換気のための窓その他の開口部を設け，その換気に有効な部分の面積は，その居室の床面積に対して，25 分の 1 以上としなければならない。

❹ 建築主事は，建築主から建築物の確認の申請を受けた場合において，申請に係る建築物の計画が建築基準法令の規定に適合しているかを審査すれば足り，都市計画法等の建築基準法以外の法律の規定に適合しているかは審査の対象外である。

（本試験 2012 年問 18 改題）

正解肢 2

合格者正解率 **86.9%**　不合格者正解率 **66.5%**
受験者正解率 79.9%

出る順宅建士 ③

❶ 誤　既存不適格建築物は違反建築物とはならない。

制2-9-3

　建築基準法の改正により，現に存する建築物が建築基準法の規定に適合しなくなった場合，当該建築物に対しては，改正された建築基準法の規定は，適用しない（建基法3条2項）。これを既存不適格建築物という。したがって，当該建築物は違反建築物とはならない。よって，本肢は誤り。

☆**❷ 正　特殊建築物への用途変更は，その用途に供する部分の床面積が200㎡を超える場合に建築確認が必要となる（建基法87条1項）。飲食店は特殊建築物であるから（建基法6条1項1号，別表第一（い）（四），施行令115条の3第3号），その用途に供する部分の床面積が250㎡である本問では，建築確認が必要となる。よって，本肢は正しく，本問の正解肢となる。**

ステップ41

❸ 誤　20分の1以上としなければならない。

制2-9-1

　住宅の居室には，原則として，換気のための窓その他の開口部を設け，その換気に有効な部分の面積は，その居室の床面積に対して，20分の1以上としなければならない（建基法28条2項）。25分の1以上ではない。よって，本肢は誤り。

❹ 誤　建築基準法以外の規定に適合しているかも審査対象である。

　建築主事は，建築主からの建築物の確認の申請を受けた場合において，申請に係る建築物の計画が建築基準関係規定に適合しているかについて審査しなければならない。ここで建築基準関係規定とは，建築基準法令の規定その他建築物の敷地，構造又は建築設備に関する法律並びにこれに基づく命令及び条例の規定で政令で定めるものをいう（建基法6条1項）。都市計画法等もここに含まれる（施行令9条12号）。よって，本肢は誤り。

140　LEC東京リーガルマインド　2022年版出る順宅建士 ウォーク問過去問題集③法令上の制限・税・その他

●第1編 法令上の制限

建築基準法総合

問 70　第二種低層住居専用地域に指定されている区域内の土地（以下この問において「区域内の土地」という。）に関する次の記述のうち、建築基準法の規定によれば、正しいものはどれか。ただし、特定行政庁の許可については考慮しないものとする。

❶ 区域内の土地においては、美容院の用途に供する部分の床面積の合計が100㎡である2階建ての美容院を建築することができない。

❷ 区域内の土地においては、都市計画において建築物の外壁又はこれに代わる柱の面から敷地境界線までの距離の限度を2m又は1.5mとして定めることができる。

❸ 区域内の土地においては、高さが9mを超える建築物を建築することはできない。

❹ 区域内の土地においては、建築物を建築しようとする際、当該建築物に対する建築基準法第56条第1項第2号のいわゆる隣地斜線制限の適用はない。

(本試験 2007 年問 22 出題)

正解肢 4

合格者正解率	不合格者正解率
92.7%	**63.2%**
受験者正解率 **80.4%**	

❶ 誤 建築することができる。 ステップ21

第二種低層住居専用地域内においては，美容院の用途に供する部分の床面積の合計が 100 ㎡の 2 階建ての美容院は建築することができる（建基法48条2項，別表第二（ろ）2号，施行令130条の5の2第2号）。よって，本肢は誤り。

☆❷ 誤 2mではない。 ステップ36

第二種低層住居専用地域内においては，建築物の外壁又はこれに代わる柱の面から敷地境界線までの距離（外壁の後退距離）の限度を都市計画において定める場合の限度は，1.5 m又は1 mとされている（建基法54条1項, 2項）。2 m又は1.5 mではない。よって，本肢は誤り。

☆❸ 誤 建築することができる。 ステップ31

第二種低層住居専用地域内においては，建築物の高さは，10 m又は12 mのうち，都市計画で定められた建築物の高さの限度を超えてはならない（建基法55条1項）。したがって，高さが9 mであれば建築することができる。よって，本肢は誤り。

☆❹ 正 第二種低層住居専用地域内においては，隣地斜線制限の適用はない（建基法56条1項2号）。よって，本肢は正しく，本問の正解肢となる。 ステップ29

●第1編 法令上の制限

建築基準法総合

問 71 建築基準法に関する次の記述のうち,正しいものはどれか。

---

❶ 街区の角にある敷地又はこれに準ずる敷地内にある建築物の建蔽率については,特定行政庁の指定がなくとも都市計画において定められた建蔽率の数値に10分の1を加えた数値が限度となる。

❷ 第一種低層住居専用地域,第二種低層住居専用地域及び田園住居地域内においては,建築物の高さは,12m又は15mのうち,当該地域に関する都市計画において定められた建築物の高さの限度を超えてはならない。

❸ 用途地域に関する都市計画において建築物の敷地面積の最低限度を定める場合においては,その最低限度は200㎡を超えてはならない。

❹ 建築協定区域内の土地の所有者等は,特定行政庁からの認可を受けた建築協定を変更又は廃止しようとする場合においては,土地所有者等の過半数の合意をもってその旨を定め,特定行政庁の認可を受けなければならない。

(本試験 2012 年問 19 改題)

正解肢 3

合格者正解率	不合格者正解率
72.8%	**37.9**%
受験者正解率 **60.8**%	

☆❶ **誤** 角地で10分の1を加えるには特定行政庁の指定が必要 である。 〔ステップ24〕

　街区の角にある敷地又はこれに準ずる敷地内にある建築物の建 蔽率について都市計画において定められた建蔽率の数値に10分 の1を加えるには，特定行政庁の指定が必要である（建基法53 条3項2号）。よって，本肢は誤り。

☆❷ **誤** 建築物の高さは10m又は12mである。 〔ステップ31〕

　第一種低層住居専用地域，第二種低層住居専用地域及び田園住 居地域内においては，建築物の高さは，10m又は12mのうち当 該地域に関する都市計画において定められた建築物の高さの限度 を超えてはならない（建基法55条1項）。よって，本肢は誤り。

☆❸ **正** 用途地域内においては，建築物の敷地面積の最低限度を 都市計画に定めることができるが（都計法8条3項2号イ），そ の場合，その最低限度は，200㎡を超えてはならない（建基法53 条の2第2項）。よって，本肢は正しく，本問の正解肢となる。 〔ステップ28〕

❹ **誤** 変更の場合は全員の合意が必要である。 〔ステップ40〕

　建築協定区域内の土地の所有者等は，特定行政庁から認可を受 けた建築協定を廃止しようとする場合においては，その過半数の 合意をもってその旨を定め，これを特定行政庁に申請してその認 可を受けなければならない（建基法76条1項）。これに対して， 建築協定を変更しようとする場合においては，土地所有者等の全 員の合意が必要である（建基法74条2項，70条3項）。よって， 本肢は誤り。

●第1編 法令上の制限

建築基準法総合

問72

建築基準法に関する次の記述のうち，誤っているものはどれか。

❶ 建築物の容積率の算定の基礎となる延べ面積には，エレベーターの昇降路の部分又は共同住宅の共用の廊下若しくは階段の用に供する部分の床面積は，一定の場合を除き，算入しない。

❷ 建築物の敷地が建蔽率に関する制限を受ける地域又は区域の2以上にわたる場合においては，当該建築物の建蔽率は，当該各地域又は区域内の建築物の建蔽率の限度の合計の2分の1以下でなければならない。

❸ 地盤面下に設ける建築物については，道路内に建築することができる。

❹ 建築協定の目的となっている建築物に関する基準が建築物の借主の権限に係る場合においては，その建築協定については，当該建築物の借主は，土地の所有者等とみなす。

(本試験 2015 年問 18 出題)

正解肢 2

合格者正解率	不合格者正解率
88.9%	**61.4**%
受験者正解率 **79.5**%	

☆❶ **正** 容積率の基礎となる延べ面積には，政令で定める昇降機 [ステップ27]
の昇降路の部分又は共同住宅の共用の廊下もしくは階段の用に供
する部分の床面積は算入しない（建基法52条6項）。よって，
本肢は正しい。

☆❷ **誤** 各地域又は各区域の建蔽率の限度の合計である。 [ステップ25]

建築物の敷地が建築物の建蔽率に関する制限を受ける地域又は
区域の2以上にわたる場合においては，当該建築物の建蔽率は，
同項の規定による当該各地域又は区域内の建築物の建蔽率の限度
にその敷地の当該地域又は区域内にある各部分の面積の敷地面積
に対する割合を乗じて得たものの合計以下でなければならない
（建基法53条2項）。しかし，この場合において，当該建築物の
建蔽率は，当該各地域又は区域内の建築物の建蔽率の限度の合計
の2分の1以下でなければならないとする規定はない。よって，
本肢は誤りであり，本問の正解肢となる。

☆❸ **正** 建築物又は敷地を造成するための擁壁は道路内に，又は [ステップ34]
道路に突き出して建築し，又は築造してはならない。ただし，地
盤面下に設ける建築物については道路内に建築することができる
（建基法44条1項1号）。よって，本肢は正しい。

❹ **正** 建築協定の目的となっている建築物に関する基準が建築
物の借主の権限に係る場合においては，その建築協定については，
当該建築物の借主は，土地の所有者等とみなす（建基法77条）。
よって，本肢は正しい。

●第1編 法令上の制限

建築基準法総合

問 73

建築基準法(以下この問において「法」という。)に関する次の記述のうち,正しいものはどれか。

---

❶ 都市計画区域又は準都市計画区域内における用途地域の指定のない区域内の建築物の建ぺい率の上限値は,原則として,法で定めた数値のうち,特定行政庁が土地利用の状況等を考慮し当該区域を区分して都道府県都市計画審議会の議を経て定めるものとなる。

❷ 第二種中高層住居専用地域内では,原則として,ホテル又は旅館を建築することができる。

❸ 幅員4m以上であり,法が施行された時点又は都市計画区域若しくは準都市計画区域に入った時点で現に存在する道は,特定行政庁の指定がない限り,法上の道路とはならない。

❹ 建築物の前面道路の幅員により制限される容積率について,前面道路が2つ以上ある場合には,これらの前面道路の幅員の最小の数値(12m未満の場合に限る。)を用いて算定する。

(本試験 2017 年問 19 出題)

❶ 正 用途地域の指定のない区域内の建築物の建蔽率の上限値は，10分の3，10分の4，10分の5，10分の6又は10分の7のうち，特定行政庁が土地利用の状況等を考慮し当該区域を区分して都道府県都市計画審議会の議を経て定める（建基法53条1項6号）。よって，本肢は正しく，本問の正解肢となる。

☆❷ 誤 第二種中高層住居専用地域では，原則，ホテルも旅館も建築できない。

第二種中高層住居専用地域では，原則として，ホテル又は旅館は建築できない（建基法48条4項，別表第2）。よって，本肢は誤り。

☆❸ 誤 幅員4m以上のものは，原則として建築基準法上の道路である。

都市計画区域及び準都市計画区域内では，幅員4m以上のものは道路である（建基法42条1項）。よって，本肢は誤り。なお，建築基準法が施行された時点又は都市計画区域若しくは準都市計画区域に入った時点で現に存在する道で，特定行政庁の指定がない限り，建築基準法上の道路にならないのは，幅員が4m未満の道の場合である（建基法42条2項）。

☆❹ 誤 前面道路の幅員の最大の数値を用いる。

前面道路（前面道路が2以上あるときは，その幅員の最大のもの。）の幅員が12m未満である建築物の容積率は，当該前面道路の幅員のメートルの数値に，区分に従い，その定める数値を乗じたもの以下でなければならない（建基法52条2項）。前面道路の幅員の最小の数値を用いて算定するのではない。よって，本肢は誤り。

● 第1編 法令上の制限

国土利用計画法

重要度 特A

問 74

国土利用計画法（以下この問において「法」という。）に関する次の記述のうち、正しいものはどれか。なお、この問において「事後届出」とは、法第23条に規定する都道府県知事への届出をいう。

❶ 都道府県知事は、法第24条第1項の規定による勧告に基づき当該土地の利用目的が変更された場合において、必要があると認めるときは、当該土地に関する権利の処分についてのあっせんその他の措置を講じなければならない。

❷ 都道府県知事が、監視区域の指定について土地利用審査会の確認を受けられなかったときは、その旨を公告しなければならない。なお、監視区域の指定は、当該公告があったときは、その指定の時にさかのぼって、その効力を失う。

❸ Aが、市街化区域において、2,500 ㎡の工場建設用地を確保するため、そのうち、1,500 ㎡をB社から購入し、残りの1,000 ㎡はC社から贈与で取得した。この場合、Aは、事後届出を行う必要はない。

❹ Dが所有する市街化調整区域内の土地5,000 ㎡とEが所有する都市計画区域外の土地12,000 ㎡を交換した場合、D及びEは事後届出を行う必要はない。

（本試験 2011 年問 15 出題）

正解肢 3

合格者正解率	不合格者正解率
47.8%	**27.6%**
受験者正解率 **38.2%**	

❶ 誤　知事はあっせん等に努めなければならない。

ステップ47

都道府県知事は，勧告に基づき土地の利用目的が変更された場合において，必要があると認めるときは，当該土地に関する権利の処分についてのあっせんその他の措置を講ずるよう努めなければならない（国土法27条）。努めなければならないのであって，講じなければならない義務はない。よって，本肢は誤り。

❷ 誤　監視区域の指定には本肢のような規定はない。

規制区域の指定について土地利用審査会の確認を受けられなかったときは，その旨を公告しなければならない（国土法12条8項）。そして，規制区域の指定は，当該公告があったときは，その指定の時にさかのぼって，その効力を失う（国土法12条9項）。しかし，監視区域の指定については，このような規定はない（国土法27条の6第3項は12条6項から9項までを準用していない）。よって，本肢は誤り。

☆**❸ 正　**市街化区域内において2,000㎡以上の一団の土地に関する権利を対価を得て移転又は設定する契約（予約を含む。）を締結した場合には，権利取得者は，事後届出を行わなければならない（国土法23条1項，2項1号イ）。しかし，贈与は対価がないから，届出が必要な土地売買等の契約に該当しない（国土法14条1項）。したがって，本肢では市街化区域内における1,500㎡の土地の購入のみが問題となり，この場合は届出対象面積未満であるから，事後届出を行う必要はない。よって，本肢は正しく，本問の正解肢となる。

ステップ43
ステップ44

☆**❹ 誤　権利取得者であるD及びEともに事後届出が必要である。**

ステップ43
ステップ44

市街化調整区域内において5,000㎡以上，都市計画区域外において10,000㎡以上の一団の土地に関する権利を対価を得て移転又は設定する契約（予約を含む。）を締結した場合には，権利取得者は，事後届出を行わなければならない（国土法23条1項，2項1号ロ，ハ）。交換は，届出が必要な土地売買等の契約に該当する（国土法14条1項）。そして，本肢の場合，Dは都市計画区域外の12,000㎡の土地を，Eは市街化調整区域内の5,000㎡の土地を取得しているから，D及びEともに事後届出を行う必要がある。よって，本肢は誤り。

150　LEC東京リーガルマインド　2022年版出る順宅建士 ウォーク問過去問題集③法令上の制限・税・その他

● 第1編 法令上の制限

国土利用計画法

重要度 A

問 75

国土利用計画法第23条の都道府県知事への届出（以下この問において「事後届出」という。）に関する次の記述のうち、正しいものはどれか。

❶ 宅地建物取引業者Aが、自ら所有する市街化区域内の5,000 ㎡の土地について、宅地建物取引業者Bに売却する契約を締結した場合、Bが契約締結日から起算して2週間以内に事後届出を行わなかったときは、A及びBは6月以下の懲役又は100万円以下の罰金に処せられる場合がある。

❷ 事後届出に係る土地の利用目的について、甲県知事から勧告を受けた宅地建物取引業者Cは、甲県知事に対し、当該土地に関する権利を買い取るべきことを請求することができる。

❸ 乙市が所有する市街化調整区域内の10,000 ㎡の土地と丙市が所有する市街化区域内の2,500 ㎡の土地について、宅地建物取引業者Dが購入する契約を締結した場合、Dは事後届出を行う必要はない。

❹ 事後届出に係る土地の利用目的について、丁県知事から勧告を受けた宅地建物取引業者Eが勧告に従わなかった場合、丁県知事は、その旨及びその勧告の内容を公表しなければならない。

（本試験 2010 年問 15 出題）

正解肢 3

合格者正解率	不合格者正解率
79.7%	**50.9**%
受験者正解率 **69.2**%	

☆❶ **誤** 届出義務のないAに罰則は適用されない。 　ステップ47

市街化区域内においては，2,000 ㎡以上の一団の土地に関する権利を移転・設定する契約を締結した場合には，権利取得者は，その契約を締結した日から起算して2週間以内に，都道府県知事に届け出なければならない（国土法23条1項，2項1号イ）。そして，届出が必要な契約を締結したにもかかわらず，届出をしなかった者は，6カ月以下の懲役又は100万円以下の罰金に処せられる（国土法47条1号）。本肢の場合，届出義務があるBに罰則が適用されるが，届出義務のないAに罰則が適用されることはない。よって，本肢は誤り。

❷ **誤** 買取請求できる旨の規定はない。

許可制がとられる規制区域に所在する土地について，不許可の処分を受けた者は，都道府県知事に対し，当該土地に関する権利を買い取るべきことを請求することができる（国土法19条1項）。しかし，事後届出制の場合に，勧告を受けた者が買取請求をすることができる旨の規定はない。よって，本肢は誤り。

☆❸ **正** 当事者の一方又は双方が国，地方公共団体（都道府県，　ステップ46
市町村等）その他政令で定める法人である場合，事後届出を行う必要はない（国土法23条2項3号）。したがって，Dは事後届出を行う必要はない。よって，本肢は正しく，本問の正解肢となる。

☆❹ **誤** 公表の義務はない。　ステップ47

都道府県知事は，土地の利用目的について勧告をした場合において，その勧告を受けた者がその勧告に従わないときは，その旨及びその勧告の内容を公表することができる（国土法26条）。都道府県知事は勧告の内容を公表することができるのであって，公表しなければならないという義務はない。よって，本肢は誤り。

●第1編 法令上の制限

国土利用計画法

重要度 特A

問 76

国土利用計画法第23条の届出（以下この問において「事後届出」という。）に関する次の記述のうち，正しいものはどれか。

❶ 土地売買等の契約を締結した場合には，当事者双方は，その契約を締結した日から起算して2週間以内に，事後届出を行わなければならない。

❷ 一団の造成宅地を数期に分けて不特定多数の者に分譲する場合において，それぞれの分譲面積は事後届出の対象面積に達しないが，その合計面積が事後届出の対象面積に達するときは，事後届出が必要である。

❸ 事後届出においては，土地に関する権利の移転等の対価の額を届出書に記載しなければならないが，当該対価の額が土地に関する権利の相当な価額に照らし著しく適正を欠くときでも，そのことをもって勧告されることはない。

❹ 事後届出に係る土地の利用目的について勧告を受けた場合においてその勧告を受けた者がその勧告に従わなかったときは，その旨及びその勧告の内容を公表されるとともに，罰金に処せられることがある。

（本試験1999年問16出題）

正解肢 **3**

合格者正解率	不合格者正解率
受験者正解率 ──	

☆**❶ 誤 当事者双方ではなく，権利取得者が届け出る。**　ステップ47

　一団の土地に関する権利を対価を得て移転・設定する売買等の契約を締結した場合には，権利取得者（買主等）は，その契約を締結した日から起算して2週間以内に，都道府県知事に届け出なければならない（事後届出，国土法23条1項）。したがって，この届出は権利取得者のみが行えばよく，当事者双方が行うわけではない。よって，本肢は誤り。

☆**❷ 誤 事後届出は不要である。**　ステップ45

　一団の土地に関する権利を対価を得て移転・設定する売買等の契約を締結した場合には，事後届出が必要となる（国土法23条1項）。そして，一団の土地といえるか否かは，権利取得者（買主等）を基準に判断される（国土法23条2項1号かっこ書）。したがって，土地が不特定多数の者に分譲された場合，それぞれの面積が，権利取得者（買主等）を基準に判断して，事後届出の対象面積に達しなければ，事後届出は不要である。よって，本肢は誤り。

☆**❸ 正** 事後届出においては，届出書に権利の移転等の対価の額や土地の利用目的等を記載しなければならない（国土法23条1項）。そして，土地の利用目的については都道府県知事から勧告を受けることがあるが，対価の額については勧告を受けることはない（国土法24条1項）。よって，本肢は正しく，本問の正解肢となる。　ステップ47

☆**❹ 誤 罰金に処せられることはない。**　ステップ47

　都道府県知事は，土地の利用目的について勧告した場合において，その勧告を受けた者がその勧告に従わないときは，その旨及びその勧告の内容を公表することができる（国土法26条）。しかし，勧告に従わなかったとしても，罰則が適用されることはない。よって，本肢は誤り。

●第1編　法令上の制限

国土利用計画法

問 77

国土利用計画法第23条の事後届出（以下この問において「事後届出」という。）に関する次の記述のうち，正しいものはどれか。

❶ 都市計画区域外においてAが所有する面積12,000㎡の土地について，Aの死亡により当該土地を相続したBは，事後届出を行う必要はない。

❷ 市街化区域においてAが所有する面積3,000㎡の土地について，Bが購入した場合，A及びBは事後届出を行わなければならない。

❸ 市街化調整区域に所在する農地法第3条第1項の許可を受けた面積6,000㎡の農地を購入したAは，事後届出を行わなければならない。

❹ 市街化区域に所在する一団の土地である甲土地（面積1,500㎡）と乙土地（面積1,500㎡）について，甲土地については売買によって所有権を取得し，乙土地については対価の授受を伴わず賃借権の設定を受けたAは，事後届出を行わなければならない。

(本試験 2015年問21出題)

合格者正解率	不合格者正解率
89.4%	**51.6%**

正解肢　**1**

受験者正解率　**76.5%**

☆❶　**正**　土地売買等の契約を締結した場合には，権利取得者は，その契約を締結した日から起算して2週間以内に，都道府県知事に届け出なければならない（国土法23条1項）。しかし，相続による取得は届出が必要となる土地売買等の契約にあたらず，事後届出は不要である。よって，本肢は正しく，本問の正解肢となる。

ステップ43

☆❷　**誤**　事後届出は権利取得者が行う。

土地売買等の契約を締結した場合には，権利取得者は，その契約を締結した日から起算して2週間以内に，都道府県知事に届け出なければならない（国土法23条1項）。市街化区域において面積2,000㎡以上の土地の売買等の契約を締結した場合，事後届出が必要となる（国土法23条2項1号イ）。しかし，届出は権利取得者が行うのであり，両当事者から行うのではない。よって，本肢は誤り。

ステップ44

☆❸　**誤**　農地法3条許可を受けた場合には，事後届出は不要である。

農地法3条1項の許可を受けた農地の購入について，事後届出は不要である（国土法23条2項3号，施行令17条1号，6条7号）。よって，本肢は誤り。

ステップ46

☆❹　**誤**　届出が必要な契約についてだけ，区域と面積を検討する。

事後届出が必要となる土地売買等の契約とは，土地に関する所有権もしくは地上権及び賃借権又はこれらの権利の取得を目的とする権利の移転又は設定（対価を得て行われる移転又は設定に限る。）をする契約（予約を含む。）をいう（国土法23条1項，14条1項，施行令5条）。本肢の賃借権は対価の授受を伴わないので，届出の対象となる土地売買等の契約に当たらない。したがって，売買によって取得する甲土地について事後届出が必要となるかどうかを判断することになる。市街化区域ではその面積が2,000㎡以上の場合に事後届出が必要となる（国土法23条2項1号イ）。本肢において，甲土地は市街化区域であるがその面積1,500㎡であり，事後届出は不要となる。よって，本肢は誤り。

ステップ43
ステップ44

● 第1編 法令上の制限

国土利用計画法

問 78

国土利用計画法第 23 条に規定する届出（以下この問において「事後届出」という。）に関する次の記述のうち，正しいものはどれか。

❶ 市街化区域内の土地（面積 2,500 ㎡）を購入する契約を締結した者は，その契約を締結した日から起算して 3 週間以内に事後届出を行わなければならない。

❷ A が所有する監視区域内の土地（面積 10,000 ㎡）を B が購入する契約を締結した場合，A 及び B は事後届出を行わなければならない。

❸ 都市計画区域外に所在し，一団の土地である甲土地（面積 6,000 ㎡）と乙土地（面積 5,000 ㎡）を購入する契約を締結した者は，事後届出を行わなければならない。

❹ 市街化区域内の甲土地（面積 3,000 ㎡）を購入する契約を締結した者が，その契約締結の 1 月後に甲土地と一団の土地である乙土地（面積 4,000 ㎡）を購入することとしている場合においては，甲土地の事後届出は，乙土地の契約締結後に乙土地の事後届出と併せて行うことができる。

（本試験 2016 年問 15 出題）

正解肢 **3**

合格者正解率	不合格者正解率
90.6%	**73.6**%
受験者正解率 **84.6**%	

☆❶ **誤** 3週間以内ではなく2週間以内。

　市街化区域内において 2,000 ㎡以上の一団の土地に関する権利を対価を得て移転又は設定する契約（予約を含む。）を締結した場合には，権利取得者は，その契約を締結した日から起算して2週間以内に，都道府県知事に届け出なければならない（国土法 23 条1項，2項1号イ）。よって，本肢は誤り。

❷ **誤** 監視区域内では，事後届出ではなく事前届出が必要。

　監視区域に所在する一団の土地について，都道府県の規則で定める面積以上の土地売買等の契約を締結しようとする場合には，当事者は，原則として事前届出をする必要があるが，この規則で定められる面積は，最も広い都市計画区域外でも，10,000 ㎡に満たない範囲内に限られる（国土法 27 条の7第1項，27 条の4，23 条2項1号）。したがって，本肢では，監視区域内の面積 10,000 ㎡の土地の売買契約であるので，事前届出が必要である。また，事前届出が必要な場合には，事後届出は不要である（国土法 23 条2項2号）。よって，本肢は誤り。なお，事前届出は，契約当事者双方が届出をしなければならない（国土法 27 条の7第1項前段，27 条の4第1項）。

☆❸ **正** 都市計画区域外において，10,000 ㎡以上の一団の土地に関する権利を対価を得て移転又は設定する契約を締結した場合には，権利取得者は，事後届出を行わなければならない（国土法 23 条1項，2項1号ハ）。したがって，甲土地と乙土地は一団の土地であるから，11,000 ㎡の一団の土地を購入したことになり，事後届出を行う必要がある。よって，本肢は正しく，本問の正解肢となる。

☆❹ **誤** 契約締結から2週間以内。

　市街化区域内において，2,000 ㎡以上の一団の土地に関する権利を対価を得て移転又は設定する契約を締結した場合には，権利取得者は，その契約を締結した日から起算して2週間以内に，都道府県知事に届け出なければならない（国土法 23 条1項，2項1号イ）。したがって，それぞれの契約ごとに土地を購入する契約を締結した日から2週間以内に届出をすることになる。甲土地についての事後届出と乙土地についての事後届出はそれぞれ契約締結後2週間以内に行わなければならない。よって，本肢は誤り。

ステップ44
ステップ47

ステップ48

ステップ44
ステップ45

ステップ45

●第1編　法令上の制限

国土利用計画法

重要度 A

問 79

国土利用計画法第23条の届出（以下この問において「事後届出」という。）に関する次の記述のうち、正しいものはどれか。なお、この問において「都道府県知事」とは、地方自治法に基づく指定都市にあってはその長をいうものとする。

❶ 都道府県知事は、事後届出に係る土地の利用目的及び対価の額について、届出をした宅地建物取引業者に対し勧告することができ、都道府県知事から勧告を受けた当該業者が勧告に従わなかった場合、その旨及びその勧告の内容を公表することができる。

❷ 事後届出が必要な土地売買等の契約により権利取得者となった者が事後届出を行わなかった場合、都道府県知事から当該届出を行うよう勧告されるが、罰則の適用はない。

❸ 国が所有する市街化区域内の一団の土地である1,500 ㎡の土地と500 ㎡の土地を個人Aが購入する契約を締結した場合、Aは事後届出を行う必要がある。

❹ 個人Bが所有する都市計画区域外の11,000 ㎡の土地について、個人CがBとの間で対価を支払って地上権設定契約を締結した場合、Cは事後届出を行う必要がある。

(本試験 2020 年 12 月問 22 出題)

正解肢 4

合格者正解率	不合格者正解率
65.5%	33.3%

受験者正解率 58.9%

☆❶ **誤　対価の額は，勧告・公表をすることができない。** ［ステップ47］

都道府県知事は，土地の利用目的に従った土地利用が土地利用基本計画等に適合せず，当該土地を含む周辺の地域の適正かつ合理的な土地利用を図るために著しい支障があると認めるときは，届出に係る土地の利用目的について必要な変更をすべきことを勧告することができる。そして，勧告を受けた者が勧告に従わないときは，その旨及びその勧告の内容を公表することができる（国土法24条1項，26条）。しかし，対価の額については勧告することができず，公表することもできない。よって，本肢は誤り。

☆❷ **誤　本肢のような勧告はなく，罰則の適用はある。** ［ステップ47］

必要な事後届出を行わなかった場合に，事後届出を行うように勧告する制度はない。他方，事後届出を怠った場合，6月以下の懲役刑又は100万円以下の罰金刑という罰則がある（国土法23条1項，47条1号）。よって，本肢は誤り。

☆❸ **誤　国と取引をした場合，事後届出は不要。** ［ステップ46］

当事者の一方又は双方が国等である場合，事後届出の必要はない（国土法23条2項3号）。よって，本肢は誤り。

☆❹ **正　** 本肢において，対価が支払われていることから，権利取得者であるCによる事後届出が必要となる地上権設定契約が締結されたものといえる（国土法23条1項6号）。そして，本肢の土地は都市計画区域外の面積が11,000㎡の土地であり，10,000㎡以上であることから，事後届出が必要となる（国土法23条2項1号ハ）。よって，本肢は正しく，本問の正解肢となる。 ［ステップ44］

●第1編　法令上の制限

国土利用計画法

問 80　国土利用計画法第23条の届出（以下この問において「事後届出」という。）及び同法第27条の7の届出（以下この問において「事前届出」という。）に関する次の記述のうち，正しいものはどれか。

❶ 監視区域内の市街化調整区域に所在する面積6,000 ㎡の一団の土地について，所有者Aが当該土地を分割し，4,000 ㎡をBに，2,000 ㎡をCに売却する契約をB，Cと締結した場合，当該土地の売買契約についてA，B及びCは事前届出をする必要はない。

❷ 事後届出においては，土地の所有権移転後における土地利用目的について届け出ることとされているが，土地の売買価額については届け出る必要はない。

❸ Dが所有する都市計画法第5条の2に規定する準都市計画区域内に所在する面積7,000 ㎡の土地について，Eに売却する契約を締結した場合，Eは事後届出をする必要がある。

❹ Fが所有する市街化区域内に所在する面積4,500 ㎡の甲地とGが所有する市街化調整区域内に所在する面積5,500 ㎡の乙地を金銭の授受を伴わずに交換する契約を締結した場合，F，Gともに事後届出をする必要がある。

（本試験 2004 年問 16 出題）

正解肢 4

合格者正解率 **59.2**% ／ 不合格者正解率 **27.2**%
受験者正解率 **46.7**%

☆❶ **誤** 事前届出をする必要がある。 [ステップ48]

　監視区域に所在する一団の土地について，都道府県の規則で定める面積以上の土地売買等の契約を締結しようとする場合には，当事者は，原則として事前届出をする必要がある。そして，この規則で定められる面積は，市街化区域以外の都市計画区域内では5,000㎡に満たない範囲内に限られ，事前届出においては，「一団の」土地といえるか否かは，権利取得者（買主等）・権利設定者（売主等）双方を基準に判断される（国土法27条の7第1項，27条の4）。本肢の場合，売主Aが分割して売却する契約を締結した土地の面積は6,000㎡であり，規則で定められる面積以上であるから，売買契約の当事者であるA，B及びCは，事前届出をする必要がある。よって，本肢は誤り。

☆❷ **誤** 価額についても届け出る必要がある。 [ステップ47]

　事後届出においては，土地の利用目的のみならず土地の売買価額についても届け出る必要がある（国土法23条1項5号，6号）。よって，本肢は誤り。

☆❸ **誤** 届出対象面積未満であるから事後届出を行う必要はない。 [ステップ44]

　都市計画区域外において10,000㎡以上の土地売買等の契約を締結した場合，権利取得者は，原則として事後届出をする必要がある（国土法23条1項，2項1号ハ）。準都市計画区域は，都市計画区域外であるから，7,000㎡である場合には，事後届出をする必要はない。よって，本肢は誤り。

☆❹ **正** 市街化区域内においては2,000㎡，市街化区域以外の都市計画区域内においては5,000㎡以上の土地売買等の契約を締結した場合，権利取得者は，原則として事後届出をする必要がある（国土法23条1項，2項1号）。土地の交換契約は，金銭の授受を伴わなくても，届出を要する土地売買等の契約にあたり，それぞれ一定面積以上の一団の土地について交換契約を締結した場合，事後届出をする必要がある。よって，本肢は正しく，本問の正解肢となる。 [ステップ43] [ステップ44]

●第1編　法令上の制限

国土利用計画法

問 81　国土利用計画法第23条の都道府県知事への届出（以下この問において「事後届出」という。）に関する次の記述のうち，正しいものはどれか。

❶ 宅地建物取引業者Aが都市計画区域外の10,000㎡の土地を時効取得した場合，Aは，その日から起算して2週間以内に事後届出を行わなければならない。

❷ 宅地建物取引業者Bが行った事後届出に係る土地の利用目的について，都道府県知事が適正かつ合理的な土地利用を図るために必要な助言をした場合，Bがその助言に従わないときは，当該知事は，その旨及び助言の内容を公表しなければならない。

❸ 宅地建物取引業者Cが所有する市街化調整区域内の6,000㎡の土地について，宅地建物取引業者Dが購入する旨の予約をした場合，Dは当該予約をした日から起算して2週間以内に事後届出を行わなければならない。

❹ 宅地建物取引業者Eが所有する都市計画区域外の13,000㎡の土地について，4,000㎡を宅地建物取引業者Fに，9,000㎡を宅地建物取引業者Gに売却する契約を締結した場合，F及びGはそれぞれ，その契約を締結した日から起算して2週間以内に事後届出を行わなければならない。

（本試験2009年問15出題）

正解肢 3

合格者正解率	不合格者正解率
66.0%	**31.0**%

受験者正解率 **55.3**%

☆❶ **誤** 時効取得は届出が必要な土地売買等の契約ではない。 　ステップ43

　一団の土地に関する権利を，対価を得て移転又は設定する契約を締結した場合には，権利取得者は，その契約を締結した日から起算して2週間以内に，事後届出を行わなければならない（国土法23条1項）。しかし，時効取得は，届出が必要となる土地売買等の契約にあたらず，事後届出は不要である。よって，本肢は誤り。

☆❷ **誤** 助言に従わない場合に公表できる旨の規定はない。 　ステップ47

　都道府県知事は，事後届出があった場合において，その届出をした者に対し，その届出に係る土地に関する権利の移転又は設定後における土地の利用目的について，当該土地を含む周辺の地域の適正かつ合理的な土地利用を図るために必要な助言をすることができる（国土法27条の2）。しかし，助言に従わない場合に公表できる旨の規定はない。よって，本肢は誤り。

☆❸ **正** 市街化調整区域内において，5,000㎡以上の一団の土地 　ステップ44
に関する権利を対価を得て移転又は設定する契約（予約を含む。）を締結した場合には，権利取得者は，事後届出を行わなければならない（国土法23条1項，2項1号ロ）。Dは，市街化調整区域内における6,000㎡の土地を購入する旨の予約をしているから，事後届出を行わなければならない。よって，本肢は正しく，本問の正解肢となる。

☆❹ **誤** 届出対象面積未満であるから事後届出は不要である。 　ステップ44
　ステップ45
　都市計画区域外において，10,000㎡以上の一団の土地に関する権利を対価を得て移転又は設定する契約を締結した場合には，権利取得者は，事後届出を行わなければならない（国土法23条1項，2項1号ハ）。権利取得者であるFは都市計画区域外における4,000㎡，Gは9,000㎡の土地を取得しており，いずれも届出対象面積未満であるから，F，Gいずれも事後届出を行う必要はない。よって，本肢は誤り。

●第1編 法令上の制限

国土利用計画法

重要度 A

問 82

国土利用計画法第23条の届出（以下この問において「事後届出」という。）に関する次の記述のうち，正しいものはどれか。

❶ Aが，市街化区域において，Bの所有する面積3,000㎡の土地を一定の計画に基づき1,500㎡ずつ順次購入した場合，Aは事後届出を行う必要はない。

❷ Cは，市街化調整区域において，Dの所有する面積8,000㎡の土地を民事調停法に基づく調停により取得し，その後当該土地をEに売却したが，この場合，CとEはいずれも事後届出を行う必要はない。

❸ 甲県が所有する都市計画区域外に所在する面積12,000㎡の土地について，10,000㎡をFに，2,000㎡をGに売却する契約を，甲県がそれぞれF，Gと締結した場合，FとGのいずれも事後届出を行う必要はない。

❹ 事後届出に係る土地の利用目的について，乙県知事から勧告を受けたHが勧告に従わなかった場合，乙県知事は，当該届出に係る土地売買の契約を無効にすることができる。

(本試験 2005 年問 17 出題)

正解肢 3

合格者正解率	不合格者正解率
86.5%	**56.6**%
受験者正解率 **75.2**%	

☆❶ **誤** 一団の土地として事後届出をする必要がある。

ステップ44
ステップ45

市街化区域内においては，原則として 2,000 ㎡以上の一団の土地売買等の契約について事後届出が必要であり，一団の土地であるか否かは，権利取得者を基準に判断される（国土法 23 条 2 項 1 号かっこ書，同号イ）。したがって，Aは，一定の計画に基づき 1,500 ㎡ずつ順次購入した場合，3,000 ㎡の一団の土地を購入したことになるから，事後届出を行う必要がある。よって，本肢は誤り。

☆❷ **誤** Eは事後届出をする必要がある。

ステップ44
ステップ46

市街化調整区域等の市街化区域を除く都市計画区域内においては，原則として 5,000 ㎡以上の土地売買等の契約について事後届出が必要であるが，民事調停法に基づく調停によって取得した場合は，事後届出を行う必要はない（国土法 23 条 2 項 1 号ロ，3 号）。したがって，市街化調整区域において 8,000 ㎡の土地を民事調停法に基づく調停によって取得したCは事後届出を行う必要はない。しかし，その後当該土地を取得したEは事後届出を行う必要がある。よって，本肢は誤り。

☆❸ **正** 当事者の一方又は双方が国，地方公共団体その他政令で定める法人である場合は，事後届出を行う必要はない（国土法 23 条 2 項 3 号）。したがって，甲県と契約して土地を取得したF，Gは，いずれも事後届出を行う必要はない。よって，本肢は正しく，本問の正解肢となる。

ステップ46

☆❹ **誤** 勧告に従わなかった場合でも無効にすることはできない。

ステップ47

都道府県知事は，事後届出に係る土地の利用目的について勧告した場合において，勧告を受けた者がその勧告に従わないときは，その旨及びその勧告の内容を公表することができる（国土法 26 条）。しかし，勧告に従わなかった場合でも，契約は有効であり，都道府県知事が契約を無効にすることができる旨の規定はない。よって，本肢は誤り。

166 LEC東京リーガルマインド 2022年版出る順宅建士 ウォーク問過去問題集③法令上の制限・税・その他

●第1編 法令上の制限

農地法

問 83 農地法（以下この問において「法」という。）に関する次の記述のうち，正しいものはどれか。

❶ 農地の賃貸借について法第3条第1項の許可を得て農地の引渡しを受けても，土地登記簿に登記をしなかった場合，その後，その農地について所有権を取得した第三者に対抗することができない。

❷ 雑種地を開墾し，現に畑として耕作されている土地であっても，土地登記簿上の地目が雑種地である限り，法の適用を受ける農地には当たらない。

❸ 国又は都道府県等が市街化調整区域内の農地（1ヘクタール）を取得して学校を建設する場合，都道府県知事等との協議が成立しても法第5条第1項の許可を受ける必要がある。

❹ 農業者が相続により取得した市街化調整区域内の農地を自己の住宅用地として転用する場合でも，法第4条第1項の許可を受ける必要がある。

(本試験 2013 年問 21 改題)

正解肢 4

合格者正解率	不合格者正解率
79.6%	**54.2**%

受験者正解率 **69.9**%

❶ **誤** 農地賃貸借の対抗要件は，引渡しで足りる。　　　　　　　制4-4-2

　農地の賃貸借は，その登記がなくても，引渡しがあったときは，その後に物権を取得した第三者に対抗できる（農地法16条1項）。よって，本肢は誤り。

☆❷ **誤** 農地法上の農地か否かは現況で判断する。　　　　　　　　ステップ50

　農地法上の農地かどうかは，現況で判断する。登記簿上の地目が雑種地でも，現に畑として耕作されている土地であれば，農地法上の農地となる（農地法2条1項）。よって，本肢は誤り。

❸ **誤** 国又は都道府県等が取得する場合は，協議成立をもって　ステップ52
許可とみなす。

　国又は都道府県等が，農地を農地以外のものするため取得する場合，国又は都道府県等と都道府県知事等との協議が成立することをもって農地法第5条1項の許可があったものとみなす（農地法5条4項）。よって，本肢は誤り。

☆❹ **正** 農業者が相続により市街化調整区域内の農地を取得した　ステップ52
場合，農地法3条の許可を受ける必要はない（農地法3条1項但書12号）。しかし，その農地を自己の住宅用地として転用する場合には，農地法第4条1項の許可を受ける必要がある。よって，本肢は正しく，本問の正解肢となる。

●第1編 法令上の制限

農地法

重要度 特A

問 84

農地法に関する次の記述のうち、正しいものはどれか。

❶ 市町村が農地を農地以外のものにするため所有権を取得する場合、農地法第5条の許可を得る必要はない。

❷ 市街化調整区域内の農地を宅地に転用する目的で所有権を取得する場合、あらかじめ農業委員会に届け出れば農地法第5条の許可を得る必要はない。

❸ 農地の所有者がその農地のうち2アールを自らの養畜の事業のための畜舎の敷地に転用しようとする場合、農地法第4条の許可を得る必要はない。

❹ 遺産の分割により農地の所有権を取得する場合、農地法第3条の許可を得る必要はない。

(本試験 2003 年問 23 出題)

合格者正解率	不合格者正解率
85.6%	**60.6%**
受験者正解率 **72.5%**	

正解肢 4

☆**❶ 誤** 市町村の場合は5条の許可が必要である。 ステップ52

国又は都道府県等が農地を道路，農業用用排水施設等の用に
供するため，その所有権を取得する場合には，農地法5条の許
可を得る必要はない（農地法5条1項但書1号）。しかし，市町
村が農地を農地以外のものにするため所有権を取得する場合に
は，原則として，農地法5条の許可を得る必要がある（農地法5
条1項）。よって，本肢は誤り。

☆**❷ 誤** 市街化調整区域内では5条の許可が必要である。 ステップ52

市街化区域内にある農地を宅地に転用する目的で所有権を取得
する場合には，あらかじめ農業委員会に届け出れば，農地法5条
の許可を得る必要はない（農地法5条1項但書6号）。しかし，
市街化調整区域の農地を宅地に転用する目的で所有権を取得する
場合には，農地法5条の許可を得る必要がある（農地法5条1
項）。よって，本肢は誤り。

☆**❸ 誤** 2アール未満でないから4条の許可が必要である。 ステップ52

耕作の事業を行う者がその農地（2アール未満のものに限る）
をその者の農作物の育成もしくは養畜の事業のための農業用施設
に供する場合には，農地法4条の許可を得る必要はない（農地
法4条1項但書8号，規則29条1項）。しかし，2アールで
あれば，農地法4条の許可を得る必要がある（農地法4条1項）。
よって，本肢は誤り。

☆**❹ 正** 遺産の分割により農地の権利を取得する場合には，農地 ステップ52
法3条の許可を得る必要はない（農地法3条1項但書12号）。
よって，本肢は正しく，本問の正解肢となる。

● 第1編 法令上の制限

農地法

問 85

農地に関する次の記述のうち，農地法（以下この問において「法」という。）の規定によれば，正しいものはどれか。

❶ 市街化区域内の農地を耕作のために借り入れる場合，あらかじめ農業委員会に届出をすれば，法第3条第1項の許可を受ける必要はない。

❷ 市街化調整区域内の4ヘクタールを超える農地について，これを転用するために所有権を取得する場合，農林水産大臣の許可を受ける必要がある。

❸ 銀行から500万円を借り入れるために農地に抵当権を設定する場合，法第3条第1項又は第5条第1項の許可を受ける必要がある。

❹ 相続により農地の所有権を取得した者は，遅滞なく，その農地の存する市町村の農業委員会にその旨を届け出なければならない。

（本試験 2017 年問 15 出題）

正解肢 4

合格者正解率	不合格者正解率
93.8%	70.6%

受験者正解率 83.5%

☆❶ **誤** 市街化区域内であっても，農地法3条の許可が必要。 ステップ52

農地法3条の許可について，市街化区域内の特則はない（農地法3条参照）。したがって，市街化区域内の農地を耕作のために借り入れる場合，農地法3条の許可が必要となる。よって，本肢は誤り。

☆❷ **誤** 農地の面積にかかわらず，都道府県知事等の許可が必要。 ステップ52

市街化調整区域内の農地を転用するために所有権を取得する場合，農地の面積が4ヘクタールを超えるか否かにかかわらず，都道府県知事等の許可が必要となる（農地法5条1項）。農林水産大臣の許可ではない。よって，本肢は誤り。

☆❸ **誤** 抵当権を設定する場合は農地法3条・5条の許可は不要である。 ステップ51

抵当権は，使用及び収益を目的とする権利ではないので，農地に抵当権を設定する場合，農地法3条又は5条の許可を受ける必要はない。よって，本肢は誤り。

☆❹ **正** 農地又は採草放牧地について相続・遺産分割により使用・収益を目的とする権利を取得した者は，遅滞なく，その農地又は採草放牧地の存する市町村の農業委員会にその旨を届け出なければならない（農地法3条の3）。よって，本肢は正しく，本問の正解肢となる。 ステップ52

● 第1編 法令上の制限

農地法

問 86

農地に関する次の記述のうち，農地法（以下この問において「法」という。）の規定によれば，正しいものはどれか。

❶ 耕作目的で原野を農地に転用しようとする場合，法第4条第1項の許可は不要である。

❷ 金融機関からの資金借入れのために農地に抵当権を設定する場合，法第3条第1項の許可が必要である。

❸ 市街化区域内の農地を自家用駐車場に転用する場合，法第4条第1項の許可が必要である。

❹ 砂利採取法による認可を受けた採取計画に従って砂利採取のために農地を一時的に貸し付ける場合，法第5条第1項の許可は不要である。

（本試験 2019 年問 21 出題）

	合格者正解率	不合格者正解率
正解肢 1	**83.3**%	**50.5**%
	受験者正解率 **73.2**%	

☆❶ **正** 原野は，農地法上の農地又は採草放牧地にはあたらない（農地法2条1項）。農地法4条1項の許可を必要とするのは，農地を農地以外のものに転用する場合である（農地法4条1項本文）。したがって，耕作目的で原野を農地に転用することは，農地法4条の規制を受ける行為ではなく，農地法の許可は不要である。よって，本肢は正しく，本問の正解肢となる。

ステップ50
ステップ51

☆❷ **誤** 許可は不要である。

農地について所有権を移転し，又は地上権，永小作権，質権，使用貸借による権利，賃借権若しくはその他の使用及び収益を目的とする権利を設定する場合には，農地法3条の規定に基づき農業委員会の許可を受けなければならない（農地法3条1項本文）。この点，抵当権は，使用及び収益を目的とする権利ではない。したがって，農地に抵当権を設定する場合，農地法3条1項の許可を受ける必要はない。よって，本肢は誤り。

ステップ51

☆❸ **誤** 許可は不要であり，届出が必要である。

農地を農地以外のものにする（転用する）場合，原則として，農地法4条の許可が必要である（農地法4条1項本文）。しかし，市街化区域内においては，あらかじめ農業委員会に届け出れば，農地法4条の許可は不要となる（農地法4条1項但書7号）。自家用駐車場に転用する場合も同様である。よって，本肢は誤り。

ステップ52

❹ **誤** 許可が必要である。

砂利採取法による認可を受けた砂利採取計画に従って砂利を採取するために農地を一時的に貸し付ける場合，農地法5条1項の許可が不要となる例外規定はない（農地法5条1項但書参照）。よって，本肢は誤り。

4-3

●第1編 法令上の制限

農地法

問 87 農地に関する次の記述のうち、農地法（以下この問において「法」という。）の規定によれば、正しいものはどれか。

❶ 市街化区域内の農地を耕作目的で取得する場合には、あらかじめ農業委員会に届け出れば、法第3条第1項の許可を受ける必要はない。

❷ 農業者が自己所有の市街化区域外の農地に賃貸住宅を建設するため転用する場合は、法第4条第1項の許可を受ける必要はない。

❸ 農業者が自己所有の市街化区域外の農地に自己の居住用の住宅を建設するため転用する場合は、法第4条第1項の許可を受ける必要はない。

❹ 農業者が住宅の改築に必要な資金を銀行から借りるため、市街化区域外の農地に抵当権の設定が行われ、その後、返済が滞ったため当該抵当権に基づき競売が行われ第三者が当該農地を取得する場合であっても、法第3条第1項又は法第5条第1項の許可を受ける必要がある。

(本試験 2015年問22 出題)

正解肢 **4**

合格者正解率 **82.9%** ／ 不合格者正解率 **55.2%**
受験者正解率 **73.5%**

☆❶ **誤** 農地法3条許可に市街化区域の特則はない。　　ステップ52

　農地又は採草放牧地について所有権を移転し，又は地上権，永小作権，質権，使用貸借による権利，賃借権もしくはその他の使用及び収益を目的とする権利を設定し，もしくは移転する場合には，当事者が農業委員会の許可を受けなければならない（農地法3条1項）。農地法3条が適用される場合，市街化区域の特則はない。よって，本肢は誤り。

☆❷ **誤** 農地の転用には農地法4条許可が必要となる。　　ステップ52

　農地を農地以外のものにする者は，都道府県知事等の許可を受けなければならない（農地法4条1項）。農業者が自己所有の農地に賃貸住宅を建築するため転用する場合であっても，農地法4条の許可を不要とする規定はない。よって，本肢は誤り。

☆❸ **誤** 農地の転用には農地法4条許可が必要となる。　　ステップ52

　農地を農地以外のものにする者は，都道府県知事等の許可を受けなければならない（農地法4条1項）。農業者が自己所有の農地に自己の居住用の住宅を建築するため転用する場合であっても，農地法4条の許可を不要とする規定はない。よって，本肢は誤り。

☆❹ **正** 競売により農地を取得することは，農地の権利移動（農地法3条1項）又は農地の転用のための権利移動（農地法5条1項）に当たる。取得が競売によるものであっても許可を不要とする規定はない。よって，本肢は正しく，本問の正解肢となる。　　制4-3-1

農地法

問 88 農地法に関する次の記述のうち,正しいものはどれか。

❶ 農地の所有者がその土地に住宅を建設する場合で,その土地が市街化区域内にあるとき,必ず農地法第4条の許可を受けなければならない。

❷ 採草放牧地の所有者がその土地に500㎡の農業用施設を建設する場合,農地法第4条の許可を受けなければならない。

❸ 建設業者が,工事終了後農地に復元して返還する条件で,市街化調整区域内の農地を6カ月間資材置場として借り受けた場合,農地法第5条の許可を受ける必要はない。

❹ 都道府県知事等は,農地法第5条の許可を要する転用について,その許可を受けずに転用を行った者に対して,原状回復を命ずることができる。

(本試験 2002 年問 23 改題)

合格者正解率	不合格者正解率
92.0%	**72.0%**

受験者正解率 **82.0%**

正解肢 **4**

☆❶ **誤** 農業委員会に届出をすれば4条の許可は不要である。　ステップ52

市街化区域内で農地の転用をする場合には，あらかじめ農業委員会に届出をすれば，農地法4条の許可を受ける必要はない（農地法4条1項但書7号）。よって，本肢は誤り。

☆❷ **誤** 採草放牧地の転用の場合，4条の許可は不要である。　ステップ52

農地法4条の許可は，農地を農地以外のものにする場合に必要となる。農業用施設の建設をすれば，その土地は耕作の目的に供する土地とはいえず，農地以外のものにする場合にあたる（農地法2条1項参照）。しかし，採草放牧地を農地以外のものとしても，農地法4条の許可は必要でない。よって，本肢は誤り。

☆❸ **誤** 5条の許可が必要である。　ステップ52

農地を農地以外のものとするために，賃借権，使用貸借による権利などの権利を設定し，又は移転する場合には，農地法5条の許可が必要である（農地法5条1項）。したがって，農地に復元して返還する条件であっても資材置場として貸すのであれば，農地法5条の許可が必要となる。よって，本肢は誤り。

☆❹ **正** 都道府県知事等は，農地法4条，5条の許可を受けずに　ステップ52
転用をした者に対し，工事その他の行為の停止を命じ，又は相当の期限を定めて原状回復その他違反を是正するための必要な措置をとるべきことを命ずることができる（農地法51条1項1号）。よって，本肢は正しく，本問の正解肢となる。

178　LEC東京リーガルマインド　2022年版出る順宅建士 ウォーク問過去問題集③法令上の制限・税・その他

●第1編 法令上の制限

農地法

問 89

農地法（以下この問において「法」という。）に関する次の記述のうち，誤っているものはどれか。

❶ 登記簿上の地目が山林となっている土地であっても，現に耕作の目的に供されている場合には，法に規定する農地に該当する。

❷ 法第3条第1項又は第5条第1項の許可が必要な農地の売買について，これらの許可を受けずに売買契約を締結しても，その所有権は移転しない。

❸ 市街化区域内の農地について，あらかじめ農業委員会に届け出てその所有者が自ら駐車場に転用する場合には，法第4条第1項の許可を受ける必要はない。

❹ 砂利採取法による認可を受けた砂利採取計画に従って砂利を採取するために農地を一時的に貸し付ける場合には，法第5条第1項の許可を受ける必要はない。

(本試験 2012 年問 22 出題)

合格者正解率	不合格者正解率
89.9%	**60.0**%
受験者正解率 **79.6**%	

正解肢 4

☆**❶ 正** 農地法にいう「農地」にあたるか否かは，土地の現況によって決せられるのであり（農地法2条1項），登記簿上の地目が山林となっている土地であっても，農地法に規定する「農地」に該当する。よって，本肢は正しい。

ステップ50

☆**❷ 正** 農地法3条1項又は5条1項の許可を受けないでした行為は，その効力を生じない（農地法3条6項，5条3項）。したがって，これらの許可を受けずに売買契約を締結しても，その所有権は移転しない。よって，本肢は正しい。

ステップ52

☆**❸ 正** 市街化区域内にある農地を，政令で定めるところによりあらかじめ農業委員会に届け出て，農地以外のものにする場合には，農地法4条1項の許可を受ける必要はない（農地法4条1項但書7号）。したがって，市街化区域内の農地について，駐車場に転用する場合には，農地法4条1項の許可を受ける必要はない。よって，本肢は正しい。

ステップ52

☆**❹ 誤** 農地法5条1項の許可が必要である。

砂利採取法による認可を受けた砂利採取計画に従って砂利を採取するために農地を一時的に貸し付ける場合は，許可が不要とならない（農地法5条1項但書参照）。よって，本肢は誤りであり，本問の正解肢となる。

ステップ51
ステップ52

●第1編 法令上の制限

農地法

問 90　農地法（以下この問において「法」という。）に関する次の記述のうち，正しいものはどれか。

❶ 相続により農地を取得する場合は，法第3条第1項の許可を要しないが，遺産の分割により農地を取得する場合は，同項の許可を受ける必要がある。

❷ 競売により市街化調整区域内にある農地を取得する場合は，法第3条第1項又は法第5条第1項の許可を受ける必要はない。

❸ 農業者が，自らの養畜の事業のための畜舎を建設する目的で，市街化調整区域内にある150㎡の農地を購入する場合は，第5条第1項の許可を受ける必要がある。

❹ 市街化区域内にある農地を取得して住宅を建設する場合は，工事完了後遅滞なく農業委員会に届け出れば，法第5条第1項の許可を受ける必要はない。

(本試験 2011 年問 22 出題)

正解肢 3

合格者正解率	不合格者正解率
78.7%	**55.6**%
受験者正解率 67.5%	

☆❶ **誤** 遺産の分割により農地を取得する場合も，３条の許可不要。 `ステップ52`

相続により農地を取得する場合だけでなく，遺産分割により農地を取得する場合も，農地法３条の許可を受ける必要はない（農地法３条１項但書12号）。よって，本肢は誤り。

☆❷ **誤** 競売により農地を取得する場合も，３条又は５条の許可必要。 `制4-3-1`

競売により農地を取得する場合，農地法３条１項又は５条１項の許可が必要である（農地法３条１項，５条１項）。競売による農地の取得であっても，農地の権利の移転に変わりはないからである。よって，本肢は誤り。

☆❸ **正** 農地を農地以外のものに転用するために取得する場合，原則として，農地法５条の許可を受けなければならない（農地法５条１項）。よって，本肢は正しく，本問の正解肢となる。なお，農家が農業用施設に供する目的で２アール（200 ㎡）未満の農地を転用する場合に許可が不要になるのは，農地法４条の場合であり，５条の場合にはこの例外規定はない。 `ステップ51` `ステップ52`

☆❹ **誤** あらかじめ農地の取得前に，届け出なければならない。 `ステップ51` `ステップ52`

農地を農地以外の土地に転用するために権利を取得する場合は，原則として，農地法５条の許可を受ける必要がある（農地法５条１項）。ただし，市街化区域内の農地については，あらかじめ農業委員会に届け出て権利を取得する場合，許可を受ける必要はない（農地法５条１項但書６号）。よって，本肢は誤り。

●第1編　法令上の制限

農地法

問 91

農地に関する次の記述のうち、農地法（以下この問において「法」という。）の規定によれば、正しいものはどれか。

❶ 法第3条第1項の許可が必要な農地の売買については、この許可を受けずに売買契約を締結しても所有権移転の効力は生じない。

❷ 市街化区域内の自己の農地を駐車場に転用する場合には、農地転用した後に農業委員会に届け出ればよい。

❸ 相続により農地を取得することとなった場合には、法第3条第1項の許可を受ける必要がある。

❹ 農地に抵当権を設定する場合には、法第3条第1項の許可を受ける必要がある。

（本試験2020年10月問21出題）

正解肢 1

合格者正解率	不合格者正解率
99.1%	89.1%

受験者正解率 95.0%

☆❶ **正** 農地法3条1項の許可を得ていない権利の設定又は移転 ステップ52
は，その効力を生じない（農地法3条6項）。したがって，農地
法3条1項の許可のない農地の売買契約を締結してもその効力は
生じず，所有権移転の効力も生じない。よって，本肢は正しく，
本問の正解肢となる。

☆❷ **誤** あらかじめ届け出なければならない。 ステップ52

農地を農地以外の土地に転用するときは，農地法4条の許可を
受ける必要がある。ただし，市街化区域内にある農地につき，あ
らかじめ農業委員会に届け出て，農地以外のものにする場合は，
農地法4条の許可は不要である（農地法4条1項但書8号）。届
出は農地転用した後ではない。よって，本肢は誤り。

☆❸ **誤** 相続により取得した場合は許可不要。 ステップ52

相続により農地又は採草放牧地の権利を取得した者は，農地法
3条の許可を受ける必要はない（農地法3条1項但書12号）。
よって，本肢は誤り。なお，この場合，遅滞なく，農業委員会に
その旨を届け出なければならない（農地法3条の3）。

☆❹ **誤** 許可は不要である。 ステップ51

農地について所有権を移転し，又は地上権，永小作権，質権，
使用貸借による権利，賃借権もしくはその他の使用及び収益を目
的とする権利を設定する場合には，農地法3条の規定に基づき農
業委員会の許可を受けなければならない（農地法3条1項本文）。
この点，抵当権は，使用及び収益を目的とする権利ではない。し
たがって，農地に抵当権を設定する場合，農地法3条1項の許可
を受ける必要はない。よって，本肢は誤り。

184 LEC東京リーガルマインド 2022年版出る順宅建士 ウォーク問過去問題集③法令上の制限・税・その他

●第1編 法令上の制限

農地法

問 92   農地法（以下この問において「法」という。）に関する次の記述のうち，正しいものはどれか。

❶ 山林を開墾し現に水田として耕作している土地であっても，土地登記簿上の地目が山林である限り，法の適用を受ける農地には当たらない。

❷ 農業者が，住宅を建設するために法第4条第1項の許可を受けた農地をその後住宅建設の工事着工前に宅地として売却する場合，改めて法第5条第1項の許可を受ける必要はない。

❸ 耕作目的で農地の売買契約を締結し，代金の支払をした場合でも，法第3条第1項の許可を受けていなければその所有権の移転の効力は生じない。

❹ 農業者が，自ら農業用倉庫として利用する目的で自己の所有する農地を転用する場合には，転用する農地の面積の規模にかかわらず，法第4条第1項の許可を受ける必要がある。

（本試験 2006 年問 25 出題）

正解肢 **3**

合格者正解率	不合格者正解率
94.0%	**74.0**%
受験者正解率 **85.3**%	

出る順宅建士 ③

☆❶ **誤** 現況が耕作している土地は農地にあたる。 ステップ50

農地法上の農地かどうかは、現況で判断する。登記簿上の地目が山林でも、現に水田として耕作されている以上、農地法上の農地となる（農地法2条1項）。よって、本肢は誤り。

☆❷ **誤** 5条の許可が必要である。 ステップ52

農地を宅地として売却しようとしているので、転用目的権利移動にあたる（農地法5条1項）。当初の4条許可では、権利移動について判断されていない。権利移動についても判断を受けるために、改めて5条許可を受けなければならない。よって、本肢は誤り。

☆❸ **正** 農地法3条の許可を受けないでした契約は、効力を生じない（農地法3条6項）。よって、本肢は正しく、本問の正解肢となる。 ステップ52

☆❹ **誤** 2アール未満であれば、4条の許可不要。 ステップ52

農業者が、自己の所有する農地を農業用施設に供する場合、それが2アール未満であるときに限り、農地法4条の許可を受ける必要がない（農地法4条1項但書8号、規則29条1号）。よって、本肢は誤り。

186 LEC東京リーガルマインド 2022年版出る順宅建士 ウォーク問過去問題集③法令上の制限・税・その他

農地法

問 93 農地法（以下この問において「法」という。）に関する次の記述のうち，誤っているものはどれか。

❶ 農地を相続した場合，その相続人は，法第3条第1項の許可を受ける必要はないが，遅滞なく，農業委員会にその旨を届け出なければならない。

❷ 宅地に転用する目的で市街化区域外の農地を購入する場合は，農地の権利移動に係る法第3条第1項の許可のほか，農地転用に係る法第4条第1項の都道府県知事の許可を受ける必要がある。

❸ 会社の代表者が，その会社の業務に関し，法の規定に違反して転用行為をした場合は，その代表者が罰せられるのみならず，その会社も1億円以下の罰金刑が科せられる。

❹ 農地の賃貸借の存続期間は，50年以内とされている。

(本試験 2010 年問 22 改題)

合格者正解率	不合格者正解率
93.1%	**71.7%**

受験者正解率 **85.3%**

正解肢 **2**

☆❶ **正** 遺産分割，相続により農地又は採草放牧地の権利を取得 ステップ52
した者は，農地法3条の許可を受ける必要はないが，遅滞なく，
農業委員会にその旨を届け出なければならない（農地法3条1項
但書12号，3条の3）。よって，本肢は正しい。

☆❷ **誤** 5条の許可が必要である。 ステップ51

農地を農地以外の土地に転用する目的で権利移転するときは，
農地法5条の許可を受ける必要がある（農地法5条1項）。3条
と4条の両方の許可を受けるのではない。よって，本肢は誤りで
あり，本問の正解肢となる。

❸ **正** 法人の代表者又は法人もしくは人の代理人，使用者その ステップ52
従業者が，その法人又は人の業務又は財産に関し，法の規定に違
反して転用行為をした場合は，その違反行為者が罰せられるのみ
ならず，その法人も1億円以下の罰金刑が科せられる（農地法64
条1号，67条1号）。よって，本肢は正しい。

❹ **正** 農地又は採草放牧地の賃貸借についての存続期間は，民 制4-4-2
法の規定により50年以内とされている（民法604条1項）。よっ
て，本肢は正しい。

●第1編　法令上の制限

土地区画整理法

問 94 土地区画整理法に関する次の記述のうち，誤っているものはどれか。なお，この問において「組合」とは，土地区画整理組合をいう。

❶ 組合は，事業の完成により解散しようとする場合においては，都道府県知事の認可を受けなければならない。

❷ 施行地区内の宅地について組合員の有する所有権の全部又は一部を承継した者がある場合においては，その組合員がその所有権の全部又は一部について組合に対して有する権利義務は，その承継した者に移転する。

❸ 組合を設立しようとする者は，事業計画の決定に先立って組合を設立する必要があると認める場合においては，7人以上共同して，定款及び事業基本方針を定め，その組合の設立について都道府県知事の認可を受けることができる。

❹ 組合が施行する土地区画整理事業に係る施行地区内の宅地について借地権のみを有する者は，その組合の組合員とはならない。

（本試験 2017 年問 21 出題）

正解肢 **4**

合格者正解率	不合格者正解率
86.6%	**64.5**%

受験者正解率 **76.8**%

❶ 正 組合は，事業の完成又はその完成の不能により解散しようとする場合においては，その解散について都道府県知事の認可を受けなければならない（区画法45条2項，1項4号）。よって，本肢は正しい。 `制5-2-1`

☆**❷ 正** 施行地区内の宅地について組合員の有する所有権又は借地権の全部又は一部を承継した者がある場合においては，その組合員がその所有権又は借地権の全部又は一部について組合に対して有する権利義務は，その承継した者に移転する（区画法26条1項）。よって，本肢は正しい。 `制5-2-1`

❸ 正 組合を設立しようとする者は，事業計画の決定に先立って組合を設立する必要があると認める場合においては，7人以上共同して，定款及び事業基本方針を定め，その組合の設立について都道府県知事の認可を受けることができる（区画法14条2項）。よって，本肢は正しい。 `ステップ53`

☆**❹ 誤** 借地権のみを有する者も，組合の組合員となる。 `ステップ53`

組合が施行する土地区画整理事業に係る施行地区内の宅地について所有権又は借地権を有する者は，すべてその組合の組合員とする（区画法25条1項）。したがって，施行地区内の宅地について借地権のみを有する者は，その組合の組合員となる。よって，本肢は誤りであり，本問の正解肢となる。

●第1編 法令上の制限

土地区画整理法

問 95

土地区画整理法に関する次の記述のうち，誤っているものはどれか。

❶ 施行者は，換地処分を行う前において，換地計画に基づき換地処分を行うため必要がある場合においては，施行地区内の宅地について仮換地を指定することができる。

❷ 仮換地が指定された場合においては，従前の宅地について権原に基づき使用し，又は収益することができる者は，仮換地の指定の効力発生の日から換地処分の公告がある日まで，仮換地について，従前の宅地について有する権利の内容である使用又は収益と同じ使用又は収益をすることができる。

❸ 施行者は，仮換地を指定した場合において，特別の事情があるときは，その仮換地について使用又は収益を開始することができる日を仮換地の指定の効力発生日と別に定めることができる。

❹ 土地区画整理組合の設立の認可の公告があった日後，換地処分の公告がある日までは，施行地区内において，土地区画整理事業の施行の障害となるおそれがある土地の形質の変更を行おうとする者は，当該土地区画整理組合の許可を受けなければならない。

(本試験 2016 年問 21 出題)

正解肢 **4**

合格者正解率	不合格者正解率
94.9%	**68.5**%
受験者正解率 **85.5**%	

☆**❶** **正** 施行者は，換地処分を行う前において，換地計画に基づき換地処分を行うため必要がある場合においては，施行地区内の宅地について仮換地を指定することができる（区画法98条1項前段）。よって，本肢は正しい。　ステップ56

☆**❷** **正** 仮換地が指定された場合においては，従前の宅地について権原に基づき使用し，又は収益することができる者は，仮換地の指定の効力発生の日から換地処分の公告がある日まで，仮換地について，従前の宅地について有する権利の内容である使用又は収益と同じ使用又は収益をすることができる（区画法99条1項）。よって，本肢は正しい。　ステップ56

☆**❸** **正** 施行者は，仮換地を指定した場合において，特別の事情があるときは，その仮換地について使用又は収益を開始することができる日を仮換地の指定の効力発生日と別に定めることができる（区画法99条2項前段）。よって，本肢は正しい。　ステップ56

☆**❹** **誤** 組合ではなく都道府県知事等の許可。　ステップ54

　土地区画整理組合の設立の認可の公告があった日後，換地処分の公告がある日までは，施行地区内において，土地区画整理事業の施行の障害となるおそれがある土地の形質の変更を行おうとする者は，都道府県知事（市の区域内にあっては，当該市の長）の許可を受けなければならない（区画法76条1項2号）。当該土地区画整理組合の許可ではない。よって，本肢は誤りであり，本問の正解肢となる。

●第1編　法令上の制限

土地区画整理法

問 96 土地区画整理法における土地区画整理組合に関する次の記述のうち，正しいものはどれか。

❶ 土地区画整理組合を設立しようとする者は，事業計画の決定に先立って組合を設立する必要があると認める場合においては，5人以上共同して，定款及び事業基本方針を定め，その組合の設立について都道府県知事の認可を受けることができる。

❷ 土地区画整理組合は，当該組合が行う土地区画整理事業に要する経費に充てるため，賦課金として参加組合員以外の組合員に対して金銭を賦課徴収することができるが，その場合，都道府県知事の認可を受けなければならない。

❸ 宅地について所有権又は借地権を有する者が設立する土地区画整理組合は，当該権利の目的である宅地を含む一定の区域の土地について土地区画整理事業を施行することができる。

❹ 土地区画整理組合の設立の認可の公告があった日から当該組合が行う土地区画整理事業に係る換地処分の公告がある日までは，施行地区内において，事業の施行の障害となるおそれがある土地の形質の変更や建築物の新築等を行おうとする者は，当該組合の許可を受けなければならない。

（本試験 2007 年問 24 出題）

正解肢 **3**

合格者正解率	不合格者正解率
78.7%	**48.0**%
受験者正解率 **65.9**%	

❶ 誤 5人以上ではなく，7人以上。　　　　　　　ステップ53

組合を設立しようとする者は，事業計画の決定に先立って組合を設立する必要があると認める場合においては，7人以上共同して，定款及び事業基本方針を定め，その組合の設立について都道府県知事の認可を受けることができる（区画法14条2項）。よって，本肢は誤り。

❷ 誤 認可を受ける必要はない。　　　　　　　　　制5-2-1

組合は，その事業に要する経費に充てるため，賦課金として参加組合員以外の組合員に対して金銭を賦課徴収することができる（区画法40条1項）。しかし，この場合に，都道府県知事の認可を受けなければならない旨の規定はない（区画法39条1項参照）。よって，本肢は誤り。

☆**❸ 正** 宅地について所有権又は借地権を有する者が設立する土地区画整理組合は，当該権利の目的である宅地を含む一定の区域の土地について土地区画整理事業を施行することができる（区画法3条2項）。よって，本肢は正しく，本問の正解肢となる。　　　　　　　　　　　　　　　　　　ステップ53

☆**❹ 誤** 組合の許可ではなく，知事等の許可。　　　ステップ54

土地区画整理組合の設立の認可の公告があった日から当該組合が行う土地区画整理事業に係る換地処分の公告がある日までは，施行地区内において，事業の施行の障害となるおそれがある土地の形質の変更，建築物その他の工作物の新築等を行おうとする者は，都道府県知事等の許可を受けなければならない（区画法76条1項）。よって，本肢は誤り。

194　LEC東京リーガルマインド　2022年版出る順宅建士 ウォーク問過去問題集③法令上の制限・税・その他

●第1編 法令上の制限

土地区画整理法

問 97

土地区画整理事業の施行地区において仮換地の指定がされた場合に関する次の記述のうち、土地区画整理法の規定によれば、正しいものはどれか。

❶ 仮換地の指定を受けて、その使用収益をすることができる者が、当該仮換地上で行う建築物の新築については、都道府県知事等の許可が必要となる場合はない。

❷ 従前の宅地の所有者は、仮換地の指定により従前の宅地に抵当権を設定することはできなくなり、当該仮換地について抵当権を設定することができる。

❸ 従前の宅地の所有者は、換地処分の公告がある日までの間において、当該宅地を売却することができ、その場合の所有権移転登記は、従前の宅地について行うこととなる。

❹ 仮換地の指定を受けた者は、その使用収益を開始できる日が仮換地指定の効力発生日と別に定められている場合、その使用収益を開始できる日まで従前の宅地を使用収益することができる。

(本試験 1996 年問 27 改題)

正解肢 **3**

合格者正解率	不合格者正解率
——	——

受験者正解率 ——

☆**❶ 誤** 仮換地においても許可が必要となる。　ステップ54

　施行地区内において，土地区画整理事業の施行の障害となるおそれがある建築物の新築等を行おうとする者は，国土交通大臣施行の土地区画整理事業にあっては国土交通大臣の，その他の者が施行する土地区画整理事業にあっては都道府県知事等の許可が必要となる（区画法76条1項）。仮換地も，施行地区内の土地である（区画法98条1項参照）。よって，「仮換地上で行う建築物の新築について，都道府県知事の許可が必要となる場合はない」とする本肢は誤り。

☆**❷ 誤** 従前の宅地に設定することができ，仮換地に設定することはできない。　ステップ56

　仮換地の指定がなされても，従前の宅地の所有者は，従前の宅地の所有権を失うわけではないので，従前の宅地に抵当権の設定をすることができる。また，従前の宅地の所有者は，仮換地の所有権を取得するわけではないので，仮換地に抵当権を設定することはできない（区画法99条1項）。よって，本肢は誤り。

☆**❸ 正** ❷で述べたように，従前の宅地の所有者は従前の宅地の所有権を失わないので，従前の宅地の売却を行うことができる。そして，その際の所有権移転登記は従前の宅地について行う。よって，本肢は正しく，本問の正解肢となる。　ステップ56

☆**❹ 誤** 仮換地指定の効力発生日から従前の宅地を使用収益することができなくなる。　ステップ56

　施行者は，仮換地に使用収益の障害となる物件が存するとき等特別の事情があるときは，「仮換地の使用収益を開始できる日」を「仮換地指定の効力発生日」と別に定めることができる（区画法99条2項）。この場合，仮換地の指定を受けた者は，「仮換地指定の効力発生日」から「仮換地の使用収益を開始できる日」まで，従前の宅地も仮換地もいずれも使用収益することはできない。よって，本肢は誤り。

196 LEC東京リーガルマインド　2022年版出る順宅建士 ウォーク問過去問題集③法令上の制限・税・その他

●第1編 法令上の制限

土地区画整理法

問 98 土地区画整理法における仮換地指定に関する次の記述のうち、誤っているものはどれか。

---

❶ 土地区画整理事業の施行者である土地区画整理組合が、施行地区内の宅地について仮換地を指定する場合、あらかじめ、土地区画整理審議会の意見を聴かなければならない。

❷ 土地区画整理事業の施行者は、仮換地を指定した場合において、必要があると認めるときは、仮清算金を徴収し、又は交付することができる。

❸ 仮換地が指定された場合においては、従前の宅地について権原に基づき使用し、又は収益することができる者は、仮換地の指定の効力発生の日から換地処分の公告がある日まで、仮換地について、従前の宅地について有する権利の内容である使用又は収益と同じ使用又は収益をすることができる。

❹ 仮換地の指定を受けた場合、その処分により使用し、又は収益することができる者のなくなった従前の宅地は、当該処分により当該宅地を使用し、又は収益することができる者のなくなった時から、換地処分の公告がある日までは、施行者が管理するものとされている。

(本試験 2008 年問 23 出題)

正解肢 1		合格者正解率 **45.0%**	不合格者正解率 **21.8%**
		受験者正解率 **36.5%**	

❶ 誤 土地区画整理審議会の意見を聴くのではない。

土地区画整理組合が仮換地を指定しようとする場合は，あらかじめ，その指定について，総会もしくはその部会又は総代会の同意を得なければならない（区画法98条3項）。土地区画整理審議会の意見を聴かなければならないのは，施行者が公的機関の場合である（区画法98条3項）。よって，本肢は誤りであり，本問の正解肢となる。

❷ 正 施行者は，仮換地を指定した場合において，必要があると認めるときは，仮に算出した仮清算金を，清算金の徴収又は交付の方法に準ずる方法により徴収し，又は交付することができる（区画法102条1項）。よって，本肢は正しい。

☆**❸ 正** 仮換地が指定された場合においては，従前の宅地について権原に基づき使用し，又は収益することができる者は，仮換地の指定の効力発生の日から換地処分の公告がある日まで，仮換地について，従前の宅地について有する権利の内容である使用又は収益と同じ使用又は収益をすることができる（区画法99条1項）。よって，本肢は正しい。

ステップ56

☆**❹ 正** 仮換地を指定した場合において，その処分により使用し，又は収益することができる者のなくなった従前の宅地については，当該処分により当該宅地を使用し，又は収益することができる者のなくなった時から換地処分の公告がある日までは，施行者がこれを管理する（区画法100条の2）。よって，本肢は正しい。

制5-5-3

●第1編　法令上の制限

土地区画整理法

問 99

土地区画整理法に関する次の記述のうち，正しいものはどれか。

---

❶ 土地区画整理事業とは，公共施設の整備改善及び宅地の利用の増進を図るため，土地区画整理法で定めるところに従って行われる，都市計画区域内及び都市計画区域外の土地の区画形質の変更に関する事業をいう。

❷ 土地区画整理組合の設立の認可の公告があった日以後，換地処分の公告がある日までは，施行地区内において，土地区画整理事業の施行の障害となるおそれがある建築物その他の工作物の新築を行おうとする者は，都道府県知事及び市町村長の許可を受けなければならない。

❸ 土地区画整理事業の施行者は，仮換地を指定した場合において，従前の宅地に存する建築物を移転し，又は除却することが必要となったときは，当該建築物を移転し，又は除却することができる。

❹ 土地区画整理事業の施行者は，仮換地を指定した場合において，当該仮換地について使用又は収益を開始することができる日を当該仮換地の効力発生の日と同一の日として定めなければならない。

(本試験 2018 年問 21 出題)

正解肢 3

合格者正解率	不合格者正解率
75.9%	52.3%
受験者正解率 65.6%	

❶ 誤　都市計画区域外で行われるものではない。　　　　　　　　制5-1-2

　土地区画整理法において「土地区画整理事業」とは，都市計画区域内の土地について，公共施設の整備改善及び宅地の利用の増進を図るため，土地区画整理法で定めるところに従って行われる土地の区画形質の変更及び公共施設の新設又は変更に関する事業をいう（区画整理法2条1項）。都市計画区域外で行われるものではない。よって，本肢は誤り。

☆❷ 誤　都道府県知事又は市長の許可が必要となる。　　　　　　ステップ54

　土地区画整理組合の設立の認可の公告があった日以後，換地処分の公告がある日までは，施行地区内において，土地区画整理事業の施行の障害となるおそれがある建築物その他の工作物の新築等を行おうとする者は，土地区画整理組合が施行する土地区画整理事業にあっては都道府県知事（市の区域内において個人施行者，組合若しくは区画整理会社が施行し，又は市が施行する土地区画整理事業にあっては，当該市の長）の許可を受けなければならない（区画整理法76条1項）。したがって，状況によって，都道府県知事又は市長の許可が必要となるのであって，「都道府県知事及び市町村長の許可」が必要となる場合はない。よって，本肢は誤り。

❸ 正　施行者は，仮換地を指定した場合において，従前の宅地　　制5-5-3
に存する建築物を移転し，又は除却することが必要となったときは，当該建築物を移転し，又は除却することができる（区画整理法77条1項）。よって，本肢は正しく，本問の正解肢となる。

☆❹ 誤　同一の日として定める必要はない。　　　　　　　　　　ステップ56

　施行者は，仮換地を指定した場合において，その仮換地に使用又は収益の障害となる物件が存するときその他特別の事情があるときは，その仮換地について使用又は収益を開始することができる日を当該仮換地の効力の発生の日と別に定めることができる（区画整理法99条2項）。この両日を同一の日として定めなければならないわけではない。よって，本肢は誤り。

200　LEC東京リーガルマインド　2022年版出る順宅建士 ウォーク問過去問題集③法令上の制限・税・その他

● 第1編 法令上の制限

土地区画整理法

問100

土地区画整理法に関する次の記述のうち，誤っているものはどれか。

❶ 仮換地の指定は，その仮換地となるべき土地の所有者及び従前の宅地の所有者に対し，仮換地の位置及び地積並びに仮換地の指定の効力発生の日を通知してする。

❷ 施行地区内の宅地について存する地役権は，土地区画整理事業の施行により行使する利益がなくなった場合を除き，換地処分があった旨の公告があった日の翌日以後においても，なお従前の宅地の上に存する。

❸ 換地計画において定められた保留地は，換地処分があった旨の公告があった日の翌日において，施行者が取得する。

❹ 土地区画整理事業の施行により生じた公共施設の用に供する土地は，換地処分があった旨の公告があった日の翌日において，すべて市町村に帰属する。

(本試験 2015 年問 20 出題)

正解肢 4

合格者正解率	不合格者正解率
74.1%	**44.0%**
受験者正解率 63.8%	

☆❶ **正** 仮換地の指定は，その仮換地となるべき土地の所有者及び従前の宅地の所有者に対し，仮換地の位置及び地積ならびに仮換地の指定の効力発生の日を通知してするものとする（区画法98条5項）。よって，本肢は正しい。 　ステップ56

☆❷ **正** 施行地区内の宅地について存する地役権は，換地処分があった旨の公告があった日の翌日以後においても，なお従前の宅地の上に存する（区画法104条4項）。土地区画整理事業の施行により行使する利益がなくなった地役権は，換地処分があった旨の公告があった日が終了した時において消滅する（区画法104条5項）。よって，本肢は正しい。 　ステップ58

☆❸ **正** 換地計画において定められた保留地は，換地処分があった旨の公告があった日の翌日において，施行者が取得する（区画法104条11項）。よって，本肢は正しい。 　ステップ58

☆❹ **誤** すべて市町村に帰属するとは限らない。 　ステップ58
　　土地区画整理事業の施行により生じた公共施設の用に供する土地は，換地処分があった旨の公告があった日の翌日において，その公共施設を管理すべき者に帰属するが，この当該公共施設を管理すべき者が一定の地方公共団体であるときは，国に帰属する（区画法105条3項）。すべて市町村に帰属するのではない。よって，本肢は誤りであり，本問の正解肢となる。

●第1編　法令上の制限

土地区画整理法

問101 土地区画整理法に関する次の記述のうち，正しいものはどれか。

---

❶ 施行者は，宅地の所有者の申出又は同意があった場合においては，その宅地を使用し，又は収益することができる権利を有する者に補償をすれば，換地計画において，その宅地の全部又は一部について換地を定めないことができる。

❷ 施行者は，施行地区内の宅地について換地処分を行うため，換地計画を定めなければならない。この場合において，当該施行者が土地区画整理組合であるときは，その換地計画について市町村長の認可を受けなければならない。

❸ 関係権利者は，換地処分があった旨の公告があった日以降いつでも，施行地区内の土地及び建物に関する登記を行うことができる。

❹ 土地区画整理事業の施行により公共施設が設置された場合においては，その公共施設は，換地処分があった旨の公告があった日の翌日において，原則としてその公共施設の所在する市町村の管理に属することになる。

(本試験 2014 年問 20 出題)

正解肢 4

合格者正解率	不合格者正解率
85.7%	**66.0%**

受験者正解率 **79.8%**

❶ 誤 補償が必要である旨の規定はない。 `ステップ55`

宅地の所有者の申出又は同意があった場合においては，換地計画において，その宅地の全部又は一部について換地を定めないことができる。この場合において，施行者は，換地を定めない宅地又はその部分について地上権，永小作権，賃借権等の権利を有する者があるときは，換地を定めないことについてこれらの者の同意を得なければならない（区画法90条）。補償をしなければならない旨の規定はない。よって，本肢は誤り。

❷ 誤 都道府県知事の認可が必要である。 `制5-4-1`

施行者は，施行地区内の宅地について換地処分を行うため，換地計画を定めなければならない。この場合において，施行者が土地区画整理組合であるときは，その換地計画について都道府県知事の認可を受けなければならない（区画法86条1項）。市町村長の認可ではない。よって，本肢は誤り。

❸ 誤 施行者が遅滞なく登記申請をしなければならない。 `ステップ59`

施行者は，換地処分があった旨の公告があった場合，施行地区内の土地及び建物について土地区画整理事業の施行に因り変動があったときは，遅滞なく，その変動に係る登記を申請し，又は嘱託しなければならない（区画法107条2項）。よって，本肢は誤り。

☆❹ 正 土地区画整理事業の施行により公共施設が設置された場 `ステップ58` **合においては，その公共施設は，換地処分があった旨の公告があった日の翌日において，その公共施設の所在する市町村の管理に属するものとする。ただし，管理すべき者について，他の法律又は規準，規約，定款もしくは施行規程に別段の定めがある場合においては，この限りでない（区画法106条1項）。よって，「原則として市町村の管理に属する」とする本肢は正しく，本問の正解肢となる。**

●第1編　法令上の制限

土地区画整理法

問102

土地区画整理法に関する次の記述のうち，正しいものはどれか。

❶ 個人施行者は，規準又は規約に別段の定めがある場合においては，換地計画に係る区域の全部について土地区画整理事業の工事が完了する以前においても換地処分をすることができる。

❷ 換地処分は，施行者が換地計画において定められた関係事項を公告して行うものとする。

❸ 個人施行者は，換地計画において，保留地を定めようとする場合においては，土地区画整理審議会の同意を得なければならない。

❹ 個人施行者は，仮換地を指定しようとする場合においては，あらかじめ，その指定について，従前の宅地の所有者の同意を得なければならないが，仮換地となるべき宅地の所有者の同意を得る必要はない。

(本試験 2013 年問 20 出題)

合格者正解率	不合格者正解率
65.9%	**31.8**%
受験者正解率 **52.7**%	

正解肢 1

☆**❶ 正** 規準，規約，定款又は施行規程に別段の定めがある場合 ステップ57
においては，換地計画に係る区域の全部について土地区画整理事
業の工事が完了する以前においても換地処分をすることができる
（区画法103条2項但書）。よって，本肢は正しく，本問の正解
肢となる。

☆**❷ 誤** 「公告」ではなく，「通知」して行う。 ステップ57

換地処分は，関係権利者に換地計画において定められた関係事
項を通知してする（区画法103条1項）。よって，「公告」とし
ている本肢は誤り。

❸ 誤 個人施行の場合には，審議会の同意は不要。 制5-4-2

公的施行の場合，保留地を定めようとする場合においては，土
地区画整理審議会の同意を得なければならない（区画法96条3
項）。しかし，個人施行の場合には，同意は不要である。よって，
本肢は誤り。

❹ 誤 仮換地となるべき宅地の所有者の同意も必要。

仮換地を指定しようとする場合において，あらかじめ，その指
定について，個人施行者は，従前の宅地の所有者の同意及び仮換
地となるべき宅地の所有者の同意を得る必要がある（区画法98
条3項）。よって，本肢は誤り。

206 LEC東京リーガルマインド 2022年版出る順宅建士 ウォーク問過去問題集③法令上の制限・税・その他

●第1編 法令上の制限

土地区画整理法

問103

土地区画整理法に関する次の記述のうち、誤っているものはどれか。

❶ 土地区画整理事業の施行者は、換地処分を行う前において、換地計画に基づき換地処分を行うため必要がある場合においては、施行地区内の宅地について仮換地を指定することができる。

❷ 仮換地が指定された場合においては、従前の宅地について権原に基づき使用し、又は収益することができる者は、仮換地の指定の効力発生の日から換地処分の公告がある日まで、仮換地について、従前の宅地について有する権利の内容である使用又は収益と同じ使用又は収益をすることができる。

❸ 土地区画整理事業の施行者は、施行地区内の宅地について換地処分を行うため、換地計画を定めなければならない。この場合において、当該施行者が土地区画整理組合であるときは、その換地計画について都道府県知事及び市町村長の認可を受けなければならない。

❹ 換地処分の公告があった場合においては、換地計画において定められた換地は、その公告があった日の翌日から従前の宅地とみなされ、換地計画において換地を定めなかった従前の宅地について存する権利は、その公告があった日が終了した時において消滅する。

(本試験 2009 年問 21 出題)

正解肢 **3**

合格者正解率	不合格者正解率
71.5%	**46.6**%
受験者正解率 63.9%	

☆**❶ 正** 施行者は，換地処分を行う前において，換地計画に基づき換地処分を行うため必要がある場合においては，施行地区内の宅地について仮換地を指定することができる（区画法98条1項）。よって，本肢は正しい。

`ステップ56`

☆**❷ 正** 仮換地が指定された場合においては，従前の宅地について権原に基づき使用し，又は収益することができる者は，仮換地の指定の効力発生の日から換地処分の公告がある日まで，仮換地について，従前の宅地について有する権利の内容である使用又は収益と同じ使用又は収益をすることができる（区画法99条1項）。よって，本肢は正しい。

`ステップ56`

❸ 誤 都道府県知事の認可で足り，市町村長の認可は不要である。

`制5-4-1`

施行者は，施行地区内の宅地について換地処分を行うため，換地計画を定めなければならない。この場合において，施行者が個人施行者，組合，区画整理会社，市町村又は機構等であるときは，その換地計画について都道府県知事の認可を受けなければならない（区画法86条1項）。したがって，都道府県知事の認可を受ける必要はあるが，市町村長の認可を受ける必要はない。よって，本肢は誤りであり，本問の正解肢となる。

☆**❹ 正** 換地処分の公告があった場合においては，換地計画において定められた換地は，その公告があった日の翌日から従前の宅地とみなされ，換地計画において換地を定めなかった従前の宅地について存する権利は，その公告があった日が終了した時において消滅する（区画法104条1項）。よって，本肢は正しい。

`ステップ58`

208 LEC東京リーガルマインド 2022年版出る順宅建士 ウォーク問過去問題集③法令上の制限・税・その他

●第1編 法令上の制限

土地区画整理法

問104 土地区画整理法に関する次の記述のうち，正しいものはどれか。

❶ 組合施行の土地区画整理事業において，施行地区内の宅地について所有権を有する組合員から当該所有権の一部のみを承継した者は，当該組合員とはならない。

❷ 組合施行の土地区画整理事業において，換地処分前に，施行地区内の宅地について所有権を有する組合員から当該所有権を譲り受けた者は，当該組合の総会において賦課金徴収の議決があったときは，賦課金の納付義務を負う。

❸ 換地処分は，換地計画に係る区域の全部について土地区画整理事業の工事がすべて完了した後でなければすることができない。

❹ 組合施行の土地区画整理事業において，定款に特別の定めがある場合には，換地計画において，保留地の取得を希望する宅地建物取引業者に当該保留地に係る所有権が帰属するよう定めることができる。

(本試験 2006 年問 24 出題)

合格者正解率	不合格者正解率
82.8%	**60.3%**
受験者正解率 74.5%	

正解肢 2

☆**❶ 誤** 施行地区内の宅地の所有者は組合員となる。　ステップ53

　組合が施行する土地区画整理事業に係る施行地区内の宅地について所有権又は借地権を有する者は，すべてその組合の組合員となる（区画法25条1項）。したがって，施行地区内の宅地について所有権を有する組合員から当該所有権の一部のみを承継した者も組合員となる。よって，本肢は誤り。

❷ 正 施行地区内の宅地について組合員の有する所有権の全部　制5-2-1
又は一部を承継した者がある場合においては，その組合員が組合に対して有する権利義務は，その承継した者に移転する（区画法26条1項）。よって，本肢は正しく，本問の正解肢となる。

☆**❸ 誤** すべて完了した後に限られない。　ステップ57

　規準，規約，定款又は施行規程に別段の定めがある場合においては，換地計画に係る区域の全部について工事が完了する以前においても換地処分をすることができる（区画法103条2項但書）。よって，本肢は誤り。

☆**❹ 誤** 保留地は施行者が取得するから，定めることはできない。　ステップ58

　換地計画において定められた保留地は，換地処分の公告があった日の翌日において，施行者が取得する（区画法104条11項）。したがって，換地計画において，保留地の取得を希望する宅地建物取引業者に，当該保留地に係る所有権が帰属するように定めることはできない。よって，本肢は誤り。

●第1編 法令上の制限

宅地造成等規制法

問 105 宅地造成等規制法（以下この問において「法」という。）に関する次の記述のうち，誤っているものはどれか。なお，この問において「都道府県知事」とは，地方自治法に基づく指定都市，中核市及び施行時特例市にあってはその長をいうものとする。

❶ 宅地造成工事規制区域外に盛土によって造成された一団の造成宅地の区域において，造成された盛土の高さが5m未満の場合は，都道府県知事は，当該区域を造成宅地防災区域として指定することができない。

❷ 宅地造成工事規制区域内において，切土又は盛土をする土地の面積が600㎡である場合，その土地における排水施設は，政令で定める資格を有する者によって設計される必要はない。

❸ 宅地造成工事規制区域内の宅地において，高さが2mを超える擁壁を除却する工事を行おうとする者は，一定の場合を除き，その工事に着手する日の14日前までにその旨を都道府県知事に届け出なければならない。

❹ 宅地造成工事規制区域内において，宅地以外の土地を宅地に転用した者は，一定の場合を除き，その転用した日から14日以内にその旨を都道府県知事に届け出なければならない。

（本試験 2016 年問 20 出題）

☆❶ 誤　5m未満でも指定できる。

都道府県知事は，宅地造成に伴う災害で相当数の居住者に危害を生ずるものの発生のおそれが大きい一団の造成宅地（宅地造成工事規制区域内の土地を除く）の区域であって，一定の基準に該当するものを，造成宅地防災区域として指定することができる（宅造法20条1項）。そして，造成された盛土の高さが5m未満でも，盛土をした土地の面積が3,000㎡以上であり，かつ，盛土をしたことにより，当該盛土をした土地の地下水位が盛土をする前の地盤面の高さを超え，盛土の内部に浸入しているものは，造成宅地防災区域として指定できる（施行令19条1項1号イ）。よって，本肢は誤りであり，本問の正解肢となる。

❷　正　宅地造成工事規制区域内において宅地造成に関する工事を行う場合，切土又は盛土をする土地の面積が1,500㎡を超える土地における排水施設の設置については，政令で定める資格を有する者の設計によらなければならない（宅造法9条2項，施行令16条2号）。よって，本肢は正しい。

☆❸　正　宅地造成工事規制区域内の宅地において，高さが2mを超える擁壁の除却工事を行おうとする者は，一定の場合を除き，その工事に着手する日の14日前までに，その旨を都道府県知事に届け出なければならない（宅造法15条2項,施行令18条）。よって，本肢は正しい。

☆❹　正　宅地造成工事規制区域内において，宅地以外の土地を宅地に転用した者は，一定の場合を除き，その転用した日から14日以内に，その旨を都道府県知事に届け出なければならない（宅造法15条3項）。よって，本肢は正しい。

●第1編 法令上の制限

宅地造成等規制法

重要度 A

問106

宅地造成等規制法に関する次の記述のうち、正しいものはどれか。なお、この問において「都道府県知事」とは、地方自治法に基づく指定都市、中核市及び施行時特例市にあってはその長をいうものとする。

❶ 宅地造成工事規制区域外において行われる宅地造成に関する工事については、造成主は、工事に着手する日の14日前までに都道府県知事に届け出なければならない。

❷ 宅地造成工事規制区域内において行われる宅地造成に関する工事の許可を受けた者は、国土交通省令で定める軽微な変更を除き、当該許可に係る工事の計画の変更をしようとするときは、遅滞なくその旨を都道府県知事に届け出なければならない。

❸ 宅地造成工事規制区域の指定の際に、当該宅地造成工事規制区域内において宅地造成工事を行っている者は、当該工事について都道府県知事の許可を受ける必要はない。

❹ 都道府県知事は、宅地造成に伴い災害が生ずるおそれが大きい市街地又は市街地となろうとする土地の区域であって、宅地造成に関する工事について規制を行う必要があるものを、造成宅地防災区域として指定することができる。

(本試験 2019年問19出題)

合格者正解率	不合格者正解率
66.1%	**28.4%**

正解肢 **3**

受験者正解率 **54.5%**

☆❶ **誤** 宅地造成工事規制区域外なので規制されない。 ステップ60

宅地造成工事規制区域内において行われる宅地造成に関する工事については，許可や届出等の規制がある（宅造法8条，15条）。しかし，宅地造成工事規制区域外において行われる宅地造成に関する工事については，都道府県知事に工事等の届出をしなければならないとする旨の規定はない。よって，本肢は誤り。

☆❷ **誤** 都道府県知事の許可が必要である。 ステップ60

宅地造成に関する許可を受けた者は，当該許可に係る宅地造成に関する工事の計画の変更をしようとするときは，国土交通省令で定める軽微な変更を除き，都道府県知事の許可を受けなければならない（宅造法12条1項）。届出ではない。よって，本肢は誤り。

☆❸ **正** 宅地造成工事規制区域の指定の際，当該宅地造成工事規制区域内において行われている宅地造成に関する工事の造成主は，その指定があった日から21日以内に，当該工事について都道府県知事に届け出なければならない（宅造法15条1項）。都道府県知事の許可を受ける必要はない。よって，本肢は正しく，本問の正解肢となる。 ステップ60

❹ **誤** 本肢は「宅地造成工事規制区域」に関する記述である。 ステップ60

造成宅地防災区域として指定することができるものは，宅地造成に伴う災害で相当数の居住者その他の者に危害を生ずるものの発生のおそれが大きい一団の造成宅地の区域であって政令で定める基準に該当するものである（宅造法20条1項）。よって，本肢は誤り。なお，本肢は宅地造成工事規制区域（宅造法3条）に関する記述である。

214 LEC東京リーガルマインド　2022年版出る順宅建士 ウォーク問過去問題集③法令上の制限・税・その他

●第1編 法令上の制限

宅地造成等規制法

問 107 宅地造成等規制法に関する次の記述のうち、誤っているものはどれか。なお、この問における都道府県知事とは、地方自治法に基づく指定都市、中核市及び施行時特例市にあってはその長をいうものとする。

❶ 宅地を宅地以外の土地にするために行う土地の形質の変更は、宅地造成に該当しない。

❷ 都道府県知事は、宅地造成工事規制区域内において行われる宅地造成に関する工事についての許可に、当該工事の施行に伴う災害の防止その他良好な都市環境の形成のために必要と認める場合にあっては、条件を付することができる。

❸ 宅地以外の土地を宅地にするための切土であって、当該切土を行う土地の面積が 400 ㎡であり、かつ、高さが 1 mのがけを生ずることとなる土地の形質の変更は、宅地造成に該当しない。

❹ 宅地以外の土地を宅地にするための盛土であって、当該盛土を行う土地の面積が 1,000 ㎡であり、かつ、高さが 80cm のがけを生ずることとなる土地の形質の変更は、宅地造成に該当する。

(本試験 2004 年問 23 出題)

正解肢 2

合格者正解率 34.2%　不合格者正解率 14.6%
受験者正解率 26.6%

☆**❶ 正** 宅地を宅地以外の土地にするために行う土地の形質の変更は，宅地造成に該当しない（宅造法2条2号かっこ書）。よって，本肢は正しい。 `ステップ60`

❷ 誤 本肢のような規定はない。 `制6-1-3`

都道府県知事は，宅地造成工事規制区域内において行われる宅地造成に関する工事についての許可に，工事の施行に伴う災害を防止するため必要な条件を付することができる（宅造法8条3項）。しかし，良好な都市環境の形成のために必要と認める場合に条件を付することができるとする規定はない。よって，本肢は誤りであり，本問の正解肢となる。

☆**❸ 正** 宅地造成とは，宅地以外の土地を宅地にするため，又は宅地において行う土地の形質の変更で一定のものをいう（宅造法2条2号）。ここで一定のものとは，①切土部分に高さが2mを超えるがけを生ずることとなる切土，②盛土部分に高さが1mを超えるがけを生ずることとなる盛土，③切土と盛土とを同時にする場合であって，盛土をした土地の部分に高さが1m以下のがけを生じ，かつ，当該切土及び盛土をした土地の部分に高さが2mを超えるがけを生ずることとなるもの，④①～③に該当しない切土又は盛土であって，面積が500㎡を超えるものをいう（宅造法施行令3条）。本肢の場合は，①～④のいずれにもあたらないから，宅地造成に該当しない。よって，本肢は正しい。 `ステップ60`

☆**❹ 正** 本肢の場合，面積が500㎡を超える盛土をしているので，❸の④に該当する。したがって，本肢の土地の形質の変更は，宅地造成に該当する。よって，本肢は正しい。 `ステップ60`

216　LEC東京リーガルマインド　2022年版出る順宅建士 ウォーク問過去問題集③法令上の制限・税・その他

●第1編 法令上の制限

宅地造成等規制法

問108

宅地造成等規制法に関する次の記述のうち，誤っているものはどれか。なお，この問において「都道府県知事」とは，地方自治法に基づく指定都市，中核市及び施行時特例市にあってはその長をいうものとする。

❶ 宅地造成工事規制区域内において宅地造成に関する工事を行う場合，宅地造成に伴う災害を防止するために行う高さ4mの擁壁の設置に係る工事については，政令で定める資格を有する者の設計によらなければならない。

❷ 宅地造成工事規制区域内において行われる切土であって，当該切土をする土地の面積が600㎡で，かつ，高さ1.5mの崖を生ずることとなるものに関する工事については，都道府県知事の許可が必要である。

❸ 宅地造成工事規制区域内において行われる盛土であって，当該盛土をする土地の面積が300㎡で，かつ，高さ1.5mの崖を生ずることとなるものに関する工事については，都道府県知事の許可が必要である。

❹ 都道府県知事は，宅地造成工事規制区域内の宅地について，宅地造成に伴う災害の防止のため必要があると認める場合においては，その宅地の所有者，管理者，占有者，造成主又は工事施行者に対し，擁壁の設置等の措置をとることを勧告することができる。

(本試験 2013年問19出題)

正解肢 **1**

合格者正解率	不合格者正解率
69.0%	**42.7**%
受験者正解率 **58.9**%	

❶ **誤** 高さ5m以下なので，資格を有する者の設計である必要 制6-1-3
はない。

　宅地造成工事規制区域内において宅地造成に関する工事を行う
場合，宅地造成に伴う災害を防止するために行う高さ5mを超え
る擁壁の設置に係る工事については，政令で定める資格を有する
者の設計によらなければならない（宅造法9条2項，施行令16
条1号）。よって，本肢は誤りであり，本問の正解肢となる。

☆❷ **正** 宅地造成工事規制区域内において行われる宅地造成に関 ステップ60
する工事については，原則として，造成主は，当該工事に着手する
前に，都道府県知事の許可を受けなければならない（宅造法8条1
項本文）。そして，宅地において行われる切土であって，切土をす
る土地の面積が500㎡を超えるものは，宅地造成に関する工事にあ
たる（宅造法2条2号，施行令3条4号）。したがって，切土をす
る土地の面積が600㎡のときには，原則として，あらかじめ都道府
県知事の許可を受けなければならない。よって，本肢は正しい。

☆❸ **正** 宅地において行われる盛土であって，当該盛土をした土 ステップ60
地の部分に高さが1mを超える崖を生じるものは，宅地造成に関
する工事にあたる（宅造法2条2号，施行令3条2号）。したがっ
て，原則として，あらかじめ都道府県知事の許可を受けなければ
ならない（宅造法8条1項本文）。よって，本肢は正しい。

☆❹ **正** 都道府県知事は，宅地造成工事規制区域内の宅地につい 制6-1-5
て，宅地造成に伴う災害の防止のため必要があると認める場合に
おいては，その宅地の所有者，管理者，占有者，造成主又は工事
施行者に対し，擁壁の設置等の措置をとることを勧告することが
できる（宅造法16条2項）。よって，本肢は正しい。

●第1編 法令上の制限

宅地造成等規制法

重要度 A

問109

宅地造成等規制法に関する次の記述のうち、誤っているものはどれか。なお、この問において「都道府県知事」とは、地方自治法に基づく指定都市、中核市及び施行時特例市にあってはその長をいうものとする。

❶ 土地の占有者又は所有者は、都道府県知事又はその命じた者若しくは委任した者が、宅地造成工事規制区域の指定のために当該土地に立ち入って測量又は調査を行う場合、正当な理由がない限り、立入りを拒み、又は妨げてはならない。

❷ 宅地を宅地以外の土地にするために行う土地の形質の変更は、宅地造成に該当しない。

❸ 宅地造成工事規制区域内において、宅地以外の土地を宅地に転用する者は、宅地造成に関する工事を行わない場合でも、都道府県知事の許可を受けなければならない。

❹ 宅地造成に関する工事の許可を受けた者が、工事施行者を変更する場合には、遅滞なくその旨を都道府県知事に届け出ればよく、改めて許可を受ける必要はない。

(本試験 2020 年 10 月問 19 出題)

正解肢 3

合格者正解率 **90.5**% 不合格者正解率 **71.2**%

受験者正解率 **82.6**%

❶ **正** 土地の占有者又は所有者は，都道府県知事又はその命じた者もしくは委任した者が，宅地造成工事規制区域の指定のため他人の占有する土地に立ち入って測量又は調査を行う場合，正当な理由がない限り，立入りを拒み，又は妨げてはならない（宅造法4条1項，5項）。よって，本肢は正しい。

☆❷ **正** 宅地造成とは，宅地以外の土地を宅地にするため又は宅地において行う土地の形質の変更で一定の規模を超えるものをいうが，宅地を宅地以外の土地にするために行うものは除かれている（宅造法2条2号）。したがって，宅地を宅地以外の土地にするために行う土地の形質の変更は，宅地造成に該当しない。よって，本肢は正しい。 `ステップ60`

☆❸ **誤** 宅地造成に関する工事を行わない場合，許可は不要。 `ステップ60`

　宅地造成工事規制区域内において行われる宅地造成に関する工事については，造成主は，原則として，当該工事に着手する前に，都道府県知事の許可を受けなければならない（宅造法8条1項）。宅地造成に関する工事を行わない場合，知事の許可は不要である。よって，本肢は誤りであり，本問の正解肢となる。なお，宅地造成工事規制区域内において，宅地以外の土地を宅地に転用した者は，その転用した日から14日以内に，その旨を都道府県知事に届け出なければならない（宅造法15条3項）。

❹ **正** 宅地造成に関する工事の許可を受けた者が，軽微な変更をしようとするときは，変更の許可を受ける必要はない（宅造法12条1項但書）。軽微な変更をしたときは，遅滞なく，その旨を都道府県知事に届け出なければならない（宅造法12条2項）。工事施行者を変更することは，軽微な変更にあたる（宅造法12条1項但書，施行規則26条1号）。よって，本肢は正しい。 `6-1-3`

220　LEC東京リーガルマインド　2022年版出る順宅建士 ウォーク問過去問題集③法令上の制限・税・その他

●第1編 法令上の制限

宅地造成等規制法

問110

宅地造成等規制法に関する次の記述のうち，誤っているものはどれか。なお，この問において「都道府県知事」とは，地方自治法に基づく指定都市，中核市及び施行時特例市にあってはその長をいうものとする。

❶ 宅地造成工事規制区域内において行われる宅地造成に関する工事が完了した場合，造成主は，都道府県知事の検査を受けなければならない。

❷ 宅地造成工事規制区域内において行われる宅地造成に関する工事について許可をする都道府県知事は，当該許可に，工事の施行に伴う災害を防止するために必要な条件を付することができる。

❸ 都道府県知事は，宅地造成工事規制区域内における宅地の所有者，管理者又は占有者に対して，当該宅地又は当該宅地において行われている工事の状況について報告を求めることができる。

❹ 都道府県知事は，関係市町村長の意見を聴いて，宅地造成工事規制区域内で，宅地造成に伴う災害で相当数の居住者その他の者に危害を生ずるものの発生のおそれが大きい一団の造成宅地の区域であって一定の基準に該当するものを，造成宅地防災区域として指定することができる。

(本試験 2012 年問 20 出題)

正解肢 4

合格者正解率 **60.6%** | 不合格者正解率 **34.2%**
受験者正解率 **51.5%**

❶ **正** 宅地造成工事規制区域内において行われる宅地造成に関する工事を完了した場合においては、造成主は、国土交通省令で定めるところにより、都道府県知事の検査を受けなければならない（宅造法13条1項）。よって、本肢は正しい。　　　制6-1-3

❷ **正** 宅地造成工事規制区域内において行われる宅地造成に関する工事について許可をする都道府県知事は、当該許可に、工事の施行に伴う災害を防止するため必要な条件を付することができる（宅造法8条3項）。よって、本肢は正しい。　　　制6-1-3

❸ **正** 都道府県知事は、宅地造成工事規制区域内における宅地の所有者、管理者又は占有者に対して、当該宅地又は当該宅地において行われている工事の状況について報告を求めることができる（宅造法19条）。よって、本肢は正しい。　　　制6-1-7

☆❹ **誤** 宅地造成工事規制区域内には、造成宅地防災区域を指定できない。　　　ステップ60

　都道府県知事は、関係市町村長の意見を聴いて、宅地造成に伴う災害で相当数の居住者その他の者に危害を生ずるものの発生のおそれが大きい一団の造成宅地の区域であって政令で定める基準に該当するものを、造成宅地防災区域として指定することができる。この区域の指定は、宅地造成工事規制区域内の土地についてはできない（宅造法20条1項）。よって、本肢は誤りであり、本問の正解肢となる。

その他の法令上の制限

問 111

次の記述のうち，誤っているものはどれか。

❶ 生産緑地法によれば，生産緑地地区内において土地の形質の変更を行おうとする者は，原則として市町村長の許可を受けなければならない。

❷ 宅地造成等規制法によれば，宅地造成工事規制区域内において宅地造成に関する工事を行おうとする造成主は，原則として都道府県知事の許可を受けなければならない。

❸ 急傾斜地の崩壊による災害の防止に関する法律によれば，急傾斜地崩壊危険区域内において，工作物の設置を行おうとする者は，原則として市町村長の許可を受けなければならない。

❹ 自然公園法によれば，国定公園の特別地域内において工作物の新築を行おうとする者は，原則として都道府県知事の許可を受けなければならない。

(本試験 1999 年問 25 改題)

正解肢 3

合格者正解率	不合格者正解率
——	——
受験者正解率	——

☆**❶ 正** 市街化区域内にある農地等で，一定の条件に該当するものの区域については，都市計画に生産緑地地区を定めることができる（生産緑地法3条1項）。そして，生産緑地地区内においては，土地の形質の変更等の行為につき，原則として，市町村長の許可が必要である（生産緑地法8条1項2号）。よって，本肢は正しい。 `ステップ61`

☆**❷ 正** 宅地造成等規制法では，宅地造成に伴い災害が生ずるおそれが大きい市街地又は市街地となろうとする土地の区域であって，宅地造成に関する工事について規制を行う必要があるものを宅地造成工事規制区域として指定し（宅造法3条1項），この宅地造成工事規制区域内において宅地造成に関する工事を行おうとする造成主は，原則として，都道府県知事の許可を受けなければならないものとされている（宅造法8条1項）。よって，本肢は正しい。 `ステップ60`

☆**❸ 誤** 市町村長ではなく，知事の許可。 `ステップ61`

急傾斜地崩壊危険区域内においては，工作物の設置等の行為につき，原則として，都道府県知事の許可が必要である（急傾斜地災害防止法7条1項）。よって，「市町村長」としている本肢は誤りであり，本問の正解肢となる。

☆**❹ 正** 国定公園の特別地域内において工作物の新築等の行為をする場合，原則として，都道府県知事の許可が必要である（自然公園法20条3項1号）。よって，本肢は正しい。 `ステップ61`

● 第1編 法令上の制限

その他の法令上の制限 重要度 特A

問 112

次の記述のうち，誤っているものはどれか。

❶ 国土利用計画法によれば，同法第 23 条の届出に当たっては，土地売買等の対価の額についても都道府県知事（地方自治法に基づく指定都市にあっては，当該指定都市の長）に届け出なければならない。

❷ 森林法によれば，保安林において立木を伐採しようとする者は，一定の場合を除き，都道府県知事の許可を受けなければならない。

❸ 海岸法によれば，海岸保全区域内において土地の掘削，盛土又は切土を行おうとする者は，一定の場合を除き，海岸管理者の許可を受けなければならない。

❹ 都市緑地法によれば，特別緑地保全地区内において建築物の新築，改築又は増築を行おうとする者は，一定の場合を除き，公園管理者の許可を受けなければならない。

(本試験 2014 年問 22 出題)

正解肢 **4**

合格者正解率	不合格者正解率
85.7%	**55.6**%
受験者正解率 **76.6**%	

☆**❶ 正** 国土利用計画法によれば，土地売買等の契約を締結した 　ステップ47
場合，当事者のうち当該土地売買等の契約により土地に関する権
利の移転又は設定を受けることとなる者（買主等）は，土地売買
等の契約に係る土地の土地に関する権利の移転又は設定の対価の
額を都道府県知事（地方自治法に基づく指定都市にあっては，当
該指定都市の長）に届け出なければならないものとされている（国
土法23条1項6号，44条）。よって，本肢は正しい。

☆**❷ 正** 森林法によれば，保安林においては，一定の例外を除き， 　ステップ61
都道府県知事の許可を受けなければ，立木を伐採してはならない
ものとされている（森林法34条1項）。よって，本肢は正しい。

☆**❸ 正** 海岸法によれば，海岸保全区域内において，土地の掘削， 　ステップ61
盛土又は切土をしようとする者は，一定の例外を除き，海岸管理
者の許可を受けなければならない（海岸法8条1項3号）。よっ
て，本肢は正しい。

☆**❹ 誤** 都道府県知事等の許可が必要。 　ステップ61

特別緑地保全地区内においては，一定の例外を除き，都道府県
知事等の許可を受けなければ，建築物その他の工作物の新築，改
築又は増築をしてはならない（都市緑地法14条1項1号）。よっ
て，「公園管理者」の許可としている本肢は誤りであり，本問の
正解肢となる。

その他の法令上の制限 重要度 B

問113

次の記述のうち，誤っているものはどれか。

❶ 宅地造成等規制法によれば，宅地造成工事規制区域内において行われる宅地造成に関する工事の請負人は，工事に着手する前に，原則として都道府県知事の許可を受けなければならない。

❷ 生産緑地法によれば，生産緑地地区内において建築物の新築，改築又は増築を行おうとする者は，原則として市町村長の許可を受けなければならない。

❸ 河川法によれば，河川保全区域内において工作物の新築又は改築をしようとする者は，原則として河川管理者の許可を受けなければならない。

❹ 流通業務市街地の整備に関する法律によれば，流通業務地区において住宅を建設しようとする者は，原則として都道府県知事等の許可を受けなければならない。

(本試験 2001 年問 24 改題)

正解肢 1

合格者正解率	不合格者正解率
85.9%	54.3%
受験者正解率 67.6%	

☆❶ 誤 工事の請負人ではなく，造成主である。 ステップ60

宅地造成工事規制区域内において行われる宅地造成に関する工事について，当該工事に着手する前に都道府県知事の許可を受けなければならないのは，「請負人」ではなく「造成主（宅地造成に関する工事の請負契約の注文者又は請負契約によらないで自らその工事をする者）」である（宅造法8条1項，2条5号）。よって，本肢は誤りであり，本問の正解肢となる。

☆❷ 正 生産緑地地区内において，建築物その他の工作物の新築，改築又は増築を行おうとする者は，原則として市町村長の許可を受けなければならない（生産緑地法8条1項1号）。よって，本肢は正しい。 ステップ61

☆❸ 正 河川保全区域内において工作物の新築又は改築をしようとする者は，原則として河川管理者の許可を受けなければならない（河川法55条1項2号）。よって，本肢は正しい。 ステップ61

❹ 正 流通業務地区内において住宅の建設等一定の施設の建設・改築等をしようとする者は，原則として都道府県知事等の許可を受けなければならない（流通業務市街地の整備に関する法律5条1項）。よって，本肢は正しい。 制6-2-17

●第1編 法令上の制限

その他の法令上の制限 重要度 A

問 114

次の記述のうち，誤っているものはどれか。

❶ 道路法によれば，道路に水管，下水道管，ガス管を設置し，継続して道路を使用する者は，道路管理者の許可を受けなければならない。

❷ 宅地造成等規制法によれば，宅地造成工事規制区域内において，宅地以外の土地を宅地に転用する者は，宅地造成に関する工事を行わない場合でも，原則として都道府県知事の許可を受けなければならない。

❸ 都市計画法によれば，都市計画事業の事業地内において，都市計画事業の施行の障害となるおそれがある土地の形質の変更を行う者は，都道府県知事等の許可を受けなければならない。

❹ 河川法によれば，河川保全区域内において，土地の掘さく，盛土又は切土を行う者は，原則として河川管理者の許可を受けなければならない。

(本試験 2002 年問 24 改題)

正解肢 **2**

合格者正解率	不合格者正解率
88.1%	**67.2**%
受験者正解率 **78.6**%	

出る順宅建士 ③

❶ 正 道路に水管，下水道管，ガス管を設け，継続して道路を使用しようとする場合においては，道路管理者の許可を受けなければならない（道路法32条1項2号）。よって，本肢は正しい。

ステップ61

☆**❷ 誤** **許可ではなく，届出で足りる。**

宅地造成工事規制区域内において，宅地以外の土地を宅地に転用した者（宅地造成に関する工事の許可を受け，もしくはその許可に係る工事の計画の変更をするため都道府県知事の許可を受けた者，又は工事の計画の軽微な変更に関する都道府県知事への届出を行った者を除く）は，その転用した日から14日以内に，その旨を都道府県知事に届け出なければならない（宅造法15条3項）。よって，本肢は誤りであり，本問の正解肢となる。

ステップ60

☆**❸ 正** 都市計画事業の事業地内において，都市計画事業の施行の障害となるおそれがある土地の形質の変更もしくは建築物の建築その他工作物の建設を行い，又は政令で定める移動の容易でない物件の設置もしくは堆積を行おうとする者は，都道府県知事等の許可を受けなければならない（都計法65条1項）。よって，本肢は正しい。

ステップ20

☆**❹ 正** 河川保全区域内において，土地の掘削，盛土もしくは切土その他土地の形状を変更する行為，又は工作物の新築もしくは改築をしようとする者は，原則として河川管理者の許可を受けなければならない（河川法55条1項1号）。よって，本肢は正しい。

ステップ61

●第1編 法令上の制限

その他法令上の制限

重要度 C

問 115

次の記述のうち、正しいものはどれか。

❶ 津波防災地域づくりに関する法律によれば、津波防護施設区域内において土地の掘削をしようとする者は、一定の場合を除き、津波防護施設管理者の許可を受けなければならない。

❷ 国土利用計画法によれば、市街化区域内の3,000㎡の土地を贈与により取得した者は、2週間以内に、都道府県知事（地方自治法に基づく指定都市にあっては、当該指定都市の長）に届け出なければならない。

❸ 景観法によれば、景観計画区域内において建築物の新築、増築、改築又は移転をした者は、工事着手後30日以内に、その旨を景観行政団体の長に届け出なければならない。

❹ 道路法によれば、道路の区域が決定された後道路の供用が開始されるまでの間であっても、道路管理者が当該区域についての土地に関する権原を取得する前であれば、道路管理者の許可を受けずに、当該区域内において工作物を新築することができる。

（本試験2017年問22出題）

正解肢 1

合格者正解率	不合格者正解率
57.7%	**50.2%**

受験者正解率 **54.4%**

❶ **正**　津波防災地域づくりに関する法律によれば，津波防護施設区域内の土地において，土地の掘削，盛土又は切土をしようとする者は，一定の場合を除き，津波防護施設管理者の許可を受けなければならない（津波防災地域づくりに関する法律23条1項2号）。よって，本肢は正しく，本問の正解肢となる。

☆❷ **誤**　贈与により土地を取得した者は，事後届出が不要。　〔ステップ43〕

　国土利用計画法によれば，土地売買等の契約を締結した場合には，当事者のうち当該土地売買等の契約により土地に関する権利の移転又は設定を受けることとなる者は，その契約を締結した日から起算して2週間以内に，都道府県知事に届け出なければならない（国土法23条1項）。土地売買等の契約とは，土地に関する所有権若しくは地上権及び賃借権の移転又は設定（対価を得て行われる移転又は設定に限る。）をする契約（予約を含む。）をいう（国土法14条1項，施行令5条）。贈与契約は，これに該当しないため，事後届出は不要である。よって，本肢は誤り。

❸ **誤**　あらかじめ，景観行政団体の長に届け出なければならない。　〔ステップ61〕

　景観法によれば，景観計画区域内において，建築物の新築，増築，改築若しくは移転，外観を変更することとなる修繕若しくは模様替又は色彩の変更をしようとする者は，あらかじめ，一定の事項を景観行政団体の長に届け出なければならない（景観法16条1項1号）。工事着手後30日以内ではない。よって，本肢は誤り。

❹ **誤**　道路管理者が土地に関する権原を取得する前においても，許可が必要。　〔ステップ61〕

　道路法によれば，道路の区域が決定された後道路の供用が開始されるまでの間は，何人も，道路管理者が当該区域についての土地に関する権原を取得する前においても，道路管理者の許可を受けなければ，当該区域内において土地の形質を変更し，工作物を新築し，改築し，増築し，若しくは大修繕し，又は物件を付加増置してはならない（道路法91条1項）。よって，本肢は誤り。

第2編
税・価格

最近の出題傾向

	2019	2020 (10月)	2020 (12月)	2021 (10月)		2019	2020 (10月)	2020 (12月)	2021 (10月)
不動産取得税		○		○	登録免許税			○	
固定資産税	○		○		贈与税				
地方税総合					地価公示法	○		○	
所得税	○			○	不動産鑑定 評価基準		○		○
印紙税		○							

●本編で引用する法令等の略称は，次のとおりです。

略称	正式名称	略称	正式名称
租特法	租税特別措置法	登免法	登録免許税法

※各法の施行令は「施行令」，施行規則は「規則」と略記しています

●第2編 税・価格

不動産取得税

問116

不動産取得税に関する次の記述のうち，正しいものはどれか。

❶ 生計を一にする親族から不動産を取得した場合，不動産取得税は課されない。

❷ 交換により不動産を取得した場合，不動産取得税は課されない。

❸ 法人が合併により不動産を取得した場合，不動産取得税は課されない。

❹ 販売用に中古住宅を取得した場合，不動産取得税は課されない。

(本試験 2010 年問 24 出題)

正解肢 3

合格者正解率	不合格者正解率
77.9%	**56.1%**
受験者正解率 69.9%	

❶ 誤　生計を一にする親族から取得した場合にも課税される。

　不動産取得税は，不動産の取得に対し，当該不動産の取得者に課される（地方税法73条の2第1項）。生計を一にする親族から不動産を取得した場合にも，不動産取得税が課される。よって，本肢は誤り。

☆**❷ 誤　交換により取得した場合にも課税される。**　　　　ステップ63

　不動産取得税は，不動産の取得に対し，当該不動産の取得者に課される（地方税法73条の2第1項）。不動産の取得であれば，交換により不動産を取得した場合にも，不動産取得税が課される。よって，本肢は誤り。

☆**❸ 正　法人の合併による不動産の取得に対しては，非課税とさ**　　ステップ63
れ，不動産取得税は課されない（地方税法73条の7第1項2号）。よって，本肢は正しく，本問の正解肢となる。

❹ 誤　販売用に中古住宅を取得した場合にも課税される。

　不動産取得税は，不動産の取得に対し，当該不動産の取得者に課される（地方税法73条の2第1項）。不動産の取得であれば，販売用に中古住宅を取得した場合にも，不動産取得税が課される。よって，本肢は誤り。

●第2編 税・価格

不動産取得税

問 117

不動産取得税に関する次の記述のうち、正しいものはどれか。

❶ 令和4年4月に土地を取得した場合に、不動産取得税の課税標準となるべき額が30万円に満たないときには不動産取得税は課税されない。

❷ 平成10年4月に建築された床面積200 ㎡の中古住宅を法人が取得した場合の当該取得に係る不動産取得税の課税標準の算定については、当該住宅の価格から1,200万円が控除される。

❸ 令和4年4月に商業ビルの敷地を取得した場合の不動産取得税の標準税率は、100分の3である。

❹ 不動産取得税は、不動産の取得に対して課される税であるので、相続により不動産を取得した場合にも課税される。

(本試験 2007 年問 28 改題)

正解肢 3

合格者正解率	不合格者正解率
40.3%	**25.3**%

受験者正解率 **34.0**%

☆**❶ 誤** 30万円ではなく，10万円である。 `税1-1-5`

都道府県は，不動産取得税の課税標準となるべき額が，土地の取得にあっては10万円に満たない場合には，不動産取得税を課することができない（地方税法73条の15の2第1項）。土地の取得に係る不動産取得税の免税点は，10万円である。よって，本肢は誤り。

❷ 誤 法人には適用されない。 `ステップ65`

既存住宅（中古住宅）の取得に係る不動産取得税の課税標準の特例は，個人が自己の居住の用に供する既存住宅を取得した場合に適用され，法人の取得に対しては適用されない（地方税法73条の14第3項）。よって，本肢は誤り。なお，この既存住宅の取得に係る特例が適用される場合，平成9年4月1日以降に新築された既存住宅については，課税標準から1,200万円が控除されるとする点は正しい（地方税法73条の14第1項）。

☆**❸ 正** 住宅又は土地の取得が行われた場合における不動産取得税の標準税率は，100分の3（3％）である（地方税法73条の15，附則11条の2第1項）。したがって，商業ビルの敷地（土地）を取得した場合の不動産取得税の標準税率は，100分の3である。よって，本肢は正しく，本問の正解肢となる。 `ステップ64`

☆**❹ 誤** 課税されない。 `ステップ63`

不動産取得税は，有償・無償の別，登記の有無等を問わず，不動産の取得に対して課される（地方税法73条の2第1項）が，相続による不動産の取得については，非課税とされている（地方税法73条の7第1号）。よって，本肢は誤り。

●第2編 税・価格

不動産取得税

問118 不動産取得税に関する次の記述のうち、正しいものはどれか。

❶ 令和4年4月に個人が取得した住宅及び住宅用地に係る不動産取得税の税率は3％であるが、住宅用以外の土地に係る不動産取得税の税率は4％である。

❷ 一定の面積に満たない土地の取得に対しては、狭小な不動産の取得者に対する税負担の排除の観点から、不動産取得税を課することができない。

❸ 不動産取得税は、不動産の取得に対して課される税であるので、家屋を改築したことにより、当該家屋の価格が増加したとしても、不動産取得税は課されない。

❹ 共有物の分割による不動産の取得については、当該不動産の取得者の分割前の当該共有物に係る持分の割合を超えない部分の取得であれば、不動産取得税は課されない。

(本試験 2020 年 10 月問 24 改題)

正解肢 4

合格者正解率	不合格者正解率
82.2%	**49.7**%

受験者正解率 **68.7**%

☆❶ **誤** 土地の標準税率は3%である。 ステップ64

　住宅又は土地の取得に係る不動産取得税の標準税率は3%である。これに対して，住宅以外の家屋の取得については4%である（地方税法73条の15，附則11条の2第1項）。したがって，住宅以外の土地の標準税率は3%である。よって，本肢は誤り。

❷ **誤** 面積によって非課税とする旨の規定はない。 ステップ64

　一定の面積に満たない土地の取得については，不動産取得税を課さないとする旨の規定はない。よって，本肢は誤り。なお，不動産取得税の課税標準となるべき額が，土地の取得については10万円，家屋の取得のうち建築に係るものについては1戸につき23万円，その他のもの（売買等）については1戸につき12万円に満たない場合には，不動産取得税は課税されない（地方税法73条の15の2第1項）。

☆❸ **誤** 家屋の価格が増加した場合は不動産取得税が課される。 ステップ63

　家屋を改築したことにより，当該家屋の価格が増加した場合には，当該改築をもって家屋の取得とみなして，不動産取得税が課される（地方税法73条の2第3項）。そして，この場合の課税標準は，当該改築によって増加した価格とされる（地方税法73条の13第2項）。よって，本肢は誤り。

❹ **正** 共有物の分割による不動産の取得については，不動産の取得者の分割前の当該共有物に係る持分の割合を超える部分の取得があった場合を除いて，不動産取得税を課することはできない（地方税法73条の7第2号の3）。要するに，持分割合に従って単に共有物を分割するような場合であれば，共有者にとって新たな不動産の取得とはならないため，不動産取得税は課税されないということである。よって，本肢は正しく，本問の正解肢となる。

● 第2編 税・価格

不動産取得税

問 119

不動産取得税に関する次の記述のうち，正しいものはどれか。

❶ 不動産取得税は，不動産の取得に対して，取得者の住所地の都道府県が課する税であるが，その徴収は普通徴収の方式がとられている。

❷ 令和4年7月に中古住宅とその敷地を取得した場合，当該敷地の取得に係る不動産取得税の税額から2分の1に相当する額が減額される。

❸ 土地に定着した工作物又は立木はそれ自体では不動産取得税の課税対象とはならないが，土地と同時に取引される場合には，不動産取得税の課税対象となる。

❹ 家屋の改築により家屋の取得とみなされた場合，当該改築により増加した価格を課税標準として不動産取得税が課税される。

(本試験 2001 年問 28 改題)

正解肢 4

合格者正解率	不合格者正解率
71.4%	48.3%
受験者正解率 58.1%	

☆❶ 誤 取得者の住所地ではない。　　　　　　　　　　ステップ62

　不動産取得税は，不動産の取得に対し，当該不動産所在の都道
府県において，当該不動産の取得者に課せられる（地方税法73
条の2第1項，1条2項）。取得者の住所地の都道府県ではない。
よって，本肢は誤り。なお，普通徴収の方式がとられているとす
る点は正しい（地方税法73条の17第1項）。

☆❷ 誤 税額ではなく，課税標準が控除される。　　　　ステップ66

　宅地を取得した場合，当該取得に係る不動産取得税の課税標準
は，当該宅地価格の2分の1とされる（地方税法附則11条の5
第1項）。課税標準が価格の2分の1とされるのであって，税額
から2分の1に相当する額が減額されるわけではない。よって，
本肢は誤り。

❸ 誤 立木等は課税対象とならない。

　不動産取得税の課税客体は不動産の取得である（地方税法73
条の2）。ここでいう不動産とは，土地及び家屋を総称するもの
であるが，土地には立木その他土地の定着物は含まれない（地方
税法73条1号，取扱通知第5章第一2項（一））。よって，本肢
は誤り。

☆❹ 正 家屋の改築をもって家屋の取得とみなした場合に課する　ステップ63

不動産取得税の課税標準は，当該改築により増加した価格である
（地方税法73条の13第2項）。よって，本肢は正しく，本問の
正解肢となる。

242　LEC東京リーガルマインド　2022年版出る順宅建士 ウォーク問過去問題集③法令上の制限・税・その他

●第2編 税・価格

不動産取得税

問120

不動産取得税に関する次の記述のうち，正しいものはどれか。

❶ 不動産取得税の課税標準となるべき額が，土地の取得にあっては10万円，家屋の取得のうち建築に係るものにあっては1戸につき23万円，その他のものにあっては1戸につき12万円に満たない場合においては，不動産取得税が課されない。

❷ 令和4年4月に取得した床面積250㎡である新築住宅に係る不動産取得税の課税標準の算定については，当該新築住宅の価格から1,200万円が控除される。

❸ 宅地の取得に係る不動産取得税の課税標準は，当該取得が令和4年4月1日に行われた場合，当該宅地の価格の4分の1の額とされる。

❹ 家屋が新築された日から2年を経過して，なお，当該家屋について最初の使用又は譲渡が行われない場合においては，当該家屋が新築された日から2年を経過した日において家屋の取得がなされたものとみなし，当該家屋の所有者を取得者とみなして，これに対して不動産取得税を課する。

(本試験2012年問24改題)

正解肢 1

合格者正解率	不合格者正解率
88.8%	58.0%
受験者正解率 78.2%	

☆❶ **正** 不動産取得税の課税標準となるべき額が，土地の取得に 税1-1-5
あっては 10 万円，家屋の取得のうち建築に係るものにあっては
1 戸につき 23 万円，その他のものにあっては 1 戸につき 12 万円
に満たない場合においては，不動産取得税が課されない（地方税
法 73 条の 15 の 2 第 1 項）。よって，本肢は正しく，本問の正解
肢となる。

☆❷ **誤** 240 ㎡を超えているから，特例の適用はない。 ステップ65

新築住宅を取得した場合，不動産取得税の課税標準の算定につ
いては，1 戸につき 1,200 万円を価格から控除する特例措置が講
じられているが，この特例の適用を受けるためには，当該住宅の
床面積が 50 ㎡（当該専有部分が貸家の用に供されるものである
場合は 40 ㎡）以上 240 ㎡以下であることが必要である（地方税
法 73 条の 14 第 1 項，施行令 37 条の 16）。したがって，床面積
250 ㎡である新築住宅については，この特例措置の適用はない。
よって，本肢は誤り。

☆❸ **誤** 4 分の 1 ではなく，2 分の 1 である。 ステップ66

宅地の取得に係る不動産取得税の課税標準は，当該宅地の価格
の 2 分の 1 の額とされる（地方税法附則 11 条の 5 第 1 項）。よっ
て，本肢は誤り。

❹ **誤** 2 年を経過した日ではない。

家屋が新築された日から 6 月を経過して，なお，当該家屋につ
いて最初の使用又は譲渡が行われない場合においては，当該家屋
が新築された日から 6 月を経過した日において家屋の取得がなさ
れたものとみなし，当該家屋の所有者を取得者とみなして，これ
に対して不動産取得税を課する（地方税法 73 条の 2 第 2 項但書，
なお，附則 10 条の 2）。よって，本肢は誤り。

●第2編 税・価格

不動産取得税

問121

不動産取得税に関する次の記述のうち，正しいものはどれか。

❶ 令和4年4月に住宅以外の家屋を取得した場合，不動産取得税の標準税率は，100分の3である。

❷ 令和4年4月に宅地を取得した場合，当該取得に係る不動産取得税の課税標準は，当該宅地の価格の2分の1の額とされる。

❸ 不動産取得税は，不動産の取得に対して，当該不動産の所在する都道府県が課する税であるが，その徴収は特別徴収の方法がとられている。

❹ 令和4年4月に床面積250㎡である新築住宅に係る不動産取得税の課税標準の算定については，当該新築住宅の価格から1,200万円が控除される。

(本試験2006年問28改題)

正解肢 **2**

合格者正解率	不合格者正解率
92.2%	**66.8**%

受験者正解率 **82.8**%

☆❶ **誤** 100分の3ではなく，100分の4である。　　　　ステップ64

　住宅以外の家屋を取得した場合，不動産取得税の標準税率は100分の4である（地方税法73条の15）。よって，本肢は誤り。

☆❷ **正** 宅地を取得した場合においては「宅地評価土地の取得に　ステップ66　対して課する不動産取得税の課税標準の特例」の適用を受けることができ，当該取得に係る不動産取得税の課税標準は，当該土地の価格の2分の1とされる（地方税法附則11条の5第1項）。よって，本肢は正しく，本問の正解肢となる。

☆❸ **誤** 特別徴収ではなく，普通徴収である。　　　　　　　　税1-1-7

　不動産取得税の徴収は，普通徴収の方法がとられている（地方税法73条の17第1項）。よって，本肢は誤り。なお，不動産取得税は，不動産の取得に対し，その不動産の所在する都道府県において課する税であるとする点は正しい（地方税法73条の2第1項，1条2項）。

☆❹ **誤** 240㎡を超えているから，特例の適用はない。　　　ステップ65

　新築住宅を取得した場合，不動産取得税の課税標準の算定については，1戸につき1,200万円を価格から控除する特例措置が講じられているが，この特例の適用を受けるためには，当該住宅の床面積が50㎡（当該専有部分が貸家の用に供されるものである場合は40㎡）以上240㎡以下であることが必要である（地方税法73条の14第1項，施行令37条の16）。したがって，床面積250㎡である新築住宅については，この特例措置の適用はない。よって，本肢は誤り。

246　LEC東京リーガルマインド　2022年版出る順宅建士 ウォーク問過去問題集③法令上の制限・税・その他

●第2編 税・価格

固定資産税

問122
固定資産税に関する次の記述のうち、正しいものはどれか。

❶ 年度の途中において土地の売買があった場合の当該年度の固定資産税は、売主と買主がそれぞれその所有していた日数に応じて納付しなければならない。

❷ 固定資産税における土地の価格は、地目の変換がない限り、必ず基準年度の価格を3年間据え置くこととされている。

❸ 固定資産税の納税義務者は、常に固定資産課税台帳に記載されている当該納税義務者の固定資産に係る事項の証明を求めることができる。

❹ 固定資産税の徴収方法は、申告納付によるので、納税義務者は、固定資産を登記した際に、その事実を市町村長に申告又は報告しなければならない。

（本試験 2003 年問 28 出題）

正解肢 **3**

合格者正解率	不合格者正解率
68.5%	**54.1**%
受験者正解率 **60.9**%	

☆❶ **誤** 日数に応じて納付するのではない。

ステップ68

固定資産税の納税義務者は，原則として，賦課期日（1月1日）現在の固定資産の所有者である（地方税法343条1項，2項，359条）。したがって，年度の途中に土地の売買があった場合でも，納税義務者は変わらず，売主と買主がその所有していた日数に応じて納付するわけではない。よって，本肢は誤り。

❷ **誤** 必ずではない。

税2-1-4

固定資産税における土地の価格は，原則として基準年度の価格が3年間据え置かれるが，地目の変換や市町村の廃置分合があったなど一定の場合には，当該土地に類似する土地の基準年度の価格に比準する価格で土地課税台帳等に登録されたものとする（地方税法349条）。したがって，地目の変換がない限り，必ず基準年度の価格を3年間据え置くわけではない。よって，本肢は誤り。

❸ **正** 市町村長は，固定資産税の納税義務者からの請求があったときは，固定資産課税台帳に記載されている当該納税義務者の固定資産に係る事項の証明書を交付しなければならない（地方税法382条の3，施行令52条の15）。よって，本肢は正しく，本問の正解肢となる。

税2-1-4

☆❹ **誤** 申告納付ではなく，普通徴収である。

ステップ70

固定資産税の徴収については，普通徴収の方法によらなければならない（地方税法364条1項）。よって，本肢は誤り。

●第2編　税・価格

固定資産税

問123
固定資産税に関する次の記述のうち、正しいものはどれか。

❶ 家屋に係る固定資産税は、建物登記簿に登記されている所有者に対して課税されるので、家屋を建築したとしても、登記をするまでの間は課税されない。

❷ 固定資産税の納税通知書は、遅くとも、納期限前10日までに納税者に交付しなければならない。

❸ 新築住宅に対しては、その課税標準を、中高層耐火住宅にあっては5年間、その他の住宅にあっては3年間その価格の3分の1の額とする特例が講じられている。

❹ 年の途中において、土地の売買があった場合には、当該土地に対して課税される固定資産税は、売主と買主でその所有の月数に応じて月割りで納付しなければならない。

(本試験 1999 年問 27 出題)

正解肢 2

合格者正解率 ／ 不合格者正解率

受験者正解率

☆❶ **誤** 登記するまでの間も課税される。　　　　　　　　税2-1-3

　固定資産税は，原則として固定資産の所有者に対して課するが，この所有者とは，土地登記簿又は建物登記簿に所有者として登記されている者だけでなく，土地補充課税台帳又は家屋補充課税台帳に所有者として登録されている者も含む（地方税法343条1項，2項）。したがって，家屋に係る固定資産税は，登記をするまでの間であっても課税される。よって，本肢は誤り。

❷ **正** 固定資産税の納税通知書は，遅くとも，納期限前10日　　税2-1-7
までに納税者に交付しなければならない（地方税法364条9項）。よって，本肢は正しく，本問の正解肢となる。

☆❸ **誤** 課税標準が3分の1ではなく，税額が2分の1である。　ステップ72

　新築住宅に係る固定資産税の特例は，課税標準を軽減するものではなく，税額を減額する措置である。また，この減額措置は，中高層耐火住宅にあっては5年度分，その他の住宅にあっては3年度分，120㎡までの居住部分について，固定資産税額の2分の1に相当する額を当該住宅に係る固定資産税額から減額するものである（地方税法附則15条の6第1項，2項）。よって，本肢は誤り。

☆❹ **誤** 月数に応じて納付するのではない。　　　　　　　　ステップ68

　固定資産税の納税義務者は，原則として，賦課期日（1月1日）現在の固定資産の所有者である（地方税法343条1項，2項，359条）。年の途中において土地の売買があった場合，売主と買主でその所有の月数に応じて月割りで納付しなければならないという規定は存在しない。よって，本肢は誤り。

250　LEC東京リーガルマインド　2022年版出る順宅建士 ウォーク問過去問題集③法令上の制限・税・その他

●第2編 税・価格

固定資産税

問124

固定資産税に関する次の記述のうち，誤っているものはどれか。

❶ 固定資産税の課税客体は，土地，家屋及び償却資産である。

❷ 固定資産税の標準税率は，100分の0.3である。

❸ 固定資産税と都市計画税とは，あわせて賦課徴収することができる。

❹ 固定資産課税台帳に登録された事項に関する審査の申出は，固定資産評価審査委員会に対して行うことができる。

(本試験 1997年問26出題)

正解肢 2

合格者正解率	不合格者正解率
―	―
受験者正解率	
―	

☆❶ **正** 固定資産税の課税客体は，賦課期日（1月1日）現在に　　ステップ67
所在する固定資産である。そして，固定資産とは土地，家屋及び
償却資産をいう（地方税法342条，341条1号）。よって，本肢
は正しい。

☆❷ **誤** 100分の0.3ではなく，100分の1.4である。　　ステップ69
固定資産税の標準税率は，100分の1.4（1.4％）である（地方
税法350条1項）。よって，標準税率を100分の0.3とする本肢
は誤りであり，本問の正解肢となる。

❸ **正** 都市計画税の賦課徴収は，固定資産税の賦課徴収の例に　　ステップ70
よるものとし，特別の事情がある場合を除くほか，固定資産税の
賦課徴収とあわせて行うものとする（地方税法702条の8第1
項）。よって，本肢は正しい。

❹ **正** 固定資産税の納税者は，その納付すべき当該年度の固定　　税2-1-4
資産税に係る固定資産について固定資産課税台帳に登録された価
格について不服がある場合においては，一定の期間内に，文書を
もって，固定資産評価審査委員会に審査の申出を行うことができ
る（地方税法432条1項）。よって，本肢は正しい。

252　LEC東京リーガルマインド　2022年版出る順宅建士 ウォーク問過去問題集③法令上の制限・税・その他

●第2編 税・価格

固定資産税

問125
固定資産税に関する次の記述のうち、地方税法の規定によれば、正しいものはどれか。

❶ 居住用超高層建築物(いわゆるタワーマンション)に対して課する固定資産税は、当該居住用超高層建築物に係る固定資産税額を、各専有部分の取引価格の当該居住用超高層建築物の全ての専有部分の取引価格の合計額に対する割合により按分した額を、各専有部分の所有者に対して課する。

❷ 住宅用地のうち、小規模住宅用地に対して課する固定資産税の課税標準は、当該小規模住宅用地に係る固定資産税の課税標準となるべき価格の3分の1の額とされている。

❸ 固定資産税の納期は、他の税目の納期と重複しないようにとの配慮から、4月、7月、12月、2月と定められており、市町村はこれと異なる納期を定めることはできない。

❹ 固定資産税は、固定資産の所有者に対して課されるが、質権又は100年より永い存続期間の定めのある地上権が設定されている土地については、所有者ではなくその質権者又は地上権者が固定資産税の納税義務者となる。

(本試験 2019 年問 24 出題)

正解肢 4

合格者正解率 **86.5%**　不合格者正解率 **55.9%**

受験者正解率 **77.1%**

❶ **誤**　一定の補正率を反映して計算する。

　居住用超高層建築物（いわゆるタワーマンション）の固定資産税の計算については，各区分所有者に按分する際に用いる各区分所有者の専有部分の床面積に，住戸の所在する階層の差違による床面積当たりの取引単価の変化の傾向を反映するための補正率（階層別専有床面積補正率）を反映して計算する（地方税法352条2項，施行規則15条の3の2）。各専有部分の取引価格の当該居住用超高層建築物の全ての専有部分の取引価格の合計額に対する割合により按分した額を対象とするものではない。よって，本肢は誤り。なお，階層別専有床面積補正率は，居住用超高層建築物の1階を100とし，階が1つ増えるごとに，これに10/39を加算した数値とされる。つまり，『○○階の階層別専有床面積補正率＝100＋10/39×（○○－1）』として計算される。

☆❷ **誤**　6分の1である。

　住宅用地のうち，小規模住宅用地に対して課する固定資産税の課税標準は，当該小規模住宅用地に係る固定資産税の課税標準となるべき価格の6分の1の額となる（地方税法349条の3の2第2項）。よって，本肢は誤り。

ステップ71

☆❸ **誤**　異なる納期を定めることができる。

　固定資産税の納期は，4月，7月，12月及び2月中において，当該市町村の条例で定める。但し，特別の事情がある場合においては，これと異なる納期を定めることができる（地方税法362条1項）。よって，本肢は誤り。

2-1

☆❹ **正**　固定資産税は，固定資産の所有者に課されることが原則であるが，質権又は100年より永い存続期間の定めのある地上権の目的である土地については，その質権者又は地上権者に課されることになる（地方税法343条1項）。よって，本肢は正しく，本問の正解肢となる。

ステップ68

254　LEC東京リーガルマインド　2022年版出る順宅建士 ウォーク問過去問題集③法令上の制限・税・その他

●第2編 税・価格

固定資産税

問126

固定資産税に関する次の記述のうち,正しいものはどれか。

❶ 令和4年1月15日に新築された家屋に対する令和4年度分の固定資産税は,新築住宅に係る特例措置により税額の2分の1が減額される。

❷ 固定資産税の税率は,1.7%を超えることができない。

❸ 区分所有家屋の土地に対して課される固定資産税は,各区分所有者が連帯して納税義務を負う。

❹ 市町村は,財政上その他特別の必要がある場合を除き,当該市町村の区域内において同一の者が所有する土地に係る固定資産税の課税標準額が30万円未満の場合には課税できない。

(本試験 2015年問24 改題)

正解肢 **4**

合格者正解率	不合格者正解率
66.9%	**44.9**%

受験者正解率 **59.4**%

☆❶ **誤** **賦課期日は当該年度の初日の属する年の1月1日である。** ステップ68

新築された住宅に対する固定資産税の減額は，当該住宅に対して新たに固定資産税が課されることとなった年度から3年度分，中高層耐火建築物である住宅については当該住宅に対して新たに固定資産税が課されることとなった年度から5年度分，固定資産税額の2分の1に相当する額を当該住宅に係る固定資産税額から減額する（地方税法附則15条の6）。固定資産税の賦課期日は当該年度の初日の属する年の1月1日とする（地方税法359条）。本肢の建物は，令和4年1月15日に新築されているため，令和4年度分の固定資産税は課税されない。課税されないので減税ということも生じない。よって，本肢は誤り。

☆❷ **誤** **税率の上限に関する規定はない。**

固定資産税の標準税率は，100分の1.4であるが，制限税率に関する規定は廃止されている（地方税法350条1項）。よって，本肢は誤り。

❸ **誤** **自己の持分に応じた税額を各自が納税する。**

区分所有に係る家屋の敷地の用に供されている土地に対して課する固定資産税は，当該共用土地に係る固定資産税額を当該共用土地に係る各共用土地納税義務者の当該共用土地に係る持分の割合によってあん分した額を，当該各共用土地納税義務者の当該共用土地に係る固定資産税として納付する義務を負う（地方税法352条の2第1項）。したがって，各区分所有者が連帯して納税義務を負うわけではない。よって，本肢は誤り。

☆❹ **正** **市町村は，同一の者について当該市町村の区域内にお** ステップ69 **ける**その者の所有に係る土地に対して課する固定資産税の課税標準となるべき額が30万円に満たない場合においては，固定資産税を課することができない。ただし，財政上その他特別の必要がある場合においては，当該市町村の条例の定めるところによって，その額が30万円に満たないときであっても，固定資産税を課することができる（地方税法351条）。よって，本肢は正しく，本問の正解肢となる。

●第2編 税・価格

地方税

問127
地方税に関する次の記述のうち，誤っているものはどれか。

❶ 不動産取得税の課税対象である家屋には，住宅のほか工場も含まれる。

❷ 不動産取得税は，一定の面積以下の不動産の取得には，課税されない。

❸ 固定資産税は，特別の場合を除き，その課税標準となるべき額が土地にあっては30万円，家屋にあっては20万円に満たない場合は，課することができない。

❹ 面積が200㎡以下の住宅用地に対して課する固定資産税の課税標準は，当該住宅用地の課税標準となるべき価格の6分の1の額である。

(本試験1992年問30改題)

正解肢 **2**

合格者正解率	不合格者正解率
—	—

受験者正解率　—

☆**❶** **正**　不動産取得税は，土地や建物を購入したり，家屋を建築　`税1-1`
する等して不動産を取得した場合に課される税金である（地方税
法73条の2）。この家屋とは住宅，店舗，工場，倉庫その他の
建物をいう（地方税法73条3号）。よって，本肢は正しい。

❷ **誤**　そのような規定はない。　`税1-1-2`

土地や家屋等の不動産を取得すると，原則として，取得の原因
に関係なく不動産取得税が課税される。もっとも，例外として相
続等の形式的な所有権の移転等に対する不動産取得税の非課税措
置等が設けられている（地方税法73条の7等）。しかし，「一定
の面積以下の不動産の取得には課税しない」という制度は存在し
ない。よって，本肢は誤りであり，本問の正解肢となる。

☆**❸** **正**　固定資産税は，課税標準となるべき価格が一定額未満の　`ステップ69`
場合には，課税されない（免税点，地方税法351条）。一定額と
は，土地にあっては30万円，家屋にあっては20万円である。よっ
て，本肢は正しい。

☆**❹** **正**　住宅用地については，住宅政策の見地から，税負担の軽　`ステップ71`
減を目的として，課税標準を軽減する措置が設けられている。す
なわち，面積が200㎡以下の住宅用地（小規模住宅用地）に対し
て課する固定資産税の課税標準は，当該住宅用地の課税標準とな
るべき価格の6分の1の額とされている（地方税法349条の3の
2第2項）。よって，本肢は正しい。

258　LEC東京リーガルマインド　2022年版出る順宅建士 ウォーク問過去問題集③法令上の制限・税・その他

●第2編 税・価格

所得税

重要度 特A

問128

令和4年中に、個人が居住用財産を譲渡した場合における譲渡所得の課税に関する次の記述のうち、正しいものはどれか。

❶ 令和4年1月1日において所有期間が10年以下の居住用財産については、居住用財産の譲渡所得の3,000万円特別控除(租税特別措置法第35条第1項)を適用することができない。

❷ 令和4年1月1日において所有期間が10年を超える居住用財産について、収用交換等の場合の譲渡所得等の5,000万円特別控除(租税特別措置法第33条の4第1項)の適用を受ける場合であっても、特別控除後の譲渡益について、居住用財産を譲渡した場合の軽減税率の特例(同法第31条の3第1項)を適用することができる。

❸ 令和4年1月1日において所有期間が10年を超える居住用財産について、その譲渡した時にその居住用財産を自己の居住の用に供していなければ、居住用財産を譲渡した場合の軽減税率の特例を適用することができない。

❹ 令和4年1月1日において所有期間が10年を超える居住用財産について、その者と生計を一にしていない孫に譲渡した場合には、居住用財産の譲渡所得の3,000万円特別控除を適用することができる。

(本試験 2012年問23改題)

| 正解
チェック
欄 | / | / | / |

	合格者正解率	不合格者正解率
正解肢 2	**82.2%**	**51.8%**
	受験者正解率 **71.7%**	

☆❶ **誤** 所有期間にかかわらず適用することができる。　ステップ73 ステップ74

　居住用財産の譲渡所得の 3,000 万円特別控除（以下「3,000 万円特別控除」という）の適用については所有期間による制限はない（租特法 35 条 1 項）。したがって，所有期間が 10 年以下であっても，「3,000 万円特別控除」を適用することができる。よって，本肢は誤り。

☆❷ **正** 所有期間が 10 年を超える居住用財産を譲渡した場合，　ステップ78
収用交換等の場合の譲渡所得等の 5,000 万円特別控除と，居住用財産を譲渡した場合の軽減税率の特例は併用適用が認められる（租特法 31 条の 3 第 1 項）。よって，本肢は正しく，本問の正解肢となる。

☆❸ **誤** 譲渡した時に自己の居住の用に供している場合に限らない。　ステップ74

　居住用財産を譲渡した場合の軽減税率の特例は，居住用財産を譲渡した時において自己の居住の用に供している場合のみならず，自己の居住の用に供されなくなった日から同日以後 3 年を経過する日の属する年の 12 月 31 日までの間に譲渡すれば，適用を受けることができる（租特法 31 条の 3 第 2 項 2 号）。よって，本肢は誤り。

☆❹ **誤** 適用することはできない。　ステップ74

　居住用財産を配偶者又は直系血族に譲渡した場合には，これらの者と生計を一にしていなくても，「3,000 万円特別控除」の適用はない（租特法 35 条 1 項，施行令 23 条 2 項，20 条の 3 第 1 項 1 号）。したがって，孫（直系血族）に譲渡した場合，生計を一にしているか否かに関係なく，この特例を適用することができない。よって，本肢は誤り。

●第2編 税・価格

所得税

問129

居住用財産を譲渡した場合における譲渡所得の所得税の課税に関する次の記述のうち、正しいものはどれか。

❶ 居住の用に供している家屋をその者の長男に譲渡した場合には、その長男がその者と生計を一にしているか否かに関係なく、その譲渡について、居住用財産の譲渡所得の特別控除の適用を受けることができない。

❷ 居住の用に供していた家屋をその者が居住の用に供さなくなった日から2年を経過する日の翌日に譲渡した場合には、その譲渡について、居住用財産の譲渡所得の特別控除の適用を受けることができない。

❸ 譲渡した年の1月1日における所有期間が7年である居住用財産を国に譲渡した場合には、その譲渡について、居住用財産を譲渡した場合の軽減税率の特例の適用を受けることができる。

❹ 譲渡した年の1月1日における居住期間が11年である居住用財産を譲渡した場合には、所有期間に関係なく、その譲渡について、居住用財産を譲渡した場合の軽減税率の特例の適用を受けることができる。

(本試験 1994年問29出題)

	合格者正解率	不合格者正解率
正解肢 1	——	——
	受験者正解率	——

出る順宅建士 ③

☆❶ **正** 「居住用財産の譲渡所得の特別控除」（以下，「3,000万円 `ステップ74` 特別控除」という）の適用を受けるには，直系血族への譲渡では ないことが必要である（租特法35条1項，施行令23条2項，20 条の3第1項1号）。したがって，長男（直系血族）に譲渡した 場合，生計を一にしているか否かに関係なく，この特例の適用を 受けることはできない。よって，本肢は正しく，本問の正解肢と なる。

☆❷ **誤** 2年経過の日の翌日に譲渡した場合，適用を受けること `ステップ74` ができる。

「3,000万円特別控除」は，居住の用に供していた家屋をその者 が居住の用に供さなくなった日から同日以後3年を経過する日の 属する年の12月31日までの間に譲渡をすれば，その適用を受け ることができる（租特法35条1項）。よって，本肢は誤り。

☆❸ **誤** 所有期間10年超でなければ適用を受けることができな `ステップ76` い。

「居住用財産を譲渡した場合の軽減税率の特例」（以下，「居住 用財産の軽減税率」という）の適用を受けるには，譲渡をした居 住用財産の所有期間が，譲渡をした年の1月1日において10年 を超えていることが必要である（租特法31条の3第1項）。譲 渡先が国である場合に，この所有期間の要件が緩和される旨の規 定は存在しない。よって，本肢は誤り。

☆❹ **誤** 所有期間10年超でなければ適用を受けることができな `ステップ76` い。

「居住用財産の軽減税率」の適用を受けることができるのは， その居住用財産の「所有期間」が，譲渡をした年の1月1日にお いて10年を超えている場合である（租特法31条の3第1項）。 したがって，居住期間が11年でも，所有期間が10年以下である 場合には，適用を受けることができない。よって，本肢は誤り。

262 LEC東京リーガルマインド 2022年版出る順宅建士 ウォーク問過去問題集③法令上の制限・税・その他

●第2編　税・価格

所得税

問130 租税特別措置法第36条の2の特定の居住用財産の買換えの場合の長期譲渡所得の課税の特例に関する次の記述のうち，正しいものはどれか。

❶ 譲渡資産とされる家屋については，その譲渡に係る対価の額が5,000万円以下であることが，適用要件とされている。

❷ 買換資産とされる家屋については，譲渡資産の譲渡をした日からその譲渡をした日の属する年の12月31日までに取得をしたものであることが，適用要件とされている。

❸ 譲渡資産とされる家屋については，その譲渡をした日の属する年の1月1日における所有期間が5年を超えるものであることが，適用要件とされている。

❹ 買換資産とされる家屋については，その床面積のうち自己の居住の用に供する部分の床面積が50㎡以上のものであることが，適用要件とされている。

（本試験2007年問26出題）

正解肢 **4**

合格者正解率	不合格者正解率
87.4%	**57.4**%

受験者正解率 **74.9**%

出る順宅建士 ③

❶ 誤 5,000万円以下ではなく，1億円以下。

ステップ75

特定の居住用財産の買換えの場合の長期譲渡所得の課税の特例（特定の買換特例）の適用について，譲渡資産の譲渡に係る対価の額が1億円以下であることという適用要件が設けられている（租特法36条の2第1項）。よって，本肢は誤り。

☆**❷ 誤** 「譲渡をした日から」ではなく，また「譲渡をした日の属する年」ではない。

ステップ75

買換資産とされる家屋については，譲渡資産を譲渡した日の属する年の前年1月1日から当該譲渡の日の属する年の翌年の12月31日までの間に取得することが適用要件とされている（租特法36条の2第1項本文）。よって，本肢は誤り。

☆**❸ 誤** 所有期間は5年超ではなく，10年超である。

ステップ75

譲渡資産とされる家屋については，その譲渡をした日の属する年の1月1日における所有期間が10年を超えるものであることが適用要件とされている（租特法36条の2第1項本文）。よって，本肢は誤り。

☆**❹ 正** 買換資産とされる家屋については，その床面積のうち，自己が居住の用に供する部分の床面積が50㎡以上のものであることが適用要件とされている（租特法36条の2第1項，施行令24条の2第3項1号イ）。よって，本肢は正しく，本問の正解肢となる。

ステップ75

264　LEC東京リーガルマインド　2022年版出る順宅建士 ウォーク問過去問題集③法令上の制限・税・その他

●第2編　税・価格

所得税

重要度 A

問131

居住用財産を譲渡した場合における譲渡所得の所得税の課税に関する次の記述のうち，正しいものはどれか。

---

❶ 譲渡した年の1月1日において所有期間が5年を超える居住用財産を譲渡した場合には，居住用財産を譲渡した場合の軽減税率の特例の適用を受けることができる。

❷ 譲渡した年の1月1日において所有期間が10年を超える居住用財産を譲渡した場合であっても，居住用財産の譲渡所得の3,000万円特別控除の適用を受けるときには，居住用財産を譲渡した場合の軽減税率の特例の適用を受けることはできない。

❸ 居住用財産を譲渡した場合に，その譲渡所得が短期譲渡所得の課税の特例の適用を受けるものであるときには，居住用財産の3,000万円特別控除の適用を受けることはできない。

❹ 居住用財産を譲渡した場合に，特定の居住用財産の買換えの場合の長期譲渡所得の課税の特例の適用を受けるときには，居住用財産を譲渡した場合の軽減税率の特例の適用を受けることはできない。

(本試験1996年問28出題)

正解肢 4

合格者正解率	不合格者正解率
―	―

受験者正解率　—

☆❶ **誤** 所有期間は5年超ではなく，10年超である。　　ステップ76

居住用財産を譲渡した場合の軽減税率の特例（以下，「居住用財産の軽減税率」という）の適用を受けるためには，譲渡をした居住用財産の所有期間が，譲渡をした年の1月1日において10年を超えることが必要である（租特法31条の3）。よって，本肢は誤り。

☆❷ **誤** 適用を受けることができる。　　ステップ78

所有期間が10年を超える居住用財産を譲渡した場合，居住用財産の譲渡所得の3,000万円特別控除（以下，「3,000万円控除」という）は，「居住用財産の軽減税率」との併用適用が認められる（租特法31条の3，35条）。したがって，「3,000万円控除」を適用した後の金額について，「居住用財産の軽減税率」の適用を受けることができる。よって，本肢は誤り。

❸ **誤** 適用を受けることができる。　　ステップ73

「3,000万円控除」の適用について所有期間による制限はないので，譲渡所得が短期譲渡所得でも，長期譲渡所得でも適用を受けることができる（租特法35条）。また，譲渡所得が短期譲渡所得の課税の特例の適用（租特法32条3項）を受けるものであっても，「3,000万円控除」の適用を受けることができる（租特法35条，32条）。よって，本肢は誤り。

☆❹ **正** 特定の居住用財産の買換えの場合の長期譲渡所得の課税　　ステップ78
の特例は「居住用財産の軽減税率」との併用適用が認められない（租特法31条の3，36条の2）。よって，本肢は正しく，本問の正解肢となる。

●第2編 税・価格

所得税

問132 個人が，令和4年中に，令和4年1月1日において所有期間が11年である土地を譲渡した場合の譲渡所得の課税に関する次の記述のうち，正しいものはどれか。

❶ 土地が収用事業のために買い取られた場合において，収用交換等の場合の5,000万円特別控除の適用を受けるときでも，特別控除後の譲渡益について優良住宅地の造成等のために土地等を譲渡した場合の軽減税率の特例の適用を受けることができる。

❷ 土地が収用事業のために買い取られた場合において，収用交換等の場合の5,000万円特別控除の適用を受けるときでも，その土地が居住用財産に該当するなど所定の要件を満たせば，特別控除後の譲渡益について居住用財産を譲渡した場合の軽減税率の特例の適用を受けることができる。

❸ その土地が居住用財産に該当するなど所定の要件を満たせば，令和2年に特定の居住用財産の買換えの場合の長期譲渡所得の課税の特例の適用を受けているときでも，居住用財産を譲渡した場合の3,000万円特別控除の適用を受けることができる。

❹ その土地が居住用財産に該当する場合であっても，居住用財産を譲渡した場合の3,000万円特別控除の適用を受けるときは，特別控除後の譲渡益について居住用財産を譲渡した場合の軽減税率の特例の適用を受けることができない。

（本試験 1998 年問 27 改題）

正解肢 2

合格者正解率	不合格者正解率
——	——
受験者正解率	
——	

出る順宅建士 ③

☆❶ **誤** 適用を受けることはできない。

ステップ78

収用交換等の場合の5,000万円特別控除（以下,「5,000万円控除」という）の適用を受けるときは，優良住宅地の造成等のために土地等を譲渡した場合の軽減税率の適用を受けることはできない（租特法31条の2第4項）。よって，本肢は誤り。

☆❷ **正** 所有期間が10年を超える居住用財産を譲渡した場合，「5,000万円控除」と，居住用財産を譲渡した場合の軽減税率の特例（以下,「居住用財産の軽減税率」という）は併用適用が認められる（租特法31条の3第1項）。よって，本肢は正しく，本問の正解肢となる。

ステップ78

☆❸ **誤** 適用を受けることはできない。

ステップ74

居住用財産を譲渡した場合の3,000万円特別控除（以下,「3,000万円控除」という）の適用は，前年又は前々年において特定の買換え特例の適用を受けていないことも要件となる（租特法35条1項本文）。よって，本肢は誤り。

☆❹ **誤** 適用を受けることができる。

ステップ78

所有期間が10年を超える居住用財産を譲渡した場合，「3,000万円控除」と，「居住用財産の軽減税率」は併用適用が認められる（租特法31条の3第1項）。よって，本肢は誤り。

268 LEC東京リーガルマインド 2022年版出る順宅建士 ウォーク問過去問題集③法令上の制限・税・その他

所得税

問133 所得税法に関する次の記述のうち，正しいものはどれか。

❶ 譲渡所得の長期・短期の区分について，総合課税とされる譲渡所得の基因となる機械の譲渡は，譲渡のあった年の1月1日において所有期間が5年を超えているか否かで判定する。

❷ 譲渡所得の金額の計算上，資産の譲渡に係る総収入金額から控除する資産の取得費には，その資産の取得時に支出した購入代金や購入手数料等の金額は含まれるが，その資産の取得後に支出した設備費，改良費の額は含まれない。

❸ 総合課税の譲渡所得の特別控除額（50万円）は，譲渡益のうちまず長期譲渡に該当する部分の金額から控除し，なお控除しきれない特別控除額がある場合には，短期譲渡に該当する部分の金額から控除する。

❹ 個人に対して，譲渡所得の基因となる資産をその譲渡の時における価額の2分の1に満たない金額で譲渡した場合において，その譲渡により生じた損失の金額については，譲渡所得の金額の計算上，なかったものとみなされる。

（本試験 2008 年問 26 出題）

正解肢 **4**

合格者正解率	不合格者正解率
14.9%	**13.7**%
受験者正解率 **14.5**%	

税3-1-4

❶ **誤** 譲渡のあった年の1月1日における所有期間ではない。

総合課税とされる譲渡所得の基因となる機械の譲渡については，取得の日以後5年以内に譲渡がなされたか否かで長期・短期の区分を判定する（所得税法33条3項1号，2号）。よって，本肢は誤り。

❷ **誤** 含まれる。

譲渡所得の金額の計算上控除する資産の取得費には，その資産の取得に要した金額のみならず，設備費や改良費の額も含まれる（所得税法38条1項）。よって，本肢は誤り。

❸ **誤** まず長期譲渡から控除するのではない。

総合課税の譲渡所得の特別控除額（50万円）を控除する場合は，まず当該譲渡益のうち短期譲渡に係る部分の金額から控除し，その後長期譲渡に係る部分の金額から控除する（所得税法33条3項，4項，5項）。よって，本肢は誤り。

❹ **正** 個人が譲渡所得の基因となる資産をその譲渡の時における価額の2分の1に満たない金額で個人に譲渡した場合において，当該対価の額が当該資産の譲渡に係る譲渡所得の金額の計算上控除する必要経費又は取得費及び譲渡に要した費用の額の合計額に満たないときは，その不足額は，その譲渡所得の金額の計算上，なかったものとみなされる（所得税法59条2項，1項2号，施行令169条）。よって，本肢は正しく，本問の正解肢となる。

● 第2編　税・価格

印紙税

問134

印紙税に関する次の記述のうち，正しいものはどれか。

❶ 後日，本契約書を作成することを文書上で明らかにした，土地を1億円で譲渡することを証した仮契約書には，印紙税は課されない。

❷ 宅地建物取引業を営むA社が，「A社は，売主Bの代理人として，土地代金5,000万円を受領した」旨を記載した領収書を作成した場合，当該領収書の納税義務者はA社である。

❸ 建物の賃貸借契約に際して貸主であるC社が作成した，「敷金として30万円を受領した。当該敷金は賃借人が退去する際に全額返還する」旨を明らかにした敷金の領収書には，印紙税は課されない。

❹ 「甲土地を5,000万円，乙土地を4,000万円，丙建物を3,000万円で譲渡する」旨を記載した契約書を作成した場合，印紙税の課税標準となる当該契約書の記載金額は，9,000万円である。

(本試験 2004年問28出題)

正解肢 2

合格者正解率	不合格者正解率
76.3%	**44.0%**
受験者正解率 63.7%	

❶ **誤** 仮契約書にも課される。　　　　　　　　　　　　　ステップ79

　課税文書となる「契約書」とは，名称のいかんを問わず，契約（その予約を含む。以下同じ）の成立等を証すべき文書をいい，念書，請書その他契約の当事者の一方のみが作成する文書等で，当事者間の了解又は商慣習に基づき契約の成立等を証することとされているものを含む（印紙税法別表第一課税物件表，課税物件表の適用に関する通則5）。したがって，仮契約書にも，印紙税は課される。よって，本肢は誤り。

❷ **正** 委任に基づく代理人が，当該委任事務の処理にあたり，　税4-3
代理人名義で作成する課税文書については，当該文書に委任者の名義が表示されているものであっても，当該代理人を作成者とする（印紙税法基本通達43条1項）。よって，本肢は正しく，本問の正解肢となる。

☆❸ **誤** 敷金の受取書にも課される。　　　　　　　　　　　ステップ79

　金銭の受取書は，原則として，課税文書である（印紙税法別表第一）。したがって，C社が作成した敷金の領収書には，原則として，印紙税が課される。よって，本肢は誤り。

❹ **誤** 9,000万円ではない。

　一の文書に，課税物件表の同一の号の課税事項の記載金額が2以上ある場合，当該記載金額の合計額を記載金額とする（印紙税法別表第一，基本通達24条（一））。したがって，「甲土地を5,000万円，乙土地を4,000万円，丙建物を3,000万円で譲渡する」旨を記載した契約書を作成した場合，印紙税の課税標準となる当該契約書の記載金額は，1億2,000万円である。よって，本肢は誤り。

272　LEC東京リーガルマインド　2022年版出る順宅建士 ウォーク問過去問題集③法令上の制限・税・その他

●第2編 税・価格

印紙税

問135

印紙税に関する次の記述のうち、正しいものはどれか。

❶ 土地譲渡契約書に課税される印紙税を納付するため当該契約書に印紙をはり付けた場合には、課税文書と印紙の彩紋とにかけて判明に消印しなければならないが、契約当事者の従業者の印章又は署名で消印しても、消印したことにはならない。

❷ 土地の売買契約書(記載金額2,000万円)を3通作成し、売主A、買主B及び媒介した宅地建物取引業者Cがそれぞれ1通ずつ保存する場合、Cが保存する契約書には、印紙税は課されない。

❸ 一の契約書に土地の譲渡契約(譲渡金額4,000万円)と建物の建築請負契約(請負金額5,000万円)をそれぞれ区分して記載した場合、印紙税の課税標準となる当該契約書の記載金額は、5,000万円である。

❹ 「建物の電気工事に係る請負金額は2,200万円(うち消費税額及び地方消費税額が200万円)とする」旨を記載した工事請負契約書について、印紙税の課税標準となる当該契約書の記載金額は、2,200万円である。

(本試験2013年問23改題)

正解肢 **3**

合格者正解率	不合格者正解率
71.7%	**46.3%**
受験者正解率 **62.0%**	

☆**❶ 誤** 従業者の署名・印章でも消印したことになる。 `ステップ83`

　課税文書の作成者は，印紙（収入印紙）を，当該課税文書に貼り付ける方法により，印紙税を納付しなければならない（印紙税法8条1項）。そして，課税文書の作成者は，当該課税文書と印紙の彩紋とにかけて，判明に消印しなければならない（印紙税法8条2項）。このとき，消印する者は文書の作成者に限られておらず，代理人，従業員の印章又は署名で消印をすることもできる（施行令5条）。よって，本肢は誤り。

☆**❷ 誤** 媒介業者が保存する契約書にも課される。 `税4-2`

　契約当事者以外の者に提出又は交付する一定の文書は課税文書に該当しないが，不動産売買契約の仲介人は，契約当事者以外の者に含まれない（印紙税法基本通達20条）。従って，本件売買契約を媒介した宅建業者Cが保存する契約書には印紙税が課税される。よって，本肢は誤り。

❸ 正 一の契約書が不動産の譲渡契約書と請負契約書の両方に該当する場合，原則として不動産の譲渡契約書とされ，その総額が記載金額となる。ただし，譲渡契約として記載された金額と請負契約として記載された金額を区分できる場合に請負契約の記載金額の方が大きい額であれば，請負契約書としてその額が記載金額となる。（印紙税法・別表第一・課税物件表の適用に関する通則3のロ）。よって，本肢は正しく，本問の正解肢となる。 `税4-4-1`

☆**❹ 誤** 区分記載された場合には消費税額は記載金額に含めない `ステップ81`

　作成された契約書に消費税及び地方消費税の金額が区分記載されていることにより，その取引に当たって課されるべき消費税額等が明らかである場合には，消費税額等は記載金額に含めないものとする（間接税関係個別通達 消費税法の改正等に伴う印紙税の取扱いについて）。よって，本肢は誤り。

●第2編 税・価格

印紙税

問136

印紙税に関する次の記述のうち，正しいものはどれか。

❶ 印紙税の課税文書である不動産譲渡契約書を作成したが，印紙税を納付せず，その事実が税務調査により判明した場合は，納付しなかった印紙税額と納付しなかった印紙税額の10％に相当する金額の合計額が過怠税として徴収される。

❷ 「Aの所有する甲土地（価額3,000万円）とBの所有する乙土地（価額3,500万円）を交換する」旨の土地交換契約書を作成した場合，印紙税の課税標準となる当該契約書の記載金額は3,500万円である。

❸ 「Aの所有する甲土地（価額3,000万円）をBに贈与する」旨の贈与契約書を作成した場合，印紙税の課税標準となる当該契約書の記載金額は，3,000万円である。

❹ 売上代金に係る金銭の受取書（領収書）は記載された受取金額が3万円未満の場合，印紙税が課されないことから，不動産売買の仲介手数料として，現金49,500円（消費税及び地方消費税を含む。）を受け取り，それを受領した旨の領収書を作成した場合，受取金額に応じた印紙税が課される。

(本試験 2016年問23改題)

合格者正解率	不合格者正解率
93.7%	**73.1%**
受験者正解率 **86.4%**	

正解肢 2

☆❶ **誤** 印紙税を納付しなかったときの過怠税は実質３倍である。 `ステップ84`

印紙税を納付すべき課税文書の作成者が納付すべき印紙税を当該課税文書の作成の時までに納付しなかった場合には，当該納付しなかった印紙税の額とその２倍に相当する金額との合計額に相当する過怠税を徴収される（印紙税法20条１項）。したがって，印紙税額の実質３倍の過怠税を徴収されるのであって，納付しなかった印紙税額の10％に相当する金額の合計額を過怠税として徴収されるのではない。よって，本肢は誤り。

☆❷ **正** 交換契約書において，交換対象物の双方の価格が記載されている場合には，いずれか高いほうの金額を記載金額とする（印紙税基本通達23条(1)ロ）。よって，本肢は正しく，本問の正解肢となる。 `ステップ80`

☆❸ **誤** 贈与契約書は記載金額のない契約書である。 `ステップ80`

贈与契約書については，時価の記載がなされていても，譲渡の対価たる金額はないので，記載金額のない不動産の譲渡に関する契約書として扱う（印紙税基本通達23条(1)ホ）。よって，本肢は誤り。

❹ **誤** ５万円未満の金銭の受取書は非課税である。 `ステップ79`

売上代金に係る金銭の受取書であっても，記載された受取金額が５万円未満のものは，非課税である（印紙税法別表17号）。よって，本肢は誤り。

276 LEC東京リーガルマインド 2022年版出る順宅建士 ウォーク問過去問題集③法令上の制限・税・その他

●第2編 税・価格

印紙税

問137

印紙税に関する次の記述のうち，正しいものはどれか。

❶ 建物の賃貸借契約に際して敷金を受け取り，「敷金として20万円を領収し，当該敷金は賃借人が退去する際に全額返還する」旨を記載した敷金の領収証を作成した場合，印紙税は課税されない。

❷ 土地譲渡契約書に課税される印紙税を納付するため当該契約書に印紙をはり付けた場合には，課税文書と印紙の彩紋とにかけて判明に消印しなければならないが，契約当事者の代理人又は従業者の印章又は署名で消印しても，消印をしたことにはならない。

❸ 当初作成の「土地を1億円で譲渡する」旨を記載した土地譲渡契約書の契約金額を変更するために作成する契約書で，「当初の契約書の契約金額を2,000万円減額し，8,000万円とする」旨を記載した変更契約書は，契約金額を減額するものであることから，印紙税は課税されない。

❹ 国を売主，株式会社A社を買主とする土地の譲渡契約において，双方が署名押印して共同で土地譲渡契約書を2通作成し，国とA社がそれぞれ1通ずつ保存することとした場合，A社が保存する契約書には印紙税は課税されない。

(本試験 2008年問27出題)

正解肢 4

合格者正解率	不合格者正解率
94.9%	**75.0**%

受験者正解率 **87.7**%

☆**❶ 誤** 敷金の領収書には課税される。　ステップ79

　敷金の領収証は,「金銭の受取書」として, 課税文書となる（印紙税法2条, 別表第一17号）。その領収証に「賃借人が退去する際に返還する」旨が記載してあっても, その記載は無関係である。よって, 本肢は誤り。

☆**❷ 誤** 代理人や従業者の署名・印章でも消印したことになる。　ステップ83

　課税文書の作成者は, 当該課税文書に課されるべき印紙税に相当する金額の印紙を, 当該課税文書にはり付ける方法により, 印紙税を納付しなければならない（印紙税法8条1項）。そして, 課税文書の作成者は, 当該課税文書と印紙の彩紋とにかけて, 判明に消印をしなければならない（印紙税法8条2項）。しかし, 消印する者は文書の作成者に限られておらず, 代理人, 従業者の印章又は署名で消印をしても差し支えない（施行令5条）。よって, 本肢は誤り。

☆**❸ 誤** 記載金額のない契約書として課税される。　ステップ82

　変更前の契約金額を記載した契約書が作成されていることが明らかな場合で, 契約金額を減少させるものは,「記載金額がないもの」として課税される（印紙税法基本通達30条2項）。したがって,「記載金額のない土地の譲渡に関する契約書」として扱われ, 印紙税（200円）が課税される。よって, 本肢は誤り。

☆**❹ 正** 国等と私人が共同して作成した文書で, 私人が保存する文書は国等が作成したものとみなされる（印紙税法4条5項）。　ステップ85
そして, 国等が作成した文書には, 印紙税は課税されない（印紙税法5条2号）。したがって, A社が保存する文書は, 国が作成したものとみなされ, 印紙税は課税されない。よって, 本肢は正しく, 本問の正解肢となる。

●第2編 税・価格

印紙税

問138

印紙税に関する次の記述のうち、正しいものはどれか。

❶ 当初作成した土地の賃貸借契約書において記載がされていなかった「契約期間」を補充するために「契約期間は10年とする」旨が記載された覚書を作成したが、当該覚書にも印紙税が課される。

❷ 本契約書を後日作成することを文書上で明らかにした、土地を8,000万円で譲渡することを証した仮契約書には、印紙税は課されない。

❸ 「甲土地を6,000万円、乙建物を3,500万円、丙建物を1,500万円で譲渡する」旨を記載した契約書を作成した場合、印紙税の課税標準となる当該契約書の記載金額は、6,000万円である。

❹ 「Aの所有する土地(価額7,000万円)とBの所有する土地(価額1億円)とを交換し、AはBに差額3,000万円支払う」旨を記載した土地交換契約書を作成した場合、印紙税の課税標準となる当該契約書の記載金額は、3,000万円である。

(本試験 2011年問23出題)

正解肢 **1**

合格者正解率	不合格者正解率
56.2%	**26.0**%
受験者正解率 **41.6**%	

☆ **❶ 正** 課税文書となる「契約書」とは，契約証書，協定書，約定書その他名称のいかんを問わず，契約（その予約を含む。）の成立，更改，契約の内容の変更，補充の事実を証すべき文書をいう（印紙税法別表第一課税物件表，課税物件表の適用に関する通則5）。したがって，契約内容を補充する「覚書」も課税文書に含まれ，印紙税が課される。よって，本肢は正しく，本問の正解肢となる。

税4-2

☆ **❷ 誤** 仮契約書にも課税される。

ステップ79

❶で述べたように，課税文書となる「契約書」とは，名称のいかんを問わず，契約の成立等を証すべき文書をいう（印紙税法別表第一課税物件表，課税物件表の適用に関する通則5）。仮契約書も，契約の成立等を証すべき書面であるから，印紙税が課される。よって，本肢は誤り。

❸ 誤 記載金額は 6,000 万円ではなく，1 億 1,000 万円である。

一の文書に，課税物件表の同一の号の課税事項の記載金額が2以上ある場合，当該記載金額の合計額を記載金額とする（印紙税法別表第一，基本通達 24 条（一））。したがって，「甲土地を 6,000 万円，乙建物を 3,500 万円，丙建物を 1,500 万円で譲渡する」旨を記載した契約書を作成した場合，印紙税の課税標準となる当該契約書の記載金額は，これらを合計した 1 億 1,000 万円である。よって，本肢は誤り。

☆ **❹ 誤** 記載金額は 3,000 万円ではなく，1 億円である。

ステップ80

交換契約書において，交換対象物の双方の価額が記載されているときは，いずれか高いほうの金額を記載金額として印紙税が課せられる（印紙税法基本通達 23 条（一）ロ）。したがって，本肢の土地交換契約書に係る印紙税の課税標準となる記載金額は 1 億円となる。よって，本肢は誤り。

印紙税

問139 印紙税に関する次の記述のうち、正しいものはどれか。

❶ 「令和4年10月1日付建設工事請負契約書の契約金額3,000万円を5,000万円に増額する」旨を記載した変更契約書は、記載金額2,000万円の建設工事の請負に関する契約書として印紙税が課される。

❷ 「時価3,000万円の土地を無償で譲渡する」旨を記載した贈与契約書は、記載金額3,000万円の不動産の譲渡に関する契約書として印紙税が課される。

❸ 土地の売却の代理を行ったA社が「A社は、売主Bの代理人として、土地代金5,000万円を受領した」旨を記載した領収書を作成した場合、当該領収書は、売主Bを納税義務者として印紙税が課される。

❹ 印紙をはり付けることにより印紙税を納付すべき契約書について、印紙税を納付せず、その事実が税務調査により判明した場合には、納付しなかった印紙税額と同額に相当する過怠税が徴収される。

(本試験 2009年問24改題)

正解肢 1

合格者正解率 **85.0%** 不合格者正解率 **63.3%**
受験者正解率 **78.4%**

☆**❶ 正** 変更前の契約金額を記載した契約書が作成されていることが明らかな場合で，契約金額を増加させる変更契約書については，当該契約書により増加する金額が記載金額として課税される（印紙税法基本通達30条2項（一），印紙税法別表第一，課税物件表の適用に関する通則4ニ）。したがって，本肢の場合は記載金額2,000万円の変更契約書として印紙税が課される。よって，本肢は正しく，本問の正解肢となる。

ステップ82

☆**❷ 誤** 記載金額のない契約書として課される。

ステップ80

贈与契約書においては，譲渡の対価はないから，記載金額はないものとして取り扱う（印紙税法基本通達23条（一）のホ柱書）。したがって，記載金額のない契約書として印紙税（200円）が課される。よって，本肢は誤り。

❸ 誤 納税義務者はBではなく，A社である。

税4-3

印紙税の納税義務者は，課税文書の作成者である（印紙税法3条1項）。そして，委任に基づく代理人が，当該委任事務の処理にあたり，代理人名義で作成する課税文書については，当該文書に委任者の名義が表示されているものであっても，当該代理人を作成者とする（印紙税法基本通達43条1項）。したがって，文書の作成者である代理人A社を納税義務者として印紙税が課される。よって，本肢は誤り。

☆**❹ 誤** 納付しなかった印紙税額と同額ではない。

ステップ84

印紙税を納付すべき課税文書の作成者が納付すべき印紙税を当該課税文書の作成の時までに納付しなかった場合には，当該納付しなかった印紙税の額とその2倍に相当する金額との合計額に相当する過怠税を徴収される（印紙税法20条1項）。したがって，印紙税額の実質3倍の過怠税を徴収されるのであって，納付しなかった印紙税額と同額に相当する過怠税を徴収されるのではない。よって，本肢は誤り。

●第2編 税・価格

印紙税

問140 印紙税に関する次の記述のうち、正しいものはどれか。

❶ 地方公共団体であるA市を売主、株式会社であるB社を買主とする土地の譲渡契約書2通に双方が署名押印のうえ、1通ずつ保存することとした場合、B社が保存する契約書には印紙税が課されない。

❷ 「令和4年5月1日作成の土地譲渡契約書の契約金額を1億円から9,000万円に変更する」旨を記載した変更契約書は、契約金額を減額するものであるから、印紙税は課されない。

❸ 土地の賃貸借契約書で「賃借料は月額10万円、契約期間は10年間とし、権利金の額は100万円とする」旨が記載された契約書は、記載金額1,200万円の土地の賃借権の設定に関する契約書として印紙税が課される。

❹ 給与所得者である個人Cが生活の用に供している土地建物を株式会社であるD社に譲渡し、代金1億円を受け取った際に作成する領収書は、金銭の受取書として印紙税が課される。

(本試験 2001年問27改題)

正解肢 1

合格者正解率 **75.3%**　不合格者正解率 **44.0%**
受験者正解率 **57.2%**

☆**❶ 正**　地方公共団体が作成した文書は非課税である（印紙税法　ステップ85
5条2号）。そして，A市と株式会社Bが共同して作成した文書
で，株式会社Bが保存するものについてはA市が作成したものと
みなされる（印紙税法4条5項）。したがって，B社が保存する
契約書には印紙税が課されない。よって，本肢は正しく，本問の
正解肢となる。

☆**❷ 誤**　記載金額のない契約書として課税される。　ステップ82

　契約金額を変更する契約書については，変更前の契約金額を証
明した契約書が作成されていることが明らかであること等を条件
に，契約金額を減少させる場合には，記載金額のない契約書とし
て，200円の印紙税がかかる（印紙税法基本通達30条2項（2），
印紙税法別表第一，課税物件表の適用に関する通則4ニ，6）。
よって，本肢は誤り。

☆**❸ 誤**　記載金額は1,200万円ではない。　ステップ80

　土地の賃貸借契約書は課税文書であり，権利金など，契約に際
して相手方当事者に交付し，後日返還されることが予定されてい
ないものの金額が記載金額となる（印紙税法基本通達23条
（2））。したがって，本肢の場合，記載金額100万円の土地の賃
借権の設定に関する契約書として印紙税が課される。よって，本
肢は誤り。

☆**❹ 誤**　営業に関しない受取書には課されない。　ステップ79

　個人が生活の用に供している土地建物を譲渡し，代金1億円を
受け取った際に作成する領収書は，売上代金にかかる金銭の受取
証に該当せず，印紙税は課されない（印紙税法別表第一17号）。
よって，本肢は誤り。

登録免許税

問141

不動産登記に係る登録免許税に関する次の記述のうち、正しいものはどれか。

❶ 土地の所有権の移転登記に係る登録免許税の税率は、移転の原因にかかわらず一律である。

❷ 土地の売買に係る登録免許税の課税標準は、売買契約書に記載されたその土地の実際の取引価格である。

❸ 土地の所有権の移転登記に係る登録免許税の納期限は、登記を受ける時である。

❹ 土地の売買に係る登録免許税の納税義務は、土地を取得した者にはなく、土地を譲渡した者にある。

(本試験 2002 年問 27 出題)

正解肢 3

合格者正解率	不合格者正解率
75.4%	**51.8**%
受験者正解率 **64.7**%	

❶ **誤** 移転の原因により異なり，一律ではない。 税5-4

　土地の所有権の移転登記に係る登録免許税の税率は，相続・法人の合併，共有物分割，売買等その移転の原因により異なる（登免法9条，別表第一）。よって，本肢は誤り。

☆❷ **誤** 実際の取引価格ではない。 ステップ86

　登録免許税の課税標準は，原則として，固定資産課税台帳登録価格である（登免法10条，附則7条）。売買契約書に記載された取引金額は関係がない。よって，本肢は誤り。

❸ **正** 土地の所有権の移転登記に係る登録免許税の納期限は登記を受ける時である（登免法27条1号）。よって，本肢は正しく，本問の正解肢となる。 ステップ89

☆❹ **誤** 土地を取得した者も連帯納付義務を負う。 ステップ87

　登録免許税における納税義務者は，登記を受ける者であり，売買による所有権移転登記の場合，登記権利者と登記義務者との共同申請によることから，登記権利者と登記義務者が連帯して納税する義務を負う（登免法3条）。したがって，土地を譲渡した者のみならず，土地を取得した者も納税義務を負う。よって，本肢は誤り。

●第2編 税・価格

登録免許税

問142 登録免許税に関する次の記述のうち，誤っているものはどれか。

❶ 登録免許税の課税標準の金額を計算する場合において，その全額が1千円に満たないときは，その課税標準は1千円とされる。

❷ 納付した登録免許税に不足額があっても，その判明が登記の後である場合においては，その不足額の追徴はない。

❸ 建物の新築をした所有者が行う建物の表題登記については，登録免許税は課税されない。

❹ 登録免許税の納付は，納付すべき税額が3万円以下の場合においても，現金による納付が認められる。

（本試験1991年問28改題）

正解肢 2

合格者正解率 | 不合格者正解率

受験者正解率

☆❶ **正** 登録免許税の課税標準の金額を計算する場合においてその全額が 1,000 円未満のときは，その課税標準は 1,000 円として計算される（登免法 15 条）。よって，本肢は正しい。 `ステップ86`

❷ **誤** 追徴がある。

納付した登録免許税の税額に不足が判明すれば，たとえその判明が登記の後であっても，その不足額は追徴される（登免法 28条 1 項，29 条 1 項）。税収の確保・租税負担の平等のために，登記の後にも不足額の追徴ができるとされているのである。よって，本肢は誤りであり，本問の正解肢となる。

☆❸ **正** 建物の新築をした所有者が行う建物の表題登記には，登録免許税は課税されないことになっている（登免法 2 条，別表第一）。よって，本肢は正しい。 `ステップ90`

☆❹ **正** 登録免許税は現金納付が原則である（登免法 21 条）。しかし，税額が 3 万円以下の場合等は，印紙で納付することができる（登免法 22 条）。この場合は，当然ながら現金で納付することもできる。よって，本肢は正しい。 `ステップ89`

●第2編 税・価格

登録免許税

問143

住宅用家屋の所有権の移転登記に係る登録免許税の税率の軽減措置（以下この問において「軽減措置」という。）に関する次の記述のうち，正しいものはどれか。

❶ 軽減措置の適用対象となる住宅用家屋は，床面積が100㎡以上で，その住宅用家屋を取得した個人の居住の用に供されるものに限られる。

❷ 軽減措置は，贈与により取得した住宅用家屋に係る所有権の移転登記には適用されない。

❸ 軽減措置に係る登録免許税の課税標準となる不動産の価額は，売買契約書に記載された住宅用家屋の実際の取引価格である。

❹ 軽減措置の適用を受けるためには，その住宅用家屋の取得後6か月以内に所有権の移転登記をしなければならない。

（本試験2009年問23出題）

合格者正解率	不合格者正解率
72.6%	**53.4**%
受験者正解率 **66.7**%	

正解肢 2

☆❶ **誤** 100 ㎡以上ではなく，50 ㎡以上である。　　　ステップ88

　登録免許税の税率の軽減措置の適用を受けることができる住宅用家屋は，個人の住宅の用に供される1棟の家屋で，床面積の合計が 50 ㎡以上である場合に限られる（租特法 73 条，施行令 42 条 1 項）。登録免許税の税率の軽減措置の適用を受けることができる住宅用家屋の床面積は，100 ㎡以上ではない。よって，本肢は誤り。

❷ **正** 住宅用家屋の所有権の移転の登記に係る登録免許税の税率の軽減措置の適用を受けることができるのは，売買又は競落により住宅用家屋を取得した場合に限られる（租特法 73 条，施行令 42 条 3 項）。したがって，贈与により取得した場合には，適用されない。よって，本肢は正しく，本問の正解肢となる。　　　ステップ88

☆❸ **誤** 実際の取引価格ではない。　　　ステップ86

　登録免許税の課税標準は，原則として，固定資産課税台帳登録価格である（登免法 10 条 1 項，附則 7 条）。売買契約書に記載された実際の取引価格ではない。よって，本肢は誤り。

☆❹ **誤** 6か月以内ではなく，1年以内である。　　　ステップ88

　登録免許税の税率の軽減措置の適用を受けるためには，適用対象となる住宅用家屋の取得後 1 年以内に所有権の移転登記を受ける必要がある（租特法 73 条）。取得後 6 か月以内に所有権の移転登記を受けるのではない。よって，本肢は誤り。

290　LEC東京リーガルマインド　2022年版出る順宅建士 ウォーク問過去問題集③法令上の制限・税・その他

● 第2編 税・価格

登録免許税

問144 住宅用家屋の所有権の移転登記に係る登録免許税の税率の軽減措置に関する次の記述のうち，正しいものはどれか。

❶ この税率の軽減措置は，一定の要件を満たせばその住宅用家屋の敷地の用に供されている土地に係る所有権の移転の登記にも適用される。

❷ この税率の軽減措置は，個人が自己の経営する会社の従業員の社宅として取得した住宅用家屋に係る所有権の移転の登記にも適用される。

❸ この税率の軽減措置は，以前にこの措置の適用を受けたことがある者が新たに取得した住宅用家屋に係る所有権の移転の登記には適用されない。

❹ この税率の軽減措置は，所有権の移転の登記に係る住宅用家屋が，築年数が25年以内の耐火建築物に該当していても，床面積が50㎡未満の場合には適用されない。

(本試験 2014 年問 23 出題)

正解肢 **4**

合格者正解率	不合格者正解率
75.6%	**50.4**%
受験者正解率 **67.9**%	

☆**❶ 誤** 敷地には適用されない。

ステップ88

住宅用家屋の所有権の移転登記に係る登録免許税の税率の軽減措置は，建築後使用されたことのない住宅用家屋又は建築後使用されたことのある住宅用家屋のうち政令で定めるものが対象であり，敷地の用に供されている土地に係る所有権の移転の登記には適用されない（租特法73条）。よって，本肢は誤り。

☆**❷ 誤** 社宅には適用されない。

ステップ88

住宅用家屋の所有権の移転登記に係る登録免許税の税率の軽減措置は，当該住宅を取得した個人が居住の用に供した場合に適用される（租特法73条）。したがって，個人が取得した場合であっても，自己の経営する会社の従業員の社宅として取得した場合には適用されない。よって，本肢は誤り。

☆**❸ 誤** 以前適用を受けたことがある者でも適用される。

税5-4

住宅用家屋の所有権の移転登記に係る登録免許税の税率の軽減措置は，以前にこの適用を受けたことがある者が新たに取得した住宅用家屋に係る所有権の移転の登記についても適用される（租特法73条，施行令42条，規則25条の2）。よって，本肢は誤り。

☆**❹ 正** 所有権の移転登記に係る登録免許税の税率の軽減措置の

ステップ88

適用を受けることができる住宅用家屋は，個人の住宅の用に供される1棟の家屋で，床面積の合計が50㎡以上であることが必要である（租特法73条，施行令42条1項1号，41条1号）。これは，築年数が25年以内の耐火建築物に該当していても同様である（租特法73条，施行令42条1項）。したがって，床面積が50㎡未満の場合には適用されない。よって，本肢は正しく，本問の正解肢となる。

● 第2編 税・価格

登録免許税

問 145 住宅用家屋の所有権の移転登記に係る登録免許税の税率の軽減措置に関する次の記述のうち，正しいものはどれか。

❶ 個人が他の個人と共有で住宅用の家屋を購入した場合，当該個人は，その住宅用の家屋の所有権の移転登記について，床面積に自己が有する共有持分の割合を乗じたものが 50 ㎡ 以上でなければ，この税率の軽減措置の適用を受けることができない。

❷ この税率の軽減措置は，登記の対象となる住宅用の家屋の取得原因を限定しており，交換を原因として取得した住宅用の家屋について受ける所有権の移転登記には適用されない。

❸ 所有権の移転登記に係る住宅用の家屋が耐火建築物の場合，築年数 25 年以内であっても，耐震基準適合証明書により一定の耐震基準を満たしていることが証明されないときは，この税率の軽減措置の適用を受けることができない。

❹ この税率の軽減措置の適用を受けるためには，登記の申請書に，その家屋が一定の要件を満たす住宅用の家屋であることについての税務署長の証明書を添付しなければならない。

（本試験 2018 年問 23 出題）

正解肢 **2**

合格者正解率 **25.9%** 　不合格者正解率 **24.1%**
受験者正解率 **25.1%**

☆**❶ 誤** 持分割合で乗じた面積ではない。 ステップ88

　登録免許税の税率の軽減措置の適用を受けることができる住宅用家屋は，個人の住宅の用に供される１棟の家屋で，床面積が50㎡以上である場合に限られる（租特法73条，施行令42条１項１号，41条）。対象となる住宅用家屋の床面積が50㎡以上あればよく，共有持分の割合で乗じたものが50㎡以上であることは要求されていない。よって，本肢は誤り。

☆**❷ 正** 住宅用家屋の所有権の移転の登記に係る登録免許税の税率の軽減措置の適用を受けるためには，売買又は競落により住宅用家屋を取得することが必要である（租特法73条，施行令42条３項）。したがって，交換により取得した場合には，適用されない。よって，本肢は正しく，本問の正解肢となる。 ステップ88

❸ 誤 耐震基準適合証明書は不要である。

　築年数が25年以内の耐火建築物であれば登録免許税の税率の軽減措置の適用を受けることができる（租特法73条，施行令42条１項２号イ）。この場合，耐震基準適合証明書によって一定の耐震基準を満たしていることが適用要件とはなっていない。よって，本肢は誤り。

❹ 誤 税務署長の証明書は不要である。

　登録免許税の税率の軽減措置の適用を受けるためには，適用要件のすべてに該当する家屋であることにつき，個人の申請に基づき当該家屋の所在地の市町村長等が証明したものとする（租特法73条，施行令42条１項）。市町村長等の証明が必要であり，税務署長の証明書は要求されていない。よって，本肢は誤り。

294　LEC東京リーガルマインド　2022年版出る順宅建士 ウォーク問過去問題集③法令上の制限・税・その他

●第2編　税・価格

贈与税

問146

「直系尊属から住宅取得等資金の贈与を受けた場合の贈与税の非課税」に関する次の記述のうち，正しいものはどれか。

❶ 直系尊属から住宅用の家屋の贈与を受けた場合でも，この特例の適用を受けることができる。

❷ 日本国外に住宅用の家屋を新築した場合でも，この特例の適用を受けることができる。

❸ 贈与者が住宅取得等資金の贈与をした年の1月1日において60歳未満の場合でも，この特例の適用を受けることができる。

❹ 受贈者について，住宅取得等資金の贈与を受けた年の所得税法に定める合計所得金額が2,000万円を超える場合でも，この特例の適用を受けることができる。

(本試験 2015 年問 23 出題)

正解肢 3

合格者正解率	不合格者正解率
66.8%	**48.6%**

受験者正解率 **60.5%**

❶ **誤　非課税となるのは資金の贈与である。**

　　直系尊属から住宅取得等資金の贈与を受けた場合の贈与税の非課税は，直系尊属からの贈与により住宅取得等資金の取得をした特定受贈者について，当該贈与により取得をした住宅取得等資金のうち住宅資金非課税限度額までの金額について贈与税の課税価格に算入しない（租特法70条の2第1項本文）。したがって，住宅用の家屋そのものの贈与については，この特例の適用を受けることができない。よって，本肢は誤り。

❷ **誤　国外にある住宅用家屋は対象にならない。**

　　直系尊属から贈与を受けた住宅取得等資金により取得した住宅用家屋は，特定受贈者がその居住の用に供する家屋で相続税法の施行地にあるものをいう（租特法施行令40条の4の2第1項）。相続税法の施行地とは，本州，北海道，四国，九州及びその附属の島（政令で定める地域を除く。）である（相続税法附則2項）。したがって，日本国外に住宅用の家屋を新築した場合には，この特例の適用を受けることができない。よって，本肢は誤り。

❸ **正　**直系尊属から住宅取得等資金の贈与を受けた場合の贈与税の非課税について，贈与者の年齢に関する規定がない（租特法70条の2参照）。したがって，贈与者が住宅取得等資金の贈与をした年の1月1日において60歳未満の場合でも，この特例の適用を受けることができる。よって，本肢は正しく，本問の正解肢となる。

❹ **誤　受贈者の合計所得金額は2,000万円以下に限る。**

　　特定受贈者とは，贈与税の納税義務者である個人のうち，住宅取得等資金の贈与を受けた日の属する年の1月1日において20歳以上であって，当該年の年分の所得税に係る合計所得金額が2,000万円以下である者をいう（租特法70条の2第2項1号）。よって，本肢は誤り。

ステップ92

ステップ92

ステップ92

●第2編 税・価格

地価公示法

問147

地価公示法に関する次の記述のうち,正しいものはどれか。

❶ 都市及びその周辺の地域等において,土地の取引を行う者は,取引の対象土地から最も近傍の標準地について公示された価格を指標として取引を行うよう努めなければならない。

❷ 標準地は,都市計画区域外や国土利用計画法の規定により指定された規制区域内からは選定されない。

❸ 標準地の正常な価格とは,土地について,自由な取引が行われるとした場合におけるその取引(一定の場合を除く。)において通常成立すると認められる価格をいい,当該土地に関して地上権が存する場合は,この権利が存しないものとして通常成立すると認められる価格となる。

❹ 土地鑑定委員会は,自然的及び社会的条件からみて類似の利用価値を有すると認められる地域において,土地の利用状況,環境等が特に良好と認められる一団の土地について標準地を選定する。

(本試験 2019 年問 25 出題)

	合格者正解率	不合格者正解率
正解肢 **3**	**92.0**%	**66.6**%
	受験者正解率 **84.2**%	

☆❶ **誤** 最も近傍の標準地の価格を指標とするものではない。　　ステップ95

　都市及びその周辺の地域等において，土地の取引を行う者は，取引の対象土地に類似する利用価値を有すると認められる標準地について公示された価格を指標として取引を行うよう努めなければならないものとされている（地価公示法1条の2）。「最も近傍の標準地」の価格を指標とするものではない。よって，本肢は誤り。

☆❷ **誤** 都市計画区域外からも選定できる。　　ステップ94

　土地鑑定委員会は，「都市計画区域その他の土地取引が相当程度見込まれるもの」として国土交通省令で定める区域内の標準地について，正常な価格を判定し，これを公示するものとする（地価公示法2条）。したがって，都市計画区域外から選定することもできる。よって，本肢は誤り。なお，国土利用計画法の規制区域内から選定されないという点は正しい。

☆❸ **正** 「正常な価格」とは，土地について，自由な取引が行われるとした場合におけるその取引において通常成立すると認められる価格をいい，当該土地に関して地上権等の権利が存する場合には，その権利が存しないものとして通常成立すると認められる価格をいう（地価公示法2条2項）。よって，本肢は正しく，本問の正解肢となる。なお，当該土地に建物その他の定着物がある場合もその建物等は存しないものとする。　　ステップ93

☆❹ **誤** 環境等が特に良好と認められる土地を選定するものではない。　　ステップ93

　標準地は，土地鑑定委員会が，自然的及び社会的条件からみて類似の利用価値を有すると認められる地域において，土地の利用状況，環境等が通常と認められる一団の土地について選定するものとする（地価公示法3条）。「環境等が通常と認められる一団の土地」であって，「環境等が特に良好と認められる一団の土地」ではない。よって，本肢は誤り。

地価公示法

問 148
地価公示法に関する次の記述のうち、誤っているものはどれか。

❶ 地価公示は、土地鑑定委員会が、公示区域内の標準地について、毎年1月1日における単位面積当たりの正常な価格を判定し、公示することにより行われる。

❷ 地価公示の標準地は、自然的及び社会的条件からみて類似の利用価値を有すると認められる地域において、土地の利用状況、環境等が通常と認められる一団の土地について選定される。

❸ 標準地の鑑定評価は、近傍類地の取引価格から算定される推定の価格、近傍類地の地代等から算定される推定の価格及び同等の効用を有する土地の造成に要する推定の費用の額を勘案して行われる。

❹ 都道府県知事は、土地鑑定委員会が公示した事項のうち、当該都道府県に存する標準地に係る部分を記載した書面及び当該標準地の所在を表示する図面を、当該都道府県の事務所において一般の閲覧に供しなければならない。

(本試験 2000 年問 29 改題)

	合格者正解率	不合格者正解率
正解肢 4	**80.3%**	―
	受験者正解率 **62.0%**	

☆**❶ 正** 土地鑑定委員会は，公示区域内の標準地について，毎年 **ステップ94**
1回，一定の基準日（1月1日）における単位面積あたりの正常
な価格を判定し，これを公示する（地価公示法2条1項，規則2
条）。よって，本肢は正しい。

☆**❷ 正** 標準地は，土地鑑定委員会が，自然的及び社会的条件か **ステップ93**
らみて類似の利用価値を有すると認められる地域において，土地
の利用状況，環境等が通常と認められる一団の土地について選定
する（地価公示法3条）。よって，本肢は正しい。

☆**❸ 正** 不動産鑑定士は，標準地の鑑定評価を行うにあたっては， **ステップ93**
近傍類地の取引価格から算定される推定の価格，近傍類地の地代
等から算定される推定の価格及び同等の効用を有する土地の造成
に要する推定の費用の額を勘案して，これを行わなければならな
い（地価公示法4条）。よって，本肢は正しい。

☆**❹ 誤** 都道府県知事ではなく，関係市町村の長である。 **ステップ94**
　土地鑑定委員会は，標準地の価格等を公示したときは，すみや
かに，関係市町村の長に対して，公示した事項のうち当該市町村
が属する都道府県に存する標準地に係る部分を記載した書面及び
当該標準地の所在を表示する図面を，送付しなければならない（地
価公示法7条1項）。そして，関係市町村の長は，送付を受けた
書面等を，当該市町村の事務所において一般の閲覧に供しなけれ
ばならない（地価公示法7条2項）。よって，本肢は誤りであり，
本問の正解肢となる。

●第2編 税・価格

地価公示法

問149 地価公示法に関する次の記述のうち，正しいものはどれか。

❶ 土地鑑定委員会は，標準地の単位面積当たりの価格及び当該標準地の前回の公示価格からの変化率等一定の事項を官報により公示しなければならないとされている。

❷ 土地鑑定委員会は，公示区域内の標準地について，毎年2回，2人以上の不動産鑑定士の鑑定評価を求め，その結果を審査し，必要な調整を行って，一定の基準日における当該標準地の単位面積当たりの正常な価格を判定し，これを公示するものとされている。

❸ 標準地は，土地鑑定委員会が，自然的及び社会的条件からみて類似の利用価値を有すると認められる地域において，土地の利用状況，環境等が通常であると認められる一団の土地について選定するものとされている。

❹ 土地の取引を行なう者は，取引の対象となる土地が標準地である場合には，当該標準地について公示された価格により取引を行なう義務を有する。

(本試験 2017 年問 25 出題)

	合格者正解率	不合格者正解率
正解肢 3	**76.7**%	**57.1**%
	受験者正解率 **68.0**%	

❶ **誤** 前回の公示価格からの変化率は，公示する必要はない。 税7-2-4

　土地鑑定委員会は，標準地の単位面積当たりの正常な価格を判定したときは，すみやかに，標準地の単位面積当たりの価格及び価格判定の基準日等の一定の事項を官報で公示しなければならない（地価公示法6条，施行規則5条）。しかし，当該標準地の前回の公示価格からの変化率は，官報で公示しなければならない事項ではない。よって，本肢は誤り。

☆❷ **誤** 毎年1回である。 ステップ94

　土地鑑定委員会は，公示区域内の標準地について，毎年1回，2人以上の不動産鑑定士の鑑定評価を求め，その結果を審査し，必要な調整を行って，一定の基準日における当該標準地の単位面積当たりの正常な価格を判定し，これを公示する（地価公示法2条）。毎年2回ではない。よって，本肢は誤り。

☆❸ **正** 標準地は，土地鑑定委員会が，自然的及び社会的条件からみて類似の利用価値を有すると認められる地域において，土地の利用状況，環境等が通常と認められる一団の土地について選定する（地価公示法3条）。よって，本肢は正しく，本問の正解肢となる。 ステップ93
ステップ94

☆❹ **誤** 指標として取引を行うよう努めなければならない。 ステップ95

　都市及びその周辺の地域等において，土地の取引を行なう者は，取引の対象土地に類似する利用価値を有すると認められる標準地について公示された価格を指標として取引を行なうよう努めなければならない（地価公示法1条の2）。取引の対象となる土地が標準地である場合であっても，これを除外する規定はない。したがって，当該標準地について公示された価格により取引を行なう義務を有するわけではない。よって，本肢は誤り。

● 第2編　税・価格

地価公示法

問 150 地価公示法に関する次の記述のうち，正しいものはどれか。

❶ 公示区域とは，土地鑑定委員会が都市計画法第4条第2項に規定する都市計画区域内において定める区域である。

❷ 土地収用法その他の法律によって土地を収用することができる事業を行う者は，公示区域内の土地を当該事業の用に供するため取得する場合において，当該土地の取得価格を定めるときは，公示価格を規準としなければならない。

❸ 土地の取引を行う者は，取引の対象土地に類似する利用価値を有すると認められる標準地について公示された価格を指標として取引を行わなければならない。

❹ 土地鑑定委員会が標準地の単位面積当たりの正常な価格を判定したときは，当該価格については官報で公示する必要があるが，標準地及びその周辺の土地の利用の現況については官報で公示しなくてもよい。

(本試験 2011 年問 25 出題)

正解肢 2

合格者正解率 **75.5%** 不合格者正解率 **47.8%**

受験者正解率 **62.1%**

❶ **誤** 都市計画区域内に限られない。 ステップ94

公示区域とは，都市計画区域その他の土地取引が相当程度見込まれるものとして国土交通省令で定める区域（国土利用計画法により指定された規制区域を除く）をいう（地価公示法2条1項かっこ書）。したがって，都市計画区域内において定めるとは限らず，都市計画区域外に定められることもある。公示区域を定めるのは，土地鑑定委員会ではなくて国土交通大臣である。よって，本肢は誤り。

☆❷ **正** 土地収用法その他の法律によって土地を収用することができる事業を行う者は，公示区域内の土地を当該事業の用に供するため取得する場合において，当該土地の取得価格を定めるときは，公示価格を規準としなければならない（地価公示法9条）。よって，本肢は正しく，本問の正解肢となる。 ステップ95

☆❸ **誤** 行わなければならないという義務はない。 ステップ95

都市及びその周辺の地域等において，土地の取引を行う者は，取引の対象土地に類似する利用価値を有すると認められる標準地について公示された価格を指標として取引を行うよう努めなければならない（地価公示法1条の2）。「努めなければならない」のであって，「行わなければならない」という義務はない。よって，本肢は誤り。

❹ **誤** 標準地及びその周辺土地の利用の現況も公示が必要。 税7-2-4

土地鑑定委員会は，標準地の単位面積当たりの正常な価格を判定したときは，すみやかに，当該価格のほか，標準地及びその周辺の土地の利用の現況等についても官報で公示しなければならない（地価公示法6条2号，4号）。よって，本肢は誤り。

●第2編 税・価格

地価公示法

問 151 地価公示法に関する次の記述のうち，誤っているものはどれか。

---

❶ 都市及びその周辺の地域等において，土地の取引を行う者は，取引の対象土地に類似する利用価値を有すると認められる標準地について公示された価格を指標として取引を行うよう努めなければならない。

❷ 地価公示は，土地鑑定委員会が，毎年1回，2人以上の不動産鑑定士の鑑定評価を求め，その結果を審査し，必要な調整を行って，標準地の正常な価格を判定し，これを公示するものである。

❸ 標準地の正常な価格とは，土地について，自由な取引が行われるとした場合に通常成立すると認められる価格をいい，当該土地に地上権がある場合には，その地上権が存するものとして通常成立すると認められる価格をいう。

❹ 標準地の鑑定評価は，近傍類地の取引価格から算定される推定の価格，近傍類地の地代等から算定される推定の価格及び同等の効用を有する土地の造成に要する推定の費用の額を勘案して行われる。

(本試験 2002 年問 29 改題)

正解肢 3

合格者正解率 **96.9%** 不合格者正解率 **77.9%**
受験者正解率 **88.3%**

☆**❶ 正** 都市及びその周辺の地域等において，土地の取引を行う者は，取引の対象土地に類似する利用価値を有すると認められる標準地について公示された価格を指標として取引を行うよう努めなければならない（地価公示法1条の2）。よって，本肢は正しい。 `ステップ95`

☆**❷ 正** 地価公示は，土地鑑定委員会が，毎年1回，2人以上の不動産鑑定士の鑑定評価を求め，その結果を審査し，必要な調整を行って，標準地の正常な価格を判定し，これを公示するものである（地価公示法2条1項）。よって，本肢は正しい。 `ステップ94`

☆**❸ 誤** 地上権が存するものとしてではない。 `ステップ93`

標準地の正常な価格とは，土地について，自由な取引が行われるとした場合におけるその取引において通常成立すると認められる価格をいい，当該土地に地上権がある場合には，地上権が存しないものとして通常成立すると認められる価格をいう（地価公示法2条2項）。よって，「地上権が存するものとして」とする本肢は誤りであり，本問の正解肢となる。

☆**❹ 正** 標準地の鑑定評価は，近傍類地の取引価格から算定される推定の価格，近傍類地の地代等から算定される推定の価格及び同等の効用を有する土地の造成に要する推定の費用の額を勘案して行われる（地価公示法4条）。よって，本肢は正しい。 `ステップ93`

●第2編 税・価格

地価公示法

問152

地価公示法に関する次の記述のうち,正しいものはどれか。

❶ 地価公示法の目的は,都市及びその周辺の地域等において,標準地を選定し,その周辺の土地の取引価格に関する情報を公示することにより,適正な地価の形成に寄与することである。

❷ 標準地は,土地鑑定委員会が,自然的及び社会的条件からみて類似の利用価値を有すると認められる地域において,土地の利用状況,環境等が通常と認められ,かつ,当該土地の使用又は収益を制限する権利が存しない一団の土地について選定する。

❸ 公示価格を規準とするとは,対象土地の価格を求めるに際して,当該対象土地とこれに類似する利用価値を有すると認められる1又は2以上の標準地との位置,地積,環境等の土地の客観的価値に作用する諸要因についての比較を行い,その結果に基づき,当該標準地の公示価格と当該対象土地の価格との間に均衡を保たせることをいう。

❹ 不動産鑑定士は,土地鑑定委員会の求めに応じて標準地の鑑定評価を行うに当たっては,近傍類地の取引価格から算定される推定の価格,近傍類地の地代等から算定される推定の価格又は同等の効用を有する土地の造成に要する推定の費用の額のいずれかを勘案してこれを行わなければならない。

(本試験 2013 年問 25 出題)

正解肢 3

合格者正解率 **32.5%** 不合格者正解率 **17.4%**
受験者正解率 **26.6%**

❶ **誤** 標準地の正常な価格を公示する。

税7-1
税7-2-4

地価公示法の目的は，都市及び周辺の地域等において，標準地を選定し，その正常な価格を公示することにより，適正な地価の形成に寄与することである（地価公示法1条）。また，土地鑑定委員会は標準地及びその「周辺」の土地の利用の現況を公示する（地価公示法6条4号）が，標準地「周辺」の土地の取引価格に関する情報を公示するのではない。よって，本肢は誤り。

❷ **誤** 権利が制限された土地を除外する規定はない。

税7-2-2

標準地は，土地鑑定委員会が，自然的及び社会的条件からみて類似の利用価値を有すると認められる地域において，土地の利用状況，環境等が通常と認められる一団の土地について選定する（地価公示法3条）。本肢の「当該土地の使用又は収益を制限する権利が存しない一団の土地について選定する」という条件は存しない。よって，本肢は誤り。

☆❸ **正** 公示価格を規準とするとは，対象土地の価格を求めるに

ステップ95

際して，当該対象土地とこれに類似する利用価値を有すると認められる1又は2以上の標準地との位置，地積，環境等の土地の客観的価値に作用する諸要因についての比較を行い，その結果に基づき，当該標準地の公示価格と当該対象土地の価格との間に均衡を保たせることをいう（地価公示法11条）。よって，本肢は正しく，本問の正解肢となる。

☆❹ **誤** 「いずれか」を勘案して行うのではない。

ステップ93

不動産鑑定士は，土地鑑定委員会の求めに応じて標準地の鑑定評価を行うにあたっては，近傍類地の取引価格から算定される推定の価格，近傍類地の地代等から算定される推定の価格「及び」同等の効用を有する土地の造成に要する推定の費用の額を勘案してこれを行わなければならない（地価公示法4条）。「いずれか」を勘案して行うのではない。よって，本肢は誤り。

●第2編 税・価格

地価公示法

問153

地価公示法に関する次の記述のうち、誤っているものはどれか。

❶ 都市計画区域外の区域を公示区域とすることはできない。

❷ 正常な価格とは、土地について、自由な取引が行われるとした場合におけるその取引において通常成立すると認められる価格をいい、この「取引」には住宅地とするための森林の取引も含まれる。

❸ 土地鑑定委員会が標準地の単位面積当たりの正常な価格を判定する際は、二人以上の不動産鑑定士の鑑定評価を求めなければならない。

❹ 土地鑑定委員会が標準地の単位面積当たりの正常な価格を判定したときは、標準地の形状についても公示しなければならない。

(本試験 2015 年問 25 出題)

正解肢 1

合格者正解率	不合格者正解率
79.6%	47.5%

受験者正解率 68.6%

☆❶ 誤　都市計画区域外の区域も公示区域とすることができる。　ステップ94

　都市計画法4条2項に規定する都市計画区域その他の土地取引が相当程度見込まれるものとして国土交通省令で定める区域（国土利用計画法12条1項の規定により指定された規制区域を除く。）を公示区域という（地価公示法2条1項）。したがって，都市計画区域外の区域を公示区域とすることもできる。よって，本肢は誤りであり，本問の正解肢となる。

❷ 正　正常な価格とは，土地について，自由な取引が行われる　税7-2-3
とした場合におけるその取引（農地，採草放牧地又は森林の取引（農地，採草放牧地及び森林以外のものとするための取引を除く。）を除く。）において通常成立すると認められる価格をいう（地価公示法2条2項）。したがって，農地，採草放牧地及び森林以外のものとするための取引は，正常な価格を判定するための取引に含まれる。よって，本肢は正しい。

☆❸ 正　土地鑑定委員会は，標準地について，毎年1回，国土交　ステップ94
通省令で定めるところにより，2人以上の不動産鑑定士の鑑定評価を求め，その結果を審査し，必要な調整を行って，一定の基準日における当該標準地の単位面積当たりの正常な価格を判定し，これを公示する（地価公示法2条1項）。よって，本肢は正しい。

❹ 正　土地鑑定委員会は，標準地の単位面積当たりの正常な価　税7-2-4
格を判定したときは，すみやかに，①標準地の所在の郡，市，区，町村及び字ならびに地番，②標準地の単位面積当たりの価格及び価格判定の基準日，③標準地の地積及び形状，④標準地及びその周辺の土地の利用の現況，⑤その他国土交通省令で定める事項を官報で公示しなければならない（地価公示法6条）。よって，本肢は正しい。

●第2編 税・価格

不動産鑑定評価基準

重要度 B

問154

不動産の鑑定評価に関する次の記述のうち、不動産鑑定評価基準によれば、正しいものはどれか。

❶ 不動産の鑑定評価によって求める価格は、基本的には正常価格であるが、市場性を有しない不動産については、鑑定評価の依頼目的及び条件に応じて限定価格、特定価格又は特殊価格を求める場合がある。

❷ 同一需給圏とは、一般に対象不動産と代替関係が成立して、その価格の形成について相互に影響を及ぼすような関係にある他の不動産の存する圏域をいうが、不動産の種類、性格及び規模に応じた需要者の選好性によって、その地域的範囲は狭められる場合もあれば、広域的に形成される場合もある。

❸ 鑑定評価の各手法の適用に当たって必要とされる取引事例等については、取引等の事情が正常なものと認められるものから選択すべきであり、売り急ぎ、買い進み等の特殊な事情が存在する事例を用いてはならない。

❹ 収益還元法は、対象不動産が将来生み出すであろうと期待される純収益の現在価値の総和を求めることにより対象不動産の試算価格を求める手法であるが、市場における土地の取引価格の上昇が著しいときは、その価格と収益価格との乖離が増大するものであるため、この手法の適用は避けるべきである。

(本試験 2016 年問 25 出題)

正解肢 2

合格者正解率	不合格者正解率
35.1%	**20.5**%

受験者正解率 **29.9**%

出る順宅建士 ③

☆**❶ 誤　市場性を有しない不動産について求める価格は特殊価格のみ。**　ステップ98

　不動産の鑑定評価によって求める価格は，基本的には正常価格である（不動産鑑定評価基準総論5章3節Ⅰ）。したがって，前半部分は正しい。次に，特殊価格は，「文化財等の一般的に市場性を有しない不動産について，その利用現況等を前提とした不動産の経済価値を適正に表示する価格」をいう（不動産鑑定評価基準総論5章3節Ⅰ4）が，正常価格，限定価格及び特定価格は「市場性を有する不動産について」求める価格を指す。したがって，限定価格及び特定価格を市場性を有しない不動産について求める価格としている点で，後半部分は誤りである。よって，本肢は誤り。

**❷ 正　**同一需給圏とは，一般に対象不動産と代替関係が成立して，その価格の形成について相互に影響を及ぼすような関係にある他の不動産の存する圏域をいう。そして，同一需給圏は，不動産の種類，性格及び規模に応じた需要者の選好性によってその地域的範囲を異にするものである（不動産鑑定評価基準総論6章1節Ⅱ1(2)）。よって，本肢は正しく，本問の正解肢となる。

☆**❸ 誤　特殊な取引事例等も補正により用いることができる。**　税8-5-3

　取引事例等は，鑑定評価の各手法に即応し，適切にして合理的な計画に基づき，豊富に秩序正しく収集し，選択すべきであり，投機的取引であると認められる事例等適正さを欠くものであってはならない。もっとも，取引事例等に係る取引等が特殊な事情を含み，これが当該取引事例等に係る価格等に影響を及ぼしているときは適切に補正しなければならない（不動産鑑定評価基準総論7章1節Ⅰ3(1)）。したがって，鑑定評価の各手法の適用にあたっては，特殊な事情の存在する取引事例等であっても補正をすれば用いることができる。よって，本肢は誤り。

☆**❹ 誤　収益還元法は取引価格が著しく上昇しているときは活用されるべきである。**　ステップ103

　収益還元法は，市場における不動産の取引価格の上昇が著しいときは，取引価格と収益価格との乖離が増大するものであるので，先走りがちな取引価格に対する有力な検証手段として，この手法が活用されるべきである（不動産鑑定評価基準総論7章1節Ⅳ1）。よって，本肢は誤り。

●第2編 税・価格

不動産鑑定評価基準

重要度 A

問155 不動産の鑑定評価に関する次の記述のうち，不動産鑑定評価基準によれば，正しいものはどれか。

❶ 不動産の価格は，その不動産の効用が最高度に発揮される可能性に最も富む使用を前提として把握される価格を標準として形成されるが，これを最有効使用の原則という。

❷ 収益還元法は，賃貸用不動産又は賃貸以外の事業の用に供する不動産の価格を求める場合に特に有効な手法であるが，事業の用に供さない自用の不動産の鑑定評価には適用すべきではない。

❸ 鑑定評価の基本的な手法は，原価法，取引事例比較法及び収益還元法に大別され，実際の鑑定評価に際しては，地域分析及び個別分析により把握した対象不動産に係る市場の特性等を適切に反映した手法をいずれか1つ選択して，適用すべきである。

❹ 限定価格とは，市場性を有する不動産について，法令等による社会的要請を背景とする鑑定評価目的の下で，正常価格の前提となる諸条件を満たさないことにより正常価格と同一の市場概念の下において形成されるであろう市場価値と乖離することとなる場合における不動産の経済価値を適正に表示する価格のことをいい，民事再生法に基づく鑑定評価目的の下で，早期売却を前提として求められる価格が例としてあげられる。

（本試験 2018 年問 25 出題）

正解チェック欄	／	／	／

LEC東京リーガルマインド　2022年版出る順宅建士 ウォーク問過去問題集③法令上の制限・税・その他　313

正解肢 1

合格者正解率 **59.8%** 不合格者正解率 **34.8%**
受験者正解率 **48.9%**

☆ ❶ **正** 不動産の価格は，その不動産の効用が最高度に発揮される可能性に最も富む使用（最有効使用）を前提として把握される価格を標準として形成される。これを最有効使用の原則という（不動産鑑定評価基準総論4章Ⅳ）。よって，本肢は正しく，本問の正解肢となる。 ステップ97

☆ ❷ **誤** 自用の不動産でも適用すべきである。 ステップ103

収益還元法は，賃貸用不動産又は賃貸以外の事業の用に供する不動産の価格を求める場合に特に有効であり，文化財の指定を受けた建造物等の一般的に市場性を有しない不動産以外のものには基本的にすべて適用すべきものであり，自用の不動産といえども賃貸を想定することにより適用される（不動産鑑定評価基準総論7章第1節Ⅳ）。よって，本肢は誤り。

☆ ❸ **誤** いずれか1つを選択して適用すべきものではない。 ステップ99

鑑定評価の手法の適用に当たっては，鑑定評価の手法を当該案件に即して適切に適用すべきである。この場合，地域分析及び個別分析により把握した対象不動産に係る市場の特性等を適切に反映した複数の鑑定評価の手法を適用すべきである（不動産鑑定評価基準総論8章第7節）。いずれか1つを選択して適用すべきものではない。よって，本肢は誤り。

☆ ❹ **誤** 本肢は特定価格に関する記述である。 ステップ98

限定価格とは，市場性を有する不動産について，不動産と取得する他の不動産との併合又は不動産の一部を取得する際の分割等に基づき正常価格と同一の市場概念の下において形成されるであろう市場価値と乖離することにより，市場が相対的に限定される場合における取得部分の当該市場限定に基づく市場価値を適正に表示する価格をいう（不動産鑑定評価基準総論5章第3節2）。よって，本肢は誤り。なお，本肢は「特定価格」に関する記述である。

314 LEC東京リーガルマインド 2022年版出る順宅建士 ウォーク問過去問題集③法令上の制限・税・その他

●第2編　税・価格

不動産鑑定評価基準

重要度 **C**

問156　不動産の鑑定評価に関する次の記述のうち，不動産鑑定評価基準によれば，誤っているものはどれか。

❶　不動産の価格を形成する要因とは，不動産の効用及び相対的稀少性並びに不動産に対する有効需要の三者に影響を与える要因をいう。不動産の鑑定評価を行うに当たっては，不動産の価格を形成する要因を明確に把握し，かつ，その推移及び動向並びに諸要因間の相互関係を十分に分析すること等が必要である。

❷　不動産の鑑定評価における各手法の適用に当たって必要とされる事例は，鑑定評価の各手法に即応し，適切にして合理的な計画に基づき，豊富に秩序正しく収集，選択されるべきであり，例えば，投機的取引と認められる事例は用いることができない。

❸　取引事例比較法においては，時点修正が可能である等の要件をすべて満たした取引事例について，近隣地域又は同一需給圏内の類似地域に存する不動産に係るもののうちから選択するものとするが，必要やむを得ない場合においては，近隣地域の周辺の地域に存する不動産に係るもののうちから選択することができる。

❹　原価法における減価修正の方法としては，耐用年数に基づく方法と，観察減価法の二つの方法があるが，これらを併用することはできない。

(本試験 2012 年問 25 出題)

正解チェック欄	／	／	／

LEC東京リーガルマインド　2022年版出る順宅建士 ウォーク問過去問題集③法令上の制限・税・その他　315

正解肢 **4**

合格者正解率	不合格者正解率
85.0%	**70.4**%
受験者正解率 **80.0**%	

❶ 正 不動産の価格を形成する要因とは，不動産の効用及び相対的希少性並びに不動産に対する有効需要の三者に影響を与える要因をいう。不動産の鑑定評価を行うにあたっては，不動産の価格を形成する要因を明確に把握し，かつ，その推移及び動向並びに諸要因間の相互関係を十分に分析することなどが必要である（不動産鑑定評価基準総論3章）。よって，本肢は正しい。

`税8-2-1`

❷ 正 不動産の鑑定評価における各手法の適用にあたって必要とされる事例は，鑑定評価の各手法に即応し，適切にして合理的な計画に基づき，豊富に秩序正しく収集，選択されるべきであり，例えば，投機的取引と認められる事例は用いることができない（不動産鑑定評価基準総論7章1節Ⅰ2）。よって，本肢は正しい。

`税8-5-1`

❸ 正 取引事例比較法においては，時点修正が可能であるなどの要件をすべて満たした取引事例について，近隣地域又は同一需給圏内の類似地域に存する不動産に係るもののうちから選択するものとするが，必要やむを得ない場合においては，近隣地域の周辺の地域に存する不動産に係るもののうちから選択することができる（不動産鑑定評価基準総論7章1節Ⅲ2（1））。よって，本肢は正しい。

`税8-5-1`

❹ 誤 併用することができる。

`税8-5-2`

原価法における減価修正の方法としては，耐用年数に基づく方法と，観察減価法の2つの方法があるが，かかる2つの方法は，これらを併用するものとする（不動産鑑定評価基準総論7章1節Ⅱ3（2））。よって，本肢は誤りであり，本問の正解肢となる。

● 第2編　税・価格

不動産鑑定評価基準

重要度 **A**

問157

不動産の鑑定評価に関する次の記述のうち，正しいものはどれか。

❶ 不動産の価格を求める鑑定評価の手法は，原価法，取引事例比較法及び収益還元法に大別されるが，鑑定評価に当たっては，案件に即してこれらの三手法のいずれか1つを適用することが原則である。

❷ 取引事例比較法とは，まず多数の取引事例を収集して適切な事例の選択を行い，これらに係る取引価格に必要に応じて事情補正及び時点修正を行い，かつ，地域要因の比較及び個別的要因の比較を行って求められた価格を比較考量し，これによって対象不動産の試算価格を求める手法である。

❸ 収益還元法は，文化財の指定を受けた建造物等の一般的に市場性を有しない不動産も含め基本的にすべての不動産に適用すべきものであり，自用の不動産といえども賃貸を想定することにより適用されるものである。

❹ 賃料の鑑定評価において，支払賃料とは，賃料の種類の如何を問わず賃貸人等に支払われる賃料の算定の期間に対応する適正なすべての経済的対価をいい，純賃料及び不動産の賃貸借等を継続するために通常必要とされる諸経費等から成り立つものである。

(本試験 2001 年問 29 改題)

正解チェック欄	/	/	/

LEC東京リーガルマインド　2022年版出る順宅建士 ウォーク問過去問題集③法令上の制限・税・その他　317

正解肢 2

合格者正解率 **87.9%** 　不合格者正解率 **74.0%**
受験者正解率 79.9%

☆❶ **誤**　複数の鑑定評価の手法を適用すべきである。　　　ステップ99

　不動産の価格を求める鑑定評価の基本的な手法は，原価法，取引事例比較法及び収益還元法に大別され，鑑定評価に当たっては，原則として，地域分析及び個別分析により把握した対象不動産に係る市場の特性等を適切に反映した複数の鑑定評価の手法を適用すべきである（不動産鑑定評価基準総論7章1節，8章7節）。よって，本肢は誤り。

☆❷ **正**　取引事例比較法とは，まず多数の取引事例を収集して適切な事例の選択を行い，これらに係る取引価格に必要に応じて事情補正及び時点修正を行い，かつ，地域要因の比較及び個別的要因の比較を行って求められた価格を比較考量し，これによって対象不動産の試算価格を求める手法である（不動産鑑定評価基準総論7章1節Ⅲ1）。よって，本肢は正しく，本問の正解肢となる。　　　ステップ102

☆❸ **誤**　市場性を有しない不動産も含めるのではない。　　　ステップ103

　収益還元法は，文化財の指定を受けた建造物等の一般的に市場性を有しない不動産以外のものには基本的にすべて適用すべきものとされている（不動産鑑定評価基準総論7章1節Ⅳ1）。よって，「市場性を有しない不動産も含め」とする本肢は誤り。なお，「自用の不動産といえども賃貸を想定することにより適用される」という点については正しい。

❹ **誤**　支払賃料ではない。　　　税8-5-5

　支払賃料とは，各支払時期に支払われる賃料をいい，契約にあたって，権利金，敷金，保証金などの一時金が授受される場合においては，当該一時金の運用益及び償却額とあわせて実質賃料を構成するものである（不動産鑑定評価基準総論7章2節Ⅰ1）。よって，本肢は誤り。なお，本肢は実質賃料に関する記述である。

第3編
免除科目

最近の出題傾向

	2019	2020 (10月)	2020 (12月)	2021 (10月)		2019	2020 (10月)	2020 (12月)	2021 (10月)
住宅金融 支援機構法	○	○	○	○	土地	○	○	○	○
不動産の 需給・統計	○	○	○	○	建物	○	○	○	○
景品表示法	○	○	○	○					

●本編で引用する法令等の略称は，次のとおりです。

略称	正式名称	略称	正式名称
機構法	独立行政法人住宅金 融支援機構法	景品規約	不動産業における景品類の提供 の制限に関する公正競争規約
機構業務 方法書	独立行政法人住宅金融 支援機構業務方法書	宅造法	宅地造成等規制法
景表法	不当景品類及び不当 表示防止法	建基法	建築基準法
表示規約	不動産の表示に関す る公正競争規約		

※各法の施行令は「施行令」，施行規則は「規則」と略記しています

320 LEC東京リーガルマインド　2022年版出る順宅建士 ウォーク問過去問題集③法令上の制限・税・その他

●第3編　免除科目

住宅金融支援機構法 重要度 B

問158

独立行政法人住宅金融支援機構（以下この問において「機構」という。）に関する次の記述のうち、誤っているものはどれか。

❶ 機構は、証券化支援事業(買取型)において、金融機関から買い取った住宅ローン債権を担保としてMBS（資産担保証券）を発行している。

❷ 機構は、災害により住宅が滅失した場合におけるその住宅に代わるべき住宅の建設又は購入に係る貸付金については、元金据置期間を設けることができない。

❸ 機構は、証券化支援事業（買取型）において、賃貸住宅の建設又は購入に必要な資金の貸付けに係る金融機関の貸付債権については譲受けの対象としていない。

❹ 機構は、貸付けを受けた者とあらかじめ契約を締結して、その者が死亡した場合に支払われる生命保険の保険金を当該貸付けに係る債務の弁済に充当する団体信用生命保険を業務として行っている。

(本試験 2020 年 10 月問 46 出題)

正解肢 2

合格者正解率 **92.1%** 不合格者正解率 **72.7%**
受験者正解率 **84.4%**

☆❶ **正** 機構は，証券化支援事業（買取型）において，民間金融機関が貸し付けた住宅ローンを買い取ることによって民間金融機関がかかえる長期の貸し出しリスクを低減させるという役割を担っている。機構が買い取った住宅ローンは，最終的にはMBS（資産担保証券）に証券化され，債券市場で流通することになる。債券市場で投資家がMBSを購入することにより，機構は住宅ローン債権の買取り資金を調達している。よって，本肢は正しい。

ステップ105

☆❷ **誤 元金返済の据置期間を設けることができる。**

機構は，災害復興建築物の建設又は購入に必要な資金の貸付けを行う（機構法13条1項5号）。そして，この貸付金について，機構は，主務大臣と協議して定めることにより元金返済の据置期間を設けることができる（機構業務方法書24条2項1号）。よって，本肢は誤りであり，本問の正解肢となる。

1-2-1

❸ **正** 機構は，住宅の建設又は購入に必要な資金の貸付けに係る貸付債権の譲受けを行う（証券化支援事業（買取型），機構法13条1項1号）。この貸付債権の対象に「自ら居住する住宅又は自ら居住する住宅以外の親族の居住の用に供する住宅を建設し，又は購入する者に対する貸付けに係る」債権は含まれているが，「賃貸住宅の建設又は購入に必要な資金の貸付けに係る金融機関の貸付債権」は含まれていない（機構業務方法書3条各号参照）。よって，本肢は正しい。

1-2-1

☆❹ **正** 機構は，貸付けを受けた者とあらかじめ契約を締結して，その者が死亡した場合に支払われる生命保険の保険金を当該貸付けに係る債務の弁済に充当する団体信用生命保険を業務として行っている（機構法13条1項10号）。よって，本肢は正しい。

1-2-1

住宅金融支援機構法

重要度 B

問159

独立行政法人住宅金融支援機構（以下この問において「機構」という。）に関する次の記述のうち、誤っているものはどれか。

❶ 機構は、住宅の建設又は購入に必要な資金の貸付けに係る金融機関の貸付債権の譲受けを業務として行っているが、当該住宅の建設又は購入に付随する土地又は借地権の取得に必要な資金の貸付けに係る貸付債権については、譲受けの対象としていない。

❷ 機構は、災害により、住宅が滅失した場合において、それに代わるべき建築物の建設又は購入に必要な資金の貸付けを業務として行っている。

❸ 機構は、貸付けを受けた者とあらかじめ契約を締結して、その者が死亡した場合に支払われる生命保険の保険金を当該貸付けに係る債務の弁済に充当する団体信用生命保険に関する業務を行っている。

❹ 機構が証券化支援事業（買取型）により譲り受ける貸付債権は、自ら居住する住宅又は自ら居住する住宅以外の親族の居住の用に供する住宅を建設し、又は購入する者に対する貸付けに係るものでなければならない。

（本試験 2013 年問 46 出題）

正解肢 1

合格者正解率 **66.0%** | 不合格者正解率 **44.5%**

受験者正解率 **57.4%**

❶ **誤** 付随する土地又は借地権の取得に係る貸付債権を含む。 　　免1-2-1

　機構が金融機関から譲受ける貸付債権は，住宅の建設又は購入に付随する土地又は借地権の取得に必要な資金の貸付けに係る貸付債権を含む（機構法13条1項1号，施行令5条1項）。よって，本肢は誤りであり，本問の正解肢となる。

☆❷ **正** 機構は災害復興建築物（災害により住宅が滅失した場合において，それに代わるべき建築物）の建設又は購入に必要な資金の貸付けを業務として行っている（機構法13条1項5号）。よって，本肢は正しい。 　　ステップ105

☆❸ **正** 機構は，あらかじめ貸付けを受けた者と一定の契約を締結し，その者が死亡した場合に支払われる生命保険金を当該貸付けに係る債務の弁済に充当する団体信用生命保険を業務として行っている（機構法13条1項10号）。よって，本肢は正しい。 　　免1-2-1

❹ **正** 機構が証券化支援事業（買取型）により譲り受ける貸付債権は，自ら居住する住宅又は自ら居住する住宅以外の親族の居住の用に供する住宅を建設し，又は購入する者に対する貸付けに係るものでなければならない（機構業務方法書3条1号）。よって，本肢は正しい。

●第3編　免除科目

住宅金融支援機構法

問160

独立行政法人住宅金融支援機構(以下この問において「機構」という。)に関する次の記述のうち,誤っているものはどれか。

❶ 機構は,地震に対する安全性の向上を主たる目的とする住宅の改良に必要な資金の貸付けを業務として行っている。

❷ 機構は,証券化支援事業(買取型)において,住宅の改良に必要な資金の貸付けに係る貸付債権について譲受けの対象としている。

❸ 機構は,高齢者の家庭に適した良好な居住性能及び居住環境を有する住宅とすることを主たる目的とする住宅の改良(高齢者が自ら居住する住宅について行うものに限る。)に必要な資金の貸付けを業務として行っている。

❹ 機構は,市街地の土地の合理的な利用に寄与する一定の建築物の建設に必要な資金の貸付けを業務として行っている。

(本試験 2014 年問 46 出題)

合格者正解率	不合格者正解率
25.9%	23.6%
受験者正解率 25.2%	

正解肢 2

☆❶ 正 機構は，地震に対する安全性の向上を主たる目的とする住宅の改良に必要な資金の貸付けを業務として行っている（機構法13条1項6号）。よって，本肢は正しい。 免1-2-1

❷ 誤 改良に必要な資金の貸付債権は譲受けの対象ではない。 免1-2-1

機構は，住宅の建設又は購入に必要な資金（当該住宅の建設又は購入に付随する行為で政令で定めるものに必要な資金を含む。）の貸付けに係る一定の金融機関の貸付債権の譲受けを行うことを業務としている（機構法13条1項1号）。譲受けの対象となるのは，住宅の「建設」「購入」の場合であって「改良」は対象としていない。よって，本肢は誤りであり，本問の正解肢となる。

☆❸ 正 機構は，高齢者の家庭に適した良好な居住性能及び居住環境を有する住宅とすることを主たる目的とする住宅の改良（高齢者が自ら居住する住宅について行うものに限る。）に必要な資金の貸付けを行うことを業務として行っている（機構法13条1項9号）。よって，本肢は正しい。 免1-2-1

❹ 正 機構は，合理的土地利用建築物の建設又は合理的土地利用建築物で人の居住の用その他その本来の用途に供したことのないものの購入に必要な資金（当該合理的土地利用建築物の建設又は購入に付随する行為で政令で定めるものに必要な資金を含む。）に必要な資金の貸付けを行うことを業務として行っている（機構法13条1項7号）。よって，本肢は正しい。 免1-2-1

●第3編　免除科目

住宅金融支援機構法　重要度 B

問161

独立行政法人住宅金融支援機構（以下この問において「機構」という。）に関する次の記述のうち，誤っているものはどれか。

❶ 機構は，団体信用生命保険業務として，貸付けを受けた者が死亡した場合のみならず，重度障害となった場合においても，支払われる生命保険の保険金を当該貸付けに係る債務の弁済に充当することができる。

❷ 機構は，直接融資業務において，高齢者の死亡時に一括償還をする方法により貸付金の償還を受けるときは，当該貸付金の貸付けのために設定された抵当権の効力の及ぶ範囲を超えて，弁済の請求をしないことができる。

❸ 証券化支援業務（買取型）に係る貸付金の利率は，貸付けに必要な資金の調達に係る金利その他の事情を勘案して機構が定めるため，どの金融機関においても同一の利率が適用される。

❹ 証券化支援業務（買取型）において，機構による譲受けの対象となる住宅の購入に必要な資金の貸付けに係る金融機関の貸付債権には，当該住宅の購入に付随する改良に必要な資金も含まれる。

(本試験 2017 年問 46 出題)

正解肢 **3**

合格者正解率	不合格者正解率
93.3%	**73.5%**
受験者正解率 **84.4%**	

❶ **正** 機構は貸付けを受けた者とあらかじめ契約を締結することによって，その者が死亡した場合に支払われる生命保険の保険金を当該貸付けに係る債務の弁済に充当することができる（団体信用生命保険業務）。これは死亡の場合のみならず，重度障害の状態となった場合も含まれている（機構法13条1項10号）。よって，本肢は正しい。

免1-2-1

❷ **正** 機構は，直接融資業務において高齢者死亡時に一括償還をする方法により貸付金の償還を受けるときは，当該貸付金の貸付けのために設定された抵当権の効力の及ぶ範囲を超えて，弁済の請求をしないことができる（機構業務方法書24条5項）。よって，本肢は正しい。

免1-2-1

☆❸ **誤** 金融機関によって異なる。

借入金利は各金融機関が決定することから，どの金融機関においても同一の利率が適用されるものではない。そのため，機構は，そのホームページにおいて，「借入金利に関する注意事項」という文書を掲載し注意喚起を促している（機構ホームページ）。よって，本肢は誤りであり，本問の正解肢となる。

免1-2-1

☆❹ **正** 機構は，住宅の建設又は購入に必要な資金の貸付けに係る貸付債権の譲受けを行うことができる。いわゆる証券化支援業務（買取型）である。この場合の貸付債権には，住宅の購入に付随する土地若しくは借地権の取得又は当該住宅の改良に必要な資金も含まれる（機構法13条1項1号，施行令5条1項2号）。よって，本肢は正しい。

ステップ105

328 LEC東京リーガルマインド 2022年版出る順宅建士 ウォーク問過去問題集③法令上の制限・税・その他

● 第3編 免除科目

住宅金融支援機構法 重要度 B

問 162

独立行政法人住宅金融支援機構（以下この問において「機構」という。）に関する次の記述のうち、誤っているものはどれか。

❶ 機構は、証券化支援事業（買取型）において、民間金融機関から買い取った住宅ローン債権を担保としてMBS（資産担保証券）を発行している。

❷ 証券化支援事業（買取型）における民間金融機関の住宅ローン金利は、金融機関によって異なる場合がある。

❸ 機構は、証券化支援事業（買取型）における民間金融機関の住宅ローンについて、借入金の元金の返済を債務者本人の死亡時に一括して行う高齢者向け返済特例制度を設けている。

❹ 機構は、証券化支援事業（買取型）において、住宅の建設や新築住宅の購入に係る貸付債権のほか、中古住宅を購入するための貸付債権も買取りの対象としている。

(本試験 2012 年問 46 出題)

正解肢 3

合格者正解率	不合格者正解率
57.9%	**34.8**%

受験者正解率 **49.7**%

❶ **正** 機構の証券化支援事業には「買取型」(機構法13条1項1号)と「保証型」(機構法13条1項2号)があるが,本肢は「買取型」の説明である。機構は,民間金融機関が貸し付けた住宅ローンを買い取ることによって民間金融機関がかかえる長期の貸し出しリスクを低減させるという役割を担っている。機構が買い取った住宅ローンは,最終的にはMBS(資産担保証券)に証券化され,債券市場で流通することになる。債券市場で投資家がMBSを購入することにより,機構は住宅ローン債権の買取り資金を調達している。よって,本肢は正しい。

免1-2-1

❷ **正** 機構の証券化支援事業(買取型)の住宅ローン金利は長期固定金利であるが,民間金融機関が顧客に貸し出す金利は,機構が提示した金利に独自の利益分を上乗せして決定される。したがって,住宅ローン金利は,各金融機関によって異なる場合がある。よって,本肢は正しい。

免1-2-1

☆❸ **誤** 高齢者向け返済特例は融資事業として行ったときに認められる制度である。

免1-2-1

　機構は,重要な政策上の理由が認められる場合に直接融資業務を行うが(機構法13条1項5号,6号等),高齢者に直接貸し付ける場合,元金の返済を債務者本人の死亡時に一括して行う高齢者向け返済特例が認められている(機構業務方法書24条4項)。証券化支援業務ではこのような特例は認められていない。よって,本肢は誤りであり,本問の正解肢となる。

❹ **正** 機構法において,住宅とは,人の居住の用に供する建築物又は建築物の人の居住の用に供する部分をいい,新築・中古を問わない(機構法2条1項)。したがって,証券化支援事業(買取型)の対象となる住宅ローン債権には新築住宅に係る貸付債権だけでなく,中古住宅を購入するための貸付債権も含まれる。よって,本肢は正しい。

免1-2-1

● 第3編 免除科目

景品表示法

問163

宅地建物取引業者が行う広告に関する次の記述のうち，不当景品類及び不当表示防止法（不動産の表示に関する公正競争規約を含む。）の規定によれば，正しいものはどれか。

❶ 建築基準法第28条（居室の採光及び換気）の規定に適合した採光及び換気のための窓等がなくても，居室として利用できる程度の広さがあれば，広告において居室として表示できる。

❷ 新築分譲マンションの販売広告において，住戸により修繕積立金の額が異なる場合であって，全ての住戸の修繕積立金を示すことが困難であるときは，全住戸の平均額のみ表示すればよい。

❸ 私道負担部分が含まれている新築住宅を販売する際，私道負担の面積が全体の5％以下であれば，私道負担部分がある旨を表示すれば足り，その面積までは表示する必要はない。

❹ 建築工事に着手した後に，その工事を相当の期間にわたり中断していた新築分譲マンションについては，建築工事に着手した時期及び中断していた期間を明瞭に表示しなければならない。

(本試験 2014 年問 47 出題)

正解肢 4

合格者正解率	不合格者正解率
92.5%	**74.4%**
受験者正解率 86.7%	

☆❶ **誤** 居室という表示はできない。　　　　　　　　　ステップ109

　採光及び換気のための窓その他の開口部の面積の当該室の床面積に対する割合が建築基準法第28条の規定に適合していないため，居室と認められない納戸その他の部分については，その旨を「納戸」等と表示しなければならない（表示規約規則10条17号）。一定の広さがあれば居室と表示ができる旨の規定はない。よって，本肢は誤り。

☆❷ **誤** 平均額の表示ではない。　　　　　　　　　　ステップ107

　修繕積立金については，1戸当たりの月額（予定額であるときは，その旨）を表示すること。ただし，住戸により修繕積立金の額が異なる場合において，そのすべての住戸の修繕積立金を示すことが困難であるときは，最低額及び最高額のみで表示することができる（表示規約規則10条43号）。平均額の表示ではない。よって，本肢は誤り。

❸ **誤** 面積の表示も必要である。　　　　　　　　　ステップ108

　私道負担部分が含まれている新築住宅を販売するときは，土地面積及び私道負担面積を表示しなければならない（表示規約別表4-13，5-9）。私道負担面積が5％以下であれば，その面積の表示を省略できる旨の規定はない。よって，本肢は誤り。

☆❹ **正** 建築工事に着手した後に，同工事を相当の期間にわたり　ステップ108
中断していた新築住宅又は新築分譲マンションについては，建築工事に着手した時期及び中断していた期間を明示しなければならない（表示規約規則8条14号）。よって，本肢は正しく，本問の正解肢となる。

332　LEC東京リーガルマインド　2022年版出る順宅建士 ウォーク問過去問題集③法令上の制限・税・その他

●第3編　免除科目

景品表示法

重要度 B

問 164

宅地建物取引業者が行う広告に関する次の記述のうち、不当景品類及び不当表示防止法（不動産の表示に関する公正競争規約を含む。）の規定によれば、正しいものはどれか。

❶ 新築分譲住宅について、価格Aで販売を開始してから3か月以上経過したため、価格Aから価格Bに値下げをすることとし、価格Aと価格Bを併記して、値下げをした旨を表示する場合、値下げ金額が明確になっていれば、価格Aの公表時期や値下げの時期を表示する必要はない。

❷ 土地上に古家が存在する場合に、当該古家が、住宅として使用することが可能な状態と認められる場合であっても、古家がある旨を表示すれば、売地と表示して販売しても不当表示に問われることはない。

❸ 新築分譲マンションの広告において、当該マンションの完成図を掲載する際に、敷地内にある電柱及び電線を消去する加工を施した場合であっても、当該マンションの外観を消費者に対し明確に示すためであれば、不当表示に問われることはない。

❹ 複数の売買物件を1枚の広告に掲載するに当たり、取引態様が複数混在している場合には、広告の下部にまとめて表示すれば、どの物件がどの取引態様かを明示していなくても不当表示に問われることはない。

（本試験 2018 年問 47 出題）

	合格者正解率	不合格者正解率
正解肢 **2**	**63.9**%	**46.7**%
	受験者正解率 **56.3**%	

☆**❶ 誤** 旧価格の公表時期や値下げの時期を明示しなければなら   ステップ107
ない。

　物件の価格について二重価格表示をする場合，事実に相違する
広告表示又は実際のものもしくは競争事業者に係るものよりも有
利であると誤認されるおそれのある広告表示をしてはならない
（表示規約20条）。そして，過去の販売価格を比較対照価格とす
る二重価格表示については，過去の販売価格の公表時期及び値下
げの時期を明示しなければならない（表示規約施行規則13条）。
よって，本肢は誤り。

☆**❷ 正** 土地取引において，当該土地上に古家，廃屋等が存在す   ステップ108
るときは，その旨を明示しなければならない（表示規約施行規則
8条6号）。住宅として使用することが可能であることの表示は
要求されていない。よって，本肢は正しく，本問の正解肢となる。

❸ 誤 周囲の状況について，現況に反する表示をしてはならな
い。

　宅地又は建物の見取図，完成図又は完成予想図は，その旨を明
示して用い，当該物件の周囲の状況について表示するときは，現
況に反する表示をしてはならない（表示規約施行規則10条23
号）。したがって，電柱や電線を消去する加工を施せば，不当表
示に問われることがある。よって，本肢は誤り。

❹ 誤 どの物件がどの取引態様かを明示しなければならない。

　取引態様は，「売主」，「貸主」，「代理」又は「媒介（仲介）」
の別をこれらの用語を用いて表示しなければならない（表示規約
施行規則10条1号）。そして，取引態様については，事実に相
違する表示又は実際のものもしくは競争事業者に係るものよりも
優良もしくは有利であると誤認されるおそれのある表示をしては
ならない（表示規約23条1号）。したがって，どの物件がどの
取引態様かを明示しなければ，不当表示に問われることがある。
よって，本肢は誤り。

334 LEC東京リーガルマインド　2022年版出る順宅建士 ウォーク問過去問題集③法令上の制限・税・その他

●第3編　免除科目

景品表示法

問165 宅地建物取引業者が行う広告に関する次の記述のうち、不当景品類及び不当表示防止法（不動産の表示に関する公正競争規約を含む。）の規定によれば、正しいものはどれか。

❶ 宅地建物取引業者が自ら所有する不動産を販売する場合の広告には、取引態様の別として「直販」と表示すればよい。

❷ リフォーム済みの中古住宅について、リフォーム済みである旨を表示して販売する場合、広告中にはリフォームした時期及びリフォームの内容を明示しなければならない。

❸ 取引しようとする物件の周辺に存在するデパート、スーパーマーケット等の商業施設については、現に利用できるものでなければ広告に表示することはできない。

❹ 販売する土地が有効な利用が阻害される著しい不整形画地であっても、実際の土地を見れば不整形画地であることは認識できるため、当該土地の広告にはその旨を表示する必要はない。

（本試験 2012 年問 47 改題）

正解肢 **2**	合格者正解率 **77.1**%	不合格者正解率 **56.8**%
	受験者正解率 **69.9**%	

☆**❶** **誤** 「売主」と表示しなければならない。

取引態様は,「売主」,「貸主」,「代理」又は「媒介(仲介)」の別をこれらの用語を用いて表示しなければならない(表示規約規則10条1号)。自ら所有する不動産を直接販売する意味で「直販」という文字を用いることはできず,「売主」としなければならない。よって,本肢は誤り。

❷ **正** 建物をリフォーム又は改築(以下「リフォーム等」という。)したことを表示する場合は,そのリフォーム等の内容及び時期を明示しなければならない(表示規約規則10条21号)。よって,本肢は正しく,本問の正解肢となる。 `ステップ111`

☆**❸** **誤** 現に利用できなくても将来確実に利用できるなら表示することができる。 `ステップ110`

デパート,スーパーマーケット等の商業施設は,現に利用できるものを物件までの道路距離を明示して表示しなければならない。ただし,現に利用できなくても将来確実に利用できるものであれば,予定時期を明示して表示することができる(表示規約規則10条31号)。よって,本肢は誤り。

☆**❹** **誤** 著しく特異な地勢の土地は,その旨を明示しなければならない。 `ステップ108`

土地の有効な利用が阻害される著しい不整形画地及び区画の地盤面が2段以上に分かれている等の著しく特異な地勢の土地については,その旨を表示しなければならない(表示規約規則8条11号)。実際の土地を見れば不整形画地であると認識できるからといって表示を省略することはできない。よって,本肢は誤り。

●第3編 免除科目

景品表示法

問166 宅地建物取引業者が行う広告に関する次の記述のうち，不当景品類及び不当表示防止法（不動産の表示に関する公正競争規約を含む。）の規定によれば，正しいものはどれか。

❶ 新築分譲マンションの販売広告で完成予想図により周囲の状況を表示する場合，完成予想図である旨及び周囲の状況はイメージであり実際とは異なる旨を表示すれば，実際に所在しない箇所に商業施設を表示するなど現況と異なる表示をしてもよい。

❷ 宅地の販売広告における地目の表示は，登記簿に記載されている地目と現況の地目が異なる場合には，登記簿上の地目のみを表示すればよい。

❸ 住戸により管理費が異なる分譲マンションの販売広告を行う場合，全ての住戸の管理費を示すことが広告スペースの関係で困難なときには，1住戸当たりの月額の最低額及び最高額を表示すればよい。

❹ 完成後8か月しか経過していない分譲住宅については，入居の有無にかかわらず新築分譲住宅と表示してもよい。

（本試験 2013 年問 47 出題）

正解肢 3

合格者正解率 **86.6%** 不合格者正解率 **76.0%**

受験者正解率 **82.4%**

☆**❶ 誤 優良であると誤認される表示をしてはならない。**

事業者は，学校，病院，官公署その他の公共・公益施設又はデパート，商店その他の商業施設もしくは生活施設の利用の便宜について，実際のものよりも優良であると誤認されるおそれのある表示をしてはならない（表示規約23条1項35号）。よって，本肢は誤り。

☆**❷ 誤 登記簿の地目と現況の地目は併記する。**

事業者は，物件の地目について，登記簿に記載されているものを表示しなければならない。この場合において，登記簿に記載されている地目と現況の地目が異なる場合には，現況の地目を併記しなければならない（表示規約規則10条19号）。よって，本肢は誤り。

☆**❸ 正** 事業者は，管理費について，1戸当たりの月額を表示しなければならない。ただし，住戸により管理費の額が異なる場合において，そのすべての住宅の管理費を示すことが困難であるときは，最低額及び最高額のみで表示することができる（表示規約規則10条41号）。よって，本肢は正しく，本問の正解肢となる。

ステップ107

☆**❹ 誤 居住の用に供されたことがあってはならない。**

事業者は，新築という用語については，建築後1年未満であって，居住の用に供されたことがないものという意味で使用しなければならない（表示規約18条1項1号）。従って，入居の有無にかかわらず使用することはできない。よって，本肢は誤り。

ステップ111

●第3編　免除科目

景品表示法

問167

宅地建物取引業者が行う広告に関する次の記述のうち、不当景品類及び不当表示防止法の規定によれば、正しいものはどれか。

❶ 不動産の販売広告において、自己の販売する物件の価格等の取引条件が競争事業者のものより有利である旨表示し、一般消費者を誘引して顧客を獲得しても、その表示内容を裏付ける合理的な根拠を広告に示していれば、不当表示となるおそれはない。

❷ 不動産の販売広告に係る甲物件の取引を顧客が申し出た場合に、甲物件に案内することを拒否したり、甲物件の難点を指摘して取引に応じることなく顧客に他の物件を勧めたときでも、甲物件が存在していれば、その広告は不当表示となるおそれはない。

❸ 新聞の折込広告において、分譲住宅40戸の販売を一斉に開始して1年経過後、売れ残った住宅30戸の販売を一時中止し、その6カ月後に一般日刊新聞紙の紙面広告で当該住宅を「新発売」と表示して販売したときでも、広告媒体が異なるので、不当表示となるおそれはない。

❹ 市街化調整区域内に所在する土地（開発許可を受けた開発区域内の土地その他の一定の土地を除く。）の販売広告においては、「市街化調整区域」と表示し、このほかに「現在は建築不可」と表示さえすれば、市街化区域への区分の変更が行われる予定がないとしても、不当表示となるおそれはない。

(本試験1999年問47改題)

正解肢 1

合格者正解率	不合格者正解率
———	———

受験者正解率　———

☆**❶ 正** 価格その他の取引条件について,「日本一」「日本初」「業界一」「超」「当社だけ」「他に類を見ない」「抜群」等,競争事業者の供給するもの又は競争事業者よりも優位に立つことを意味する用語を使用してはならない(表示規約18条2項2号)。ただし,当該表示内容を裏付ける合理的な根拠を示す資料を現に有している場合は,例外的に不当表示とはならない。本肢の表示はこの例外に該当する(表示規約18条2項)。よって,本肢は正しく,本問の正解肢となる。

☆**❷ 誤 取引する意思がない物件は,おとり広告となる。**　ステップ107

実際には取引する意思がない物件に関する表示をしてはならない(おとり広告の禁止,表示規約21条3号)。本肢の広告は,このおとり広告に該当し,不当表示となるおそれがある。よって,本肢は誤り。

☆**❸ 誤 既に販売した物件は,「新発売」と表示することはできない。**　ステップ111

新発売という用語は,新たに造成された宅地又は新築の住宅(造成工事前又は建築工事完了前のものを含む)について,一般消費者に対し,初めて購入の申込みの勧誘を行うこと(一団の宅地又は建物を数期に区分して販売する場合は,期ごとの勧誘)をいい,その申込みを受けるに際して一定の期間を設ける場合においては,その期間内の勧誘をいう(表示規約18条1項2号)。このことは,広告媒体が異なるからといって変わるものではない。よって,本肢は誤り。

☆**❹ 誤 「現在は建築不可」は,不当表示となるおそれがある。**　ステップ109

市街化調整区域に所在する土地については,都市計画法の開発許可を受けている場合等を除き,「市街化調整区域。宅地の造成及び建物の建築はできません。」と16ポイント以上の文字で明示しなければならない(表示規約規則8条1号)。よって,本肢は誤り。

景品表示法

問 168 宅地建物取引業者が行う広告等に関する次の記述のうち、不当景品類及び不当表示防止法（不動産の表示に関する公正競争規約を含む。）の規定によれば、正しいものはどれか。

❶ 分譲宅地（50区画）の販売広告を新聞折込チラシに掲載する場合、広告スペースの関係ですべての区画の価格を表示することが困難なときは、1区画当たりの最低価格、最高価格及び最多価格帯並びにその価格帯に属する販売区画数を表示すれば足りる。

❷ 新築分譲マンションの販売において、モデル・ルームは、不当景品類及び不当表示防止法の規制対象となる「表示」には当たらないため、実際の居室には付属しない豪華な設備や家具等を設置した場合であっても、当該家具等は実際の居室には付属しない旨を明示する必要はない。

❸ 建売住宅の販売広告において、実際に当該物件から最寄駅まで歩いたときの所要時間が15分であれば、物件から最寄駅までの道路距離にかかわらず、広告中に「最寄駅まで徒歩15分」と表示することができる。

❹ 分譲住宅の販売広告において、当該物件周辺の地元住民が鉄道会社に駅の新設を要請している事実が報道されていれば、広告中に地元住民が要請している新設予定時期を明示して、新駅として表示することができる。

（本試験 2011 年問 47 出題）

正解肢 1

合格者正解率 **97.8%** 不合格者正解率 **90.2%**

受験者正解率 **94.2%**

☆❶ **正** 土地の価格については，1区画当たりの価格を表示する ステップ107
のが原則であるが（表示規約規則10条35号），すべての区画の
価格を表示することが困難であるときは，分譲宅地の価格につい
ては，1区画当たりの最低価格，最高価格及び最多価格帯ならび
にその価格帯に属する販売区画数を表示すれば足りる（表示規約
規則10条36号）。よって，本肢は正しく，本問の正解肢となる。

❷ **誤** モデル・ルームは，「表示」にあたる。

表示規約において「表示」とは，顧客を誘引するための手段と
して事業者が不動産に関する事項について行う広告その他の表示
であり，モデル・ルームその他これらに類似する物による表示も
含まれる（表示規約4条5項1号）。よって，本肢は誤り。

☆❸ **誤** 道路距離80メートルにつき1分間で算出する。 ステップ110

徒歩による所要時間は，道路距離80メートルにつき1分間を
要するものとして算出した数値を表示しなければならない。この
場合において，1分未満の端数が生じたときは，1分として算出
する（表示規約規則10条10号）。したがって，道路距離にかか
わらず，徒歩による所要時間を表示することはできない。よって，
本肢は誤り。

☆❹ **誤** 運行主体が公表したものでないと，表示できない。 ステップ110

新設予定の鉄道，都市モノレールの駅もしくは路面電車の停留
所又はバスの停留所は，当該路線の運行主体が公表したものに限
り，その新設予定時期を明示して表示することができる（表示規
約規則10条5号）。したがって，新駅設置を要請している事実
があるだけでは，新駅と表示することはできない。よって，本肢
は誤り。

342 LEC東京リーガルマインド 2022年版出る順宅建士 ウォーク問過去問題集③法令上の制限・税・その他

●第3編 免除科目

景品表示法

重要度 B

問 169

宅地建物取引業者が行う広告に関する次の記述のうち，不当景品類及び不当表示防止法（不動産の表示に関する公正競争規約を含む。）の規定によれば，正しいものはどれか。

❶ 建築基準法第42条第2項の規定により道路とみなされる部分（セットバックを要する部分）を含む土地については，セットバックを要する旨及びその面積を必ず表示しなければならない。

❷ 取引態様については，「売主」，「貸主」，「代理」又は「媒介（仲介）」の別を表示しなければならず，これらの用語以外の「直販」，「委託」等の用語による表示は，取引態様の表示とは認められない。

❸ インターネット上に掲載している賃貸物件について，掲載した後に契約済みとなり実際には取引できなくなっていたとしても，当該物件について消費者からの問合せがなく，故意に掲載を継続していたものでなければ，不当表示に問われることはない。

❹ 新築分譲住宅を販売するに当たり，販売価格が確定していないため直ちに取引することができない場合，その取引開始時期をあらかじめ告知する予告広告を行うことはできない。

（本試験 2020 年 12 月問 47 出題）

合格者正解率	不合格者正解率
61.8%	**40.0**%
受験者正解率 **57.2**%	

正解肢 2

❶ **誤** 面積は必ず表示しなければならないわけではない。

建築基準法 42 条 2 項の規定により道路とみなされる部分（セットバックを要する部分）を含む土地については，その旨を表示し，セットバックを要する部分の面積がおおむね 10 パーセント以上である場合は，併せてその面積を明示しなければならない（表示規約 13 条，施行規則 8 条 5 号）。よって，本肢は誤り。

❷ **正** 取引態様は，「売主」，「貸主」，「代理」又は「媒介（仲介）」の別をこれらの用語を用いて表示しなければならない（表示規約 15 条 1 号，施行規則 10 条 1 号）。よって，本肢は正しく，本問の正解肢となる。

☆❸ **誤** 取引の対象となり得ない物件は，おとり広告となる。

実際には取引の対象となり得ない物件に関する表示をしてはならない（おとり広告の禁止，表示規約 21 条 2 号）。本肢の広告は，このおとり広告に該当し，不当表示となるおそれがある。このことは，故意に掲載を継続していたものであるか否かにより異なるものではない。よって，本肢は誤り。

ステップ107

❹ **誤** 取引開始時期をあらかじめ告知する予告広告を行うことができる。

予告広告においては，販売予定時期又は取引開始予定時期等を表示しなければならない（表示規約 9 条 4 項，施行規則 5 条 3 項 3 号）。そして，販売価格が確定していないため直ちに取引することができない場合でも，価格が未定である旨又は予定最低価格，予定最高価格及び予定最多価格帯を表示すれば，予告広告を行うことができる（施行規則 5 条 3 項 2 号）。よって，本肢は誤り。

●第3編 免除科目

景品表示法

問170 宅地建物取引業者がインターネット不動産情報サイトにおいて行った広告表示に関する次の記述のうち、不当景品類及び不当表示防止法（不動産の表示に関する公正競争規約を含む。）の規定によれば、正しいものはどれか。

❶ 物件の所有者に媒介を依頼された宅地建物取引業者Aから入手した当該物件に関する情報を、宅地建物取引業者Bが、そのままインターネット不動産情報サイトに表示し広告を行っていれば、仮に入手した物件に関する情報が間違っていたとしても不当表示に問われることはない。

❷ 新築の建売住宅について、建築中で外装が完成していなかったため、当該建売住宅と規模、外観等は同一ではないが同じ施工業者が他の地域で手掛けた建売住宅の外観写真を、施工例である旨を明記して掲載した。この広告表示が不当表示に問われることはない。

❸ 取引しようとする賃貸物件から最寄りの甲駅までの徒歩所要時間を表示するため、当該物件から甲駅までの道路距離を80mで除して算出したところ5.25分であったので、1分未満を四捨五入して「甲駅から5分」と表示した。この広告表示が不当表示に問われることはない。

❹ 新築分譲マンションについて、パンフレットには当該マンションの全戸数の専有面積を表示したが、インターネット広告には当該マンションの全戸数の専有面積のうち、最小面積及び最大面積のみを表示した。この広告表示が不当表示に問われることはない。

（本試験 2017 年問 47 出題）

	合格者正解率	不合格者正解率
正解肢 4	67.4%	54.4%
	受験者正解率 61.5%	

☆❶ **誤** 情報が間違っていれば不当表示となる。

他の宅建業者から入手した情報をそのまま掲載した場合であっても，広告において間違った情報を表示すれば不当表示となる（景品表示法5条以下，表示規約4章以下）。また，規制の対象となる広告媒体はインターネットやパソコン通信等によるものも含まれる（表示規約4条5項5号）。よって，本肢は誤り。

☆❷ **誤** 外観等は同一でなければならない。

宅地又は建物の写真は，取引するものの写真を用いて表示しなければならない。ただし，取引しようとする建物が建築工事の完了前である等その建物の写真を用いることができない事情がある場合においては，取引しようとする建物と規模，形質及び外観が同一の他の建物の外観写真を，他の建物のものである旨を写真に接する位置に明示することによって用いることができる（表示規約施行規則10条22号）。規模，形質及び外観が同一でなければならない。よって，本肢は誤り。

☆❸ **誤** 「6分」と表示しなければならない。

徒歩による所要時間は，道路距離80メートルにつき1分間を要するものとして算出した数値を表示しなければならず，1分未満の端数が生じたときは，1分として算出しなければならない（表示規約施行規則10条10号）。端数は1分として切り上げることから，本肢の場合「6分」と表示しなければならず，四捨五入してはならない。よって，本肢は誤り。

❹ **正** 新築分譲マンションにおいては，パンフレット等の媒体を除き，専有面積は最小面積及び最大面積のみで表示することができる（表示規約施行規則別表第6の17）。したがって，パンフレットで全戸数の専有面積を表示した上で，インターネット広告では最小面積及び最大面積のみで表示しても不当表示にはならない。よって，本肢は正しく，本問の正解肢となる。

346 LEC東京リーガルマインド 2022年版出る順宅建士 ウォーク問過去問題集③法令上の制限・税・その他

●第3編 免除科目

景品表示法

重要度 A

問171 宅地建物取引業者が行う広告等に関する次の記述のうち，不当景品類及び不当表示防止法（不動産の表示に関する公正競争規約を含む。）の規定によれば，正しいものはどれか。

❶ 路地状部分のみで道路に接する土地を取引する場合は，その路地状部分の面積が当該土地面積の50％以上を占めていなければ，路地状部分を含む旨及び路地状部分の割合又は面積を明示せずに表示してもよい。

❷ 不動産物件について表示する場合，当該物件の近隣に，現に利用できるデパートやスーパーマーケット等の商業施設が存在することを表示する場合は，当該施設までの徒歩所要時間を明示すれば足り，道路距離は明示せずに表示してもよい。

❸ 傾斜地を含むことにより当該土地の有効な利用が著しく阻害される場合は，原則として，傾斜地を含む旨及び傾斜地の割合又は面積を明示しなければならないが，マンションについては，これを明示せずに表示してもよい。

❹ 温泉法による温泉が付いたマンションであることを表示する場合，それが温泉に加温したものである場合であっても，その旨は明示せずに表示してもよい。

（本試験 2010 年問 47 出題）

正解肢 **3**

合格者正解率	不合格者正解率
41.5%	**19.0%**
受験者正解率 33.2%	

❶ **誤** おおむね30％以上占めるときは明示する。

　路地状部分のみで道路に接する土地であって，その路地状部分の面積が当該土地面積のおおむね30％以上を占めるときは，路地状部分を含む旨及び路地状部分の割合又は面積を明示しなければならない（表示規約規則8条4号）。よって，本肢は誤り。

☆❷ **誤** 道路距離を明示して表示しなければならない。

　デパート，スーパーマーケット，商店等の商業施設は，現に利用できるものを物件までの道路距離を明示して表示しなければならない（表示規約規則10条31号）。よって，本肢は誤り。

ステップ110

☆❸ **正** 傾斜地を含むことにより，当該土地の有効な利用が著しく阻害される場合（マンションを除く。）は，傾斜地を含む旨及び傾斜地の割合又は面積を明示しなければならない（表示規約規則8条10号）。マンションは除かれているから，マンションについては明示せずに表示してよい。よって，本肢は正しく，本問の正解肢となる。

ステップ108

❹ **誤** 温泉に加温したものについては，その旨を明示する。

　温泉法による温泉について，温泉に加温したものについては，その旨を明示して表示しなければならない（表示規約規則10条26号ア）。よって，本肢は誤り。

●第3編　免除科目

土　地

重要度 B

問172

土地に関する次の記述のうち,最も不適当なものはどれか。

❶　台地,段丘は,農地として利用され,また都市的な土地利用も多く,地盤も安定している。

❷　台地を刻む谷や台地上の池沼を埋め立てた所では,地盤の液状化が発生し得る。

❸　台地,段丘は,水はけも良く,宅地として積極的に利用されているが,自然災害に対して安全度の低い所である。

❹　旧河道や低湿地,海浜の埋立地では,地震による地盤の液状化対策が必要である。

(本試験2019年問49出題)

❶ 適当 台地や段丘は，水はけの良い土壌の特徴を活かして畑作地や果樹園といった農地として利用されることが多い。また平坦で地盤も安定していることから都市化が進められ，工場や住宅地として開発が多く進められている。よって，本肢は適当である。

4-1

☆**❷ 適当** 台地を刻む谷や台地上の池沼を埋め立てた部分は，他と比べて盛土が厚く，地下水の流れを受けやすくなることから，地下水がたまりやすく，地震時には盛土の滑動による液状化が発生し得る。よって，本肢は適当である。

4-1

☆**❸ 最も不適当** 台地や段丘は自然災害に対して安全度が高い。
台地や段丘は，水はけもよく，宅地として利用されている。また，一般に低地に比べて，河床からの比高が大きいため水害を受けにくい。さらに，地盤も良好であることが多く，震災を受けにくいという特徴がある。したがって，台地や段丘は自然災害に対して安全度の高い場所であるといえる。よって，本肢は最も不適当であり，本問の正解肢となる。

4-1

☆**❹ 適当** 旧河道や低湿地などは，地下水位が高かったり，ゆるい河床砂や埋土が存在するといった特徴があることから，液状化が起こりやすい場所である。また，海浜の埋立地も液状化しやすい土地であるので，地震による地盤の液状化対策が必要である。よって，本肢は適当である。

4-1

●第3編 免除科目

土 地

問173
造成された宅地及び擁壁に関する次の記述のうち、誤っているものはどれか。

---

❶ 盛土をする場合には、地表水の浸透により、地盤にゆるみ、沈下、崩壊又は滑りが生じないように締め固める。

❷ 切土又は盛土したがけ面の擁壁は、原則として、鉄筋コンクリート造、無筋コンクリート造又は間知石練積み造その他の練積み造とする。

❸ 擁壁の裏面の排水をよくするために、耐水材料での水抜き穴を設け、その周辺には砂利等の透水層を設ける。

❹ 造成して平坦にした宅地では、一般に盛土部分に比べて切土部分で地盤沈下量が大きくなる。

(本試験 2005 年問 50 改題)

正解肢 4

合格者正解率	不合格者正解率
83.6%	**66.8**%
受験者正解率 **77.0**%	

❶ **正** 盛土をする場合には，盛土をした後の地盤に雨水その他 免4-2-2
の地表水又は地下水の浸透によるゆるみ，沈下，崩壊又は滑りが
生じないように締め固めるとともに，必要に応じて地滑り抑止ぐ
い等の設置その他の措置を講じなければならない（宅造法施行令
5条3号）。よって，本肢は正しい。

❷ **正** 切土又は盛土したがけ面の擁壁は，原則として鉄筋コン 免4-2-2
クリート造，無筋コンクリート造又は間知石練積み造（けんちい
しねりつみづくり）その他の練積み造（ねりつみづくり）のもの
としなければならない（宅造法施行令6条1項2号）。よって，
本肢は正しい。

❸ **正** 擁壁には，その裏面の排水をよくするため，耐水材料を 免4-2-3
用いた水抜き穴を設け，かつ，擁壁の裏面で水抜き穴の周辺その
他必要な場所には，砂利等の透水層を設けなければならない（宅
造法施行令10条）。よって，本肢は正しい。

☆❹ **誤** 盛土部分で地盤沈下量が大きくなる。 免4-2-3

造成して平坦にした宅地では，一般に切土部分に比べて盛土部
分で地盤沈下量が大きくなる。よって，本肢は誤りであり，本問
の正解肢となる。

352　LEC東京リーガルマインド　2022年版出る順宅建士 ウォーク問過去問題集③法令上の制限・税・その他

●第3編　免除科目

土　地

問174

土地の形質に関する次の記述のうち，誤っているものはどれか。

---

❶ 地表面の傾斜は，等高線の密度で読み取ることができ，等高線の密度が高い所は傾斜が急である。

❷ 扇状地は山地から平野部の出口で，勾配が急に緩やかになる所に見られ，等高線が同心円状になるのが特徴的である。

❸ 等高線が山頂に向かって高い方に弧を描いている部分は尾根で，山頂から見て等高線が張り出している部分は谷である。

❹ 等高線の間隔の大きい河口付近では，河川の氾濫により河川より離れた場所でも浸水する可能性が高くなる。

（本試験 2008 年問 49 出題）

正解肢 3

合格者正解率 **69.5**%　不合格者正解率 **50.8**%

受験者正解率 **62.6**%

☆❶　**正**　地表面の傾斜は，等高線の密度で読み取ることができ，等高線の密度が高い（間隔が狭い）所は傾斜が急で，等高線の密度が低い（間隔が広い）所は傾斜が緩やかである。よって，本肢は正しい。

免4-3

❷　**正**　扇状地は，谷の出口の勾配が急に緩やかになる平地部で形成され，等高線は，谷の出口を中心とした扇形の同心円状になる。よって，本肢は正しい。

免4-1-3

❸　**誤**　記述が逆である。

免4-3

　等高線が山頂に向かって高い方に弧を描いている部分は谷で，山頂から見て等高線が張り出している部分は尾根である。本肢は，尾根と谷の記述が逆である。よって，本肢は誤りであり，本問の正解肢となる。

❹　**正**　等高線の間隔の大きい河口付近では，傾斜がほとんどなく，ほぼ平坦であることから，河川の氾濫により河川より離れた場所でも浸水する可能性が高くなる。よって，本肢は正しい。

免4-3

354　LEC東京リーガルマインド　2022年版出る順宅建士 ウォーク問過去問題集③法令上の制限・税・その他

●第3編 免除科目

土 地

問175 土地に関する次の記述のうち,最も不適当なものはどれか。

❶ 扇状地は,山地から河川により運ばれてきた砂礫等が堆積して形成された地盤である。

❷ 三角州は,河川の河口付近に見られる軟弱な地盤である。

❸ 台地は,一般に地盤が安定しており,低地に比べ,自然災害に対して安全度は高い。

❹ 埋立地は,一般に海面に対して比高を持ち,干拓地に比べ,水害に対して危険である。

(本試験 2017 年問 49 出題)

正解肢 4

合格者正解率	不合格者正解率
94.0%	**73.2**%
受験者正解率 84.6%	

☆**❶ 適当** 扇状地とは，山地から河川により運ばれてきた砂礫等 **免4-1-3**
が谷の出口等に扇状に堆積し，広がった微高地である。よって，
本肢は適当である。

❷ 適当 三角州は，河川の搬出する砂泥が河口付近に堆積し， **免4-1-3**
形成された低平な扇状の地形であり，全体的に標高は非常に低く，
地盤は軟弱である。よって，本肢は適当である。

☆**❸ 適当** 台地は，一般的に水はけがよく，地盤が安定している **ステップ114**
ので，低地に比べ，地震，水害等の自然災害に対して安全性が高い。
よって，本肢は適当である。

☆**❹ 最も不適当** 埋立地より干拓地のほうが水害に対して危険で **ステップ114**
ある。

　埋立地は，一般に海面に対して数メートルの比高を持ち，一般
に海面以下の場合が多い干拓地より災害に対して安全である。
よって，本肢は最も不適当であり，本問の正解肢となる。

356 LEC東京リーガルマインド　2022年版出る順宅建士 ウォーク問過去問題集③法令上の制限・税・その他

●第3編　免除科目

土 地

問176
日本の土地に関する次の記述のうち、最も不適当なものはどれか。

❶ 国土を山地と平地に大別すると、山地の占める比率は、国土面積の約75％である。

❷ 火山地は、国土面積の約7％を占め、山林や原野のままの所も多く、水利に乏しい。

❸ 台地・段丘は、国土面積の約12％で、地盤も安定し、土地利用に適した土地である。

❹ 低地は、国土面積の約25％であり、地盤も安定し、土地利用に適した土地である。

(本試験 2013 年問 49 出題)

正解肢　4

合格者正解率 **97.5**%　不合格者正解率 **88.3**%
受験者正解率 **93.8**%

出る順宅建士 ③

❶ **適当**　国土を山地と平地に大別すると，山地の占める比率は，国土面積の約75％であり，平地の占める割合は国土面積の約25％にすぎない。よって，本肢は適当である。

免4-1-1

❷ **適当**　火山地は，国土面積の約7％を占めており，山地に比べて地形はなだらかであるが，土質が悪く水利に乏しく，開発が進まずに疎林や原野になっている所が多い。よって，本肢は適当である。

☆❸ **適当**　台地・段丘は，国土面積の約12％を占めており，地盤も安定し，災害も少ない。ほとんどすべての土地利用に適した土地であり，商業用地，住宅用地，農業用地等，用途を問わず多く利用されている。よって，本肢は適当である。

ステップ114

☆❹ **最も不適当**　液状化などの災害危険度は高い。

ステップ114

　低地は，国土面積の約13％を占めており，そのほとんどが地盤の軟弱な地域となっている。地震災害に対して脆弱であり，液状化の危険度は高い。また，洪水，高潮等の災害の危険度も高い。よって，本肢は最も不適当であり，本問の正解肢となる。

● 第3編　免除科目

土 地

問177

土地に関する次の記述のうち，誤っているものはどれか。

❶ 丘陵地や台地内の小さな谷間は，軟弱地盤であることが多く，これを埋土して造成された宅地では，地盤沈下や排水不良を生じることが多い。

❷ 宅地周りの既存の擁壁の上に，ブロックを積み増し，盛土して造成することにより，宅地面積を広げつつ，安全な宅地として利用できることが多い。

❸ 丘陵地を切り盛りして平坦化した宅地において，切土部と盛土部にまたがる区域では，沈下量の違いにより不同沈下を生じやすい。

❹ 宅地の安定に排水処理は重要であり，擁壁の水抜き穴，盛土のり面の小段の排水溝等による排水処理の行われていない宅地は，不適当であることが多い。

(本試験 1997 年問 50 出題)

正解肢 **2**

合格者正解率	不合格者正解率
—	—
受験者正解率	—

☆**❶** **正** 丘陵地や台地内の小さな谷間は，地盤も軟弱で，地震や
洪水の被害を受けやすい。そして，これを埋土して造成された宅
地では，地盤沈下や排水不良を起こしやすい。よって，本肢は正
しい。

ステップ114

❷ **誤** **安全な宅地としては利用できない。**

免4-2-2

擁壁を設置する場合には，鉄筋コンクリート造，無筋コンクリー
ト造又は間知石練積み造（けんちいしねりつみづくり）その他の
練積み造のものとしなければならない（宅造法施行令6条）。ま
た，石材その他の組積材は，コンクリートを用いて一体の擁壁と
しなければならない（宅造法施行令8条2号）。本肢のように，
ブロックを擁壁に積み増し，盛土して造成すると，宅地は崩壊の
危険性が高くなる。よって，本肢は誤りであり，本問の正解肢と
なる。

☆**❸** **正** 丘陵地を切り盛りして平坦化した宅地で，切土部と盛土
部にまたがる区域では，崩壊のおそれが多い。また，盛土部分は
地盤が弱く，不同沈下を生じやすい。よって，本肢は正しい。

ステップ115

☆**❹** **正** 宅地の水はけをよくするためには，排水処理は重要であ
る。そのため，擁壁には水抜き穴を設けなければならず，盛土を
する場合には，雨水その他の地表水を排除することができるよう
に排水施設を設ける必要がある（宅造法施行令10条，13条）。
そのような排水処理が行われていない宅地は，不適当であること
が多い。よって，本肢は正しい。

ステップ115

360 LEC東京リーガルマインド 2022年版出る順宅建士 ウォーク問過去問題集③法令上の制限・税・その他

●第3編 免除科目

土 地

問178

土地に関する次の記述のうち,最も不適当なものはどれか。

❶ 旧河道は,地震や洪水などによる災害を受ける危険度が高い所である。

❷ 地盤の液状化は,地盤の条件と地震の揺れ方により,発生することがある。

❸ 沿岸地域は,津波や高潮などの被害を受けやすく,宅地の標高や避難経路を把握しておくことが必要である。

❹ 台地や丘陵の縁辺部は,豪雨などによる崖崩れに対しては,安全である。

(本試験 2014 年問 49 出題)

正解肢 **4**

合格者正解率	不合格者正解率
98.4%	**89.5%**
受験者正解率 **95.6%**	

☆**❶** **適当** 旧河道とは，過去に河川であった跡の土地のことをいう。低地の中でさらに周囲の土地よりも低い帯状のくぼ地になっている。浸水しやすく，排水も悪く，軟弱な地盤であるため，地震や洪水などによる災害を受ける危険度が高い所である。よって，本肢は適当である。

ステップ114

☆**❷** **適当** 地盤の液状化は，地下水で飽和している砂質地盤に地震動が加わることによって砂の粒子間のかみ合わせがはずれることによって生じる。したがって，地盤の条件と地震の揺れ方により，発生することがある。よって，本肢は適当である。

免4-1-3

☆**❸** **適当** 沿岸地域は，海岸に面しているため，津波や高潮などの被害を受けやすい。したがって，普段から宅地の標高や避難経路を把握しておくことが必要である。よって，本肢は適当である。

免4-1-3

☆**❹** **最も不適当** 縁辺部は崖崩れに対して危険な場所である。

台地や丘陵は基本的には崖崩れに対して安全な場所である。しかし，台地や丘陵であっても，その縁辺部は，集中豪雨の時に崖崩れを起こすことが多いので，宅地には適さない。したがって，縁辺部は崖崩れに対して安全とはいえない。よって，本肢は最も不適当であり，本問の正解肢となる。

ステップ114

●第3編 免除科目

建 物

重要度 B

問179

建築の構造に関する次の記述のうち、最も不適当なものはどれか。

❶ 耐震構造は、建物の柱、はり、耐震壁などで剛性を高め、地震に対して十分耐えられるようにした構造である。

❷ 免震構造は、建物の下部構造と上部構造との間に積層ゴムなどを設置し、揺れを減らす構造である。

❸ 制震構造は、制震ダンパーなどを設置し、揺れを制御する構造である。

❹ 既存不適格建築物の耐震補強として、制震構造や免震構造を用いることは適していない。

(本試験 2013 年問 50 出題)

☆❶ **適当** 耐震構造は，建物の柱，はり，耐震壁などで建物自体の剛性を高め，地震に対して十分耐えられるようにした構造である。よって，本肢は適当である。

免5-6-1

☆❷ **適当** 免震構造は，一般に，建物の下部構造と上部構造との間に積層ゴムなどを設置し，地震による揺れを減らす構造である。よって，本肢は適当である。

免5-6-2

☆❸ **適当** 制震構造は，建物の骨組み（ブレースなど）に制震ダンパーなどを設置し，地震による揺れを制御する構造である。よって，本肢は適当である。

免5-6-3

❹ **最も不適当** 制震構造や免震構造を用いることができる。

既存不適格建築物の耐震補強として，制震構造や免震構造を用いることができる。よって，適していないとする本肢は最も不適当であり，本問の正解肢となる。

●第3編　免除科目

建　物

問180

建築物の構造に関する次の記述のうち，最も不適当なものはどれか。

❶ 木造建物を造る際には，強度や耐久性において，できるだけ乾燥している木材を使用するのが好ましい。

❷ 集成木材構造は，集成木材で骨組を構成したもので，大規模な建物にも使用されている。

❸ 鉄骨構造は，不燃構造であり，耐火材料による耐火被覆がなくても耐火構造にすることができる。

❹ 鉄筋コンクリート構造は，耐久性を高めるためには，中性化の防止やコンクリートのひび割れ防止の注意が必要である。

（本試験 2018 年問 50 出題）

	合格者正解率	不合格者正解率
正解肢 3	**94.4%**	**77.4%**
	受験者正解率 **86.8%**	

☆**❶ 適当** 木材は，水分を吸収すると，変形し，腐りやすく，シロアリにも侵されやすくなる。木材は，乾燥状態のほうが，強度が高く，耐久性があるため，木造建築物を造る際には，できるだけ乾燥している木材を使用することが望ましい。よって，本肢は適当である。 `ステップ116`

❷ 適当 集成木材構造は，乾燥収縮が少ない集成木材で骨組を構成した構造で，体育館や展示場等の大規模な建築物にも使用されている。よって，本肢は適当である。 `免5-1-4`

☆**❸ 最も不適当** 鉄骨構造は，耐火材料による被覆をすることによって耐火構造とできる。 `ステップ117`

鉄骨構造は不燃構造ではあるが，火熱に遭うと耐力が著しく減少するので耐火構造とするためには，気泡コンクリート板等の耐火材料で被覆する必要がある。よって，本肢は最も不適当であり，本問の正解肢となる。

❹ 適当 鉄筋コンクリート構造は，耐久性を大きくするためには，中性化の防止，鉄筋を直接的に錆びさせる要因となるコンクリートの亀裂防止等に注意をする必要がある。よって，本肢は適当である。 `免5-4-1`

366 LEC東京リーガルマインド 2022年版出る順宅建士 ウォーク問過去問題集③法令上の制限・税・その他

●第3編 免除科目

建 物

問181

建築物の構造に関する次の記述のうち，最も不適当なものはどれか。

❶ 鉄骨造は，自重が大きく，靱性が小さいことから，大空間の建築や高層建築にはあまり使用されない。

❷ 鉄筋コンクリート造においては，骨組の形式はラーメン式の構造が一般に用いられる。

❸ 鉄骨鉄筋コンクリート造は，鉄筋コンクリート造にさらに強度と靱性を高めた構造である。

❹ ブロック造を耐震的な構造にするためには，鉄筋コンクリートの布基礎及び臥梁により壁体の底部と頂部を固めることが必要である。

(本試験 2016 年問 50 出題)

正解肢 **1**

合格者正解率	不合格者正解率
81.8%	**68.4**%

受験者正解率 **76.8**%

免5-3

☆❶ **最も不適当** 鉄骨造は，自重が軽く，靭性が大きい。

　鉄骨造は，自重が軽く，靭性が大きいことから，大空間の建築や高層建築に多く使用される構造である。よって，本肢は最も不適当であり，本問の正解肢となる。なお，自重とは，建築物自体の重量のことであり，鉛直方向に働く荷重を意味し，靭性とは，材料の粘り強さのことである。

❷ **適当** 鉄筋コンクリート造においては，骨組の形式はラーメン構造が一般的に用いられる。よって，本肢は適当である。なお，ラーメン構造とは，柱と梁を剛に接合することによって一体化した構造のことをいう。ラーメンとはドイツ語で「枠」のことである。

❸ **適当** 鉄骨鉄筋コンクリート造は，柱や梁などを鉄骨で組み上げてあり，その周りに鉄筋を配置しコンクリートを流し込んでいる構造のことをいう。強度や靭性などの面で鉄筋コンクリート造よりも優れているとされており，10階建て以上の高層マンションや超高層マンションなどの建築に用いられる場合が多い。よって，本肢は適当である。

ステップ117

❹ **適当** 組積造（ブロック造等）を耐震的な構造にするには，鉄筋コンクリートの布基礎及び臥梁により壁体の底部と頂部を固めることが必要である（建基法施行令56条参照）。よって，本肢は適当である。なお，布基礎とは，鉄筋コンクリートが連続して設けられた基礎のことであり，臥梁とは，ブロック造等の組積造において，各階の壁体頂部を連続的にかためる鉄筋コンクリート製の梁のことをいう。

368 LEC東京リーガルマインド　2022年版出る順宅建士 ウォーク問過去問題集③法令上の制限・税・その他

●第3編　免除科目

建　物

問182

建築物の構造と材料に関する次の記述のうち，不適当なものはどれか。

❶ 常温において鉄筋と普通コンクリートの熱膨張率は，ほぼ等しい。

❷ コンクリートの引張強度は，圧縮強度より大きい。

❸ 木材の強度は，含水率が大きい状態のほうが小さくなる。

❹ 集成材は，単板などを積層したもので，大規模な木造建築物に使用される。

(本試験 2010 年問 50 出題)

正解肢 **2**

合格者正解率	不合格者正解率
69.8%	**46.7**%
受験者正解率 **61.2**%	

❶ **適当** 常温・常圧において鉄筋とコンクリートの熱膨張率は、高温で熱せられても 900℃位までは、ほぼ等しい。よって、本肢は適当である。　免5-4-1

☆❷ **不適当** 引張強度のほうが小さい。　免5-4-1

　コンクリートの引張強度は、一般に圧縮強度の 10 分の 1 程度で、圧縮強度より小さい。よって、本肢は不適当であり、本問の正解肢となる。

☆❸ **適当** 木材の強度は、含水率が大きい状態の方が小さく、乾燥して含水率が小さい状態のほうが大きくなる。よって、本肢は適当である。　ステップ116

❹ **適当** 集成材は、単板などを積層したもので、伸縮・変形・割れなどが生じにくいものであり、大規模な木造建築物に使用される。よって、本肢は適当である。　免5-1-4

●第3編　免除科目

建　物

問183

建築物の構造に関する次の記述のうち，最も不適当なものはどれか。

❶ ラーメン構造は，柱とはりを組み合わせた直方体で構成する骨組である。

❷ トラス式構造は，細長い部材を三角形に組み合わせた構成の構造である。

❸ アーチ式構造は，スポーツ施設のような大空間を構成するには適していない構造である。

❹ 壁式構造は，柱とはりではなく，壁板により構成する構造である。

(本試験 2011 年問 50 出題)

合格者正解率 **92.5%**　不合格者正解率 **85.0%**
受験者正解率 **89.0%**

❶ 適当　ラーメン構造は，柱とはりといった部材の各接点が剛に接合されて一体となった骨組みによる構造をいう。この骨組みは，柱とはりを組み合わせて直方体を形成することとなる。したがって，ラーメン構造は，柱とはりを組み合わせた直方体で構成する骨組であるといえる。よって，本肢は適当である。

❷ 適当　トラス式構造とは，部材の節点が，ピン接合となっている三角形を単位とした構造骨組みによる構造をいう。一般的に，部材は細長いものを使用する。したがって，細長い部材を三角形に組み合わせた構成の構造といえる。よって，本肢は適当である。

❸ 最も不適当　アーチ式構造は，大空間を構成するのに適した構造である。

　アーチ式構造とは，材軸が曲線状をなす骨組をいい，主として軸方向圧縮力により，力が伝達されるものをいう。この構造は，一般に体育館等のスポーツ施設のように大空間を構成する場合に使用される。したがって，アーチ式構造は，大空間を構成するのに適した構造である。よって，本肢は最も不適当であり，本問の正解肢となる。

❹ 適当　壁式構造とは，板状の部材で構成されている構造をいう。壁や床といった平面的な構造体のみで構成される構造で，柱の代わりに壁で建物荷重を支えるものである。したがって，壁式構造は，壁板により構成する構造であるといえる。よって，本肢は適当である。

●第3編 免除科目

建 物

問184
建物の構造に関する次の記述のうち，最も不適当なものはどれか。

❶ 木造は湿気に強い構造であり，地盤面からの基礎の立上がりをとる必要はない。

❷ 基礎の種類には，直接基礎，杭基礎等がある。

❸ 杭基礎には，木杭，既製コンクリート杭，鋼杭等がある。

❹ 建物は，上部構造と基礎構造からなり，基礎構造は上部構造を支持する役目を負うものである。

(本試験 2015 年問 50 出題)

正解肢 1

合格者正解率	不合格者正解率
99.1%	**93.7**%
受験者正解率 **97.2**%	

☆❶ **最も不適当** 木造は湿気に弱い構造である。

ステップ116

木材は，水分を吸収すると，変形し，腐りやすく，またシロアリにも侵されやすくなる。木造は，木材に水分を吸収させてしまう湿気には弱い構造といえる。そのため，木造では，湿気を回避するため，地盤面基礎の立ち上がりを十分とる必要がある。よって，本肢は最も不適当であり，本問の正解肢となる。

❷ **適当** 基礎の種類には，基礎の底面が直接支持地盤に接する直接基礎と，地盤が深い場合に使用する杭基礎などがある。よって，本肢は適当である。

免5-5

❸ **適当** 抗基礎には木杭，既製コンクリート杭，鋼杭，場所打ちコンクリート杭などがある。よって，本肢は適当である。

❹ **適当** 建物は上部構造と基礎構造から構成され，基礎構造は上部構造を安全に支持する役目を負うものである。なお，上部構造は建築空間の骨格を形成し，荷重に耐える役目を負う主要構造と，屋根・壁・床等の仕上げ部分などから構成される。よって，本肢は適当である。

374 LEC東京リーガルマインド　2022年版出る順宅建士 ウォーク問過去問題集③法令上の制限・税・その他

●第3編　免除科目

建　物

重要度 B

問185
建物の構造と材料に関する次の記述のうち，最も不適当なものはどれか。

❶ 木材の強度は，含水率が小さい状態の方が低くなる。

❷ 鉄筋は，炭素含有量が多いほど，引張強度が増大する傾向がある。

❸ 常温，常圧において，鉄筋と普通コンクリートを比較すると，熱膨張率はほぼ等しい。

❹ 鉄筋コンクリート構造は，耐火性，耐久性があり，耐震性，耐風性にも優れた構造である。

（本試験2017年問50出題）

合格者正解率	不合格者正解率
88.2%	**70.6%**
受験者正解率	80.3%

正解肢 **1**

☆ **❶ 最も不適当** 木材の強度は，含水率が小さいほど強度が高くなる。 ステップ116

　木材は，含水率が小さいほうが，強度は高くなる。すなわち乾燥状態であるほうが強い。よって，本肢は最も不適当であり，本問の正解肢となる。

☆ **❷ 適当** 鉄は，炭素含有量が多いほど，引張強さ及び硬さが増大し，伸びが減少する。よって，本肢は適当である。なお，炭素含有量が多いと，強度は大きくなる反面もろく，ねばりが小さくなる。そこで，鉄骨造には，一般に炭素含有量が少ない鋼が用いられる。 免5-3

❸ 適当 常温，常圧においては，鉄とコンクリートの熱による膨張率は，ほぼ等しいものとなっている。よって，本肢は適当である。なお，この特性を生かした建築構造が鉄筋コンクリート構造である。 免5-4-1

☆ **❹ 適当** 鉄筋コンクリート構造は，耐火性，耐久性に富んだコンクリートに，引っ張り強度，靱性（ねばり強さ）の高い鉄の長所を生かした構造である。したがって，耐震性，耐風性にも優れた構造である。よって，本肢は適当である。 免5-4

第4編
令和3年度
(10月試験)
本試験問題

【法令上の制限・税・その他の傾向と対策】

　【問23】の国税が「所得税」，【問24】の地方税が「不動産取得税」，【問25】の価格の評定が「鑑定評価基準」からの出題であり，地方税と価格の評定は2020年10月試験と同じ項目となっています。2020年12月試験の地方税が「固定資産税」，価格の評定が「地価公示法」であったことを考えれば，まず順番通りの出題といえます。

　本年は，昨年と異なり，建築基準法からの出題である【問17】と【問18】，所得税からの出題である【問23】の3問が非常な難問であったことが特徴といえます。また，都市計画法からの出題である【問15】と【問16】も平易な問題ではありませんでした。この5問が得点しにくかったため，法令上の制限と税は昨年よりも難易度が上がったといえるでしょう。

【免除科目の傾向と対策】

　支援機構からの出題である【問46】と景品表示法からの出題である【問47】が平易とはいえませんでした。ただ，正解率が4割を下回るような難問でもなかったので，例年通り4問は正解できたと推察されます。

問	内容・項目	本試験	難易度
186	都市計画の内容	問15	普
187	開発行為の規制等	問16	難
188	建築基準法総合	問17	難
189	建築基準法総合	問18	難
190	宅地造成等規制法	問19	易
191	土地区画整理法	問20	易
192	農地法	問21	易
193	国土利用計画法	問22	易
194	所得税	問23	難
195	不動産取得税	問24	普
196	不動産鑑定評価基準	問25	普
197	住宅金融支援機構法	問46	普
198	景品表示法	問47	普
199	不動産の需給・統計	問48	易
200	土地	問49	易
201	建物	問50	易

378　LEC東京リーガルマインド　2022年版出る順宅建士 ウォーク問過去問題集③法令上の制限・税・その他

都市計画の内容

問186

都市計画法に関する次の記述のうち、誤っているものはどれか。

❶ 地区計画については、都市計画に、当該地区計画の目標を定めるよう努めるものとされている。

❷ 地区計画については、都市計画に、区域の面積を定めるよう努めるものとされている。

❸ 地区整備計画においては、市街化区域と市街化調整区域との区分の決定の有無を定めることができる。

❹ 地区整備計画においては、建築物の建蔽率の最高限度を定めることができる。

(本試験 2021 年 10 月問 15 出題)

❶ 正　地区計画については，都市計画に，「当該地区計画の目標」を定めるよう努めるものとされている（都計法12条の5第2項2号）。よって，本肢は正しい。なお，「当該区域の整備，開発及び保全に関する方針」も定めるよう努めるものとされている（都計法12条の5第2項3号）。

❷ 正　地区計画については，都市計画に，地区計画等の種類，名称，位置及び区域を定めるものとするとともに，「区域の面積」等を定めるよう努めるものとする（都計法12条の4第2項）。よって，本肢は正しい。

❸ 誤　地区整備計画で定めることはできない。

　市街化区域と市街化調整区域との区分，すなわち「区域区分」に関する都市計画は，都道府県が定める（都計法7条1項柱書本文，15条1項2号）。地区整備計画で定めるものではない。よって，本肢は誤りであり，本問の正解肢となる。

❹ 正　地区整備計画においては，建築物の建蔽率の最高限度を定めることができる（都計法12条の5第7項2号）。よって，本肢は正しい。なお，地区整備計画においては，「建蔽率の最高限度」の他，「地区施設の配置及び規模」，「建築物等の用途の制限」，「容積率の最高限度」，「市街化調整区域以外の区域内においては，容積率の最低限度」「壁面の位置の制限」等を定めることができるとされている（都計法12条の5第7項各号参照）。

●第4編　令和3年度（10月試験）本試験問題

開発行為の規制等

問187
都市計画法に関する次の記述のうち，正しいものはどれか。ただし，許可を要する開発行為の面積については，条例による定めはないものとし，この問において「都道府県知事」とは，地方自治法に基づく指定都市，中核市及び施行時特例市にあってはその長をいうものとする。

❶ 市街化区域において，都市公園法に規定する公園施設である建築物の建築を目的とした5,000㎡の土地の区画形質の変更を行おうとする者は，あらかじめ，都道府県知事の許可を受けなければならない。

❷ 首都圏整備法に規定する既成市街地内にある市街化区域において，住宅の建築を目的とした800㎡の土地の区画形質の変更を行おうとする者は，あらかじめ，都道府県知事の許可を受けなければならない。

❸ 準都市計画区域において，商業施設の建築を目的とした2,000㎡の土地の区画形質の変更を行おうとする者は，あらかじめ，都道府県知事の許可を受けなければならない。

❹ 区域区分が定められていない都市計画区域において，土地区画整理事業の施行として行う8,000㎡の土地の区画形質の変更を行おうとする者は，あらかじめ，都道府県知事の許可を受けなければならない。

（本試験2021年10月問16出題）

正解肢 2

合格者正解率	不合格者正解率
―	―

受験者正解率 **42.4**%

❶ **誤** 開発許可は不要である。　　　　　　　　　　　　制1-5-3

　主として建築物の建築又は特定工作物の建設の用に供する目的で行う土地の区画形質の変更を「開発行為」という。そして，都市計画区域又は準都市計画区域内において開発行為をしようとする者は，原則として，あらかじめ，都道府県知事の許可を受けなければならない（開発許可，都計法4条12号，29条1項本文）。ただし，都市公園法に規定する公園施設である建築物は公益上必要な建築物であり，例外的に開発許可を受ける必要はない（都計法29条1項3号，施行令21条3号）。よって，本肢は誤り。

❷ **正** 市街化区域内においては，原則として，1,000㎡以上の開発行為をしようとする場合は開発許可を受けなければならない（都計法29条1項1号，施行令19条1項）。ただし，首都圏整備法に規定する既成市街地内にある市街化区域については，1,000㎡以上ではなく，500㎡以上の開発行為をしようとする場合に開発許可が必要となる（都計法施行令19条2項1号）。本肢の開発行為の規模は800㎡であり，500㎡以上なので開発許可を受けなければならない。よって，本肢は正しく，本問の正解肢となる。

☆❸ **誤** 開発許可は不要である。　　　　　　　　　　ステップ14

　準都市計画区域内において行う開発行為で，その規模が3,000㎡未満であるものは，建築物の用途にかかわらず開発許可を受ける必要はない（都計法29条1項1号，施行令19条1項）。よって，本肢は誤り。

☆❹ **誤** 開発許可は不要である。　　　　　　　　　　ステップ14

　都市計画区域内において開発行為をしようとする者は，原則として，都道府県知事の許可を受けなければならない（都計法29条1項本文）。ただし，土地区画整理事業の施行として行う開発行為については，施行する区域や規模にかかわらず開発許可を受ける必要はない（都計法29条1項5号）。よって，本肢は誤り。

●第4編 令和3年度（10月試験）本試験問題

建築基準法総合

問188

建築基準法に関する次の記述のうち，正しいものはどれか。

❶ 居室の内装の仕上げには，ホルムアルデヒドを発散させる建築材料を使用することが認められていない。

❷ 4階建ての共同住宅の敷地内には，避難階に設けた屋外への出口から道又は公園，広場その他の空地に通ずる幅員が2m以上の通路を設けなければならない。

❸ 防火地域又は準防火地域内にある建築物で，外壁が防火構造であるものについては，その外壁を隣地境界線に接して設けることができる。

❹ 建築主は，3階建ての木造の共同住宅を新築する場合において，特定行政庁が，安全上，防火上及び避難上支障がないと認めたときは，検査済証の交付を受ける前においても，仮に，当該共同住宅を使用することができる。

(本試験 2021 年 10 月問 17 出題)

正解肢 4

受験者正解率 **21.2**%

合格者正解率　不合格者正解率

制2-9-1

❶ **誤**　使用は認められている。

　居室を有する建築物にあっては，石綿等以外の物質でその居室内において衛生上の支障を生ずるおそれがある一定の物質は，建築材料及び換気設備について政令で定める技術的基準に適合させなければならない（建基法28条の2第3号）。そして，ホルムアルデヒドを発散させる建築材料を居室の内装の仕上げについて使用する場合は，この規定に従って，一定量を超える場合に使用しないこととされているが，ホルムアルデヒドを発散させる建築材料を使用すること自体は認められている（建基法施行令20条の7）。よって，本肢は誤り。

❷ **誤**　1.5 m以上である。

　4階建ての共同住宅の敷地内には，避難階に設けた屋外への出口から道又は公園，広場その他の空地に通ずる幅員が「1.5 m以上」の通路を設けなければならない（建基法施行令128条）。「2 m以上」ではない。よって，本肢は誤り。なお，階数が3以下で延べ面積が200 ㎡未満の建築物の敷地内にあっては，90cm以上の通路を設けなければならないとされている（建基法施行令128条かっこ書）。

☆❸ **誤**　防火構造ではなく耐火構造である。

ステップ35

　防火地域又は準防火地域内にある建築物で，外壁が耐火構造のものについては，その外壁を隣地境界線に接して設けることができる（建基法63条）。「耐火構造」であり「防火構造」ではない。よって，本肢は誤り。なお，「耐火構造」は「通常の火災が終了するまでの間当該火災による建築物の倒壊及び延焼を防止するために当該建築物の部分に必要とされる性能（建基法2条7号）」に着目した構造であるのに対し，「防火構造」は「建築物の周囲において発生する通常の火災による延焼を抑制するために必要とされる性能（建基法2条8号）」に着目した構造であり，両者は性格を異にする。

☆❹ **正**　3階建ての木造の建築物を新築する場合，原則として，建築主は検査済証の交付を受けた後でなければ，当該建築物を使用し，又は使用させてはならない（建基法6条1項2号，7条の6第1項本文）。ただし，特定行政庁が，安全上，防火上及び避難上支障がないと認めたときは検査済証の交付を受ける前においても仮に使用することができる（建基法7条の6第1項但書1号）。よって，本肢は正しく，本問の正解肢となる。

ステップ42

建築基準法総合

問189

次の記述のうち,建築基準法の規定によれば,誤っているものはどれか。

---

❶ 都市計画により建蔽率の限度が10分の6と定められている近隣商業地域において,準防火地域内にある耐火建築物で,街区の角にある敷地又はこれに準ずる敷地で特定行政庁が指定するものの内にある建築物については,建蔽率の限度が10分の8となる。

❷ 市町村は,集落地区計画の区域において,用途地域における用途の制限を補完し,当該区域の特性にふさわしい土地利用の増進等の目的を達成するため必要と認める場合においては,国土交通大臣の承認を得て,当該区域における用途制限を緩和することができる。

❸ 居住環境向上用途誘導地区内においては,公益上必要な一定の建築物を除き,建築物の建蔽率は,居住環境向上用途誘導地区に関する都市計画において建築物の建蔽率の最高限度が定められたときは,当該最高限度以下でなければならない。

❹ 都市計画区域内のごみ焼却場の用途に供する建築物について,特定行政庁が建築基準法第51条に規定する都市計画審議会の議を経てその敷地の位置が都市計画上支障がないと認めて許可した場合においては,都市計画においてその敷地の位置が決定しているものでなくても,新築することができる。

(本試験 2021年10月問18出題)

正解肢 2

合格者正解率	不合格者正解率
―	―

受験者正解率 **38.1**%

☆**❶ 正** 準防火地域内にある耐火建築物については，建蔽率が10分の1加えられる。また，街区の角にある敷地又はこれに準ずる敷地で特定行政庁が指定するものの内にある建築物についても，別途建蔽率が10分の1加えられる(建基法53条3項)。したがって，本肢の耐火建築物については元々の建蔽率が10分の6であったところに，さらに10分の2が加えられ，建蔽率の限度は10分の8となる。よって，本肢は正しい。

ステップ24

❷ 誤 集落地区計画は除かれている。

市町村は，用途地域における用途の制限を補完し，当該地区計画等の区域の特性にふさわしい土地利用の増進等の目的を達成するため必要と認める場合においては，国土交通大臣の承認を得て，条例で，当該区域における用途制限を緩和することができる。しかし，当該地区計画等の区域から集落地区計画は除かれている(建基法68条の2第5項)。したがって，集落地区計画においては，用途制限の緩和をすることはできない。よって，本肢は誤りであり，本問の正解肢となる。

❸ 正 居住環境向上用途誘導地区内においては，公衆便所，巡査派出所等公益上必要な一定の建築物を除き，建築物の建蔽率は，居住環境向上用途誘導地区に関する都市計画において建築物の建蔽率の最高限度が定められたときは，当該最高限度以下でなければならないとされている(建基法60条の2の2第1項)。よって，本肢は正しい。

制2-3-1

❹ 正 都市計画区域内においては，ごみ焼却場等の用途に供する建築物は，都市計画においてその敷地の位置が決定しているものでなければ，新築等をしてはならない。ただし，特定行政庁が都道府県都市計画審議会の議を経てその敷地の位置が都市計画上支障がないと認めて許可した場合等においては，位置が決定しているものでなくても新築等をすることができる(建基法51条)。よって，本肢は正しい。

制2-2-2

386 LEC東京リーガルマインド 2022年版出る順宅建士 ウォーク問過去問題集③法令上の制限・税・その他

●第4編 令和3年度（10月試験）本試験問題

宅地造成等規制法

問190

宅地造成等規制法（以下この問において「法」という。）に関する次の記述のうち，誤っているものはどれか。なお，この問において「都道府県知事」とは，地方自治法に基づく指定都市，中核市及び施行時特例市にあってはその長をいうものとする。

❶ 宅地造成工事規制区域内において，宅地を造成するために切土をする土地の面積が500㎡であって盛土を生じない場合，切土をした部分に生じる崖の高さが1.5mであれば，都道府県知事の法第8条第1項本文の工事の許可は不要である。

❷ 都道府県知事は，法第8条第1項本文の工事の許可の申請があった場合においては，遅滞なく，文書をもって許可又は不許可の処分を申請者に通知しなければならない。

❸ 都道府県知事は，一定の場合には都道府県（地方自治法に基づく指定都市，中核市又は施行時特例市の区域にあっては，それぞれ指定都市，中核市又は施行時特例市）の規則で，宅地造成工事規制区域内において行われる宅地造成に関する工事の技術的基準を強化し，又は付加することができる。

❹ 都道府県知事は，関係市町村長の意見を聴いて，宅地造成工事規制区域内で，宅地造成に伴う災害で相当数の居住者その他の者に危害を生ずるものの発生のおそれが大きい一団の造成宅地の区域であって一定の基準に該当するものを，造成宅地防災区域として指定することができる。

（本試験2021年10月問19出題）

正解肢 4

合格者正解率	不合格者正解率
―	―

受験者正解率 **88.5**%

☆**❶** **正** 本肢の工事は，切土部分に高さが2mを超える崖を生ずることとなる切土にあたらず，また，面積が500㎡を超えるものにもあたらないため，宅地造成に該当しない（宅造法2条2号，施行令3条）。したがって，都道府県知事の許可は不要である。よって，本肢は正しい。 `ステップ60`

❷ **正** 都道府県知事は，宅地造成に関する工事の許可の申請があった場合においては，遅滞なく，許可又は不許可の処分をしなければならない。また，処分をするには，文書をもって当該申請者に通知しなければならない（宅造法10条1項，2項）。よって，本肢は正しい。 `制6-1-3`

❸ **正** 都道府県知事は，その地方の気候，風土又は地勢の特殊性により，宅地造成等規制法及び同法施行令に規定する宅地造成に関する工事の技術的基準の規定のみによっては宅地造成に伴う崖崩れ又は土砂の流出の防止の目的を達し難いと認める場合においては，都道府県の規則で，宅地造成に関する工事の技術的基準を強化し，又は必要な技術的基準を付加することができる（宅造法施行令15条2項）。よって，本肢は正しい。

☆**❹** **誤** 宅地造成工事規制区域内には，造成宅地防災区域を指定できない。 `ステップ60`

都道府県知事は，関係市町村長の意見を聴いて，宅地造成に伴う災害で相当数の居住者その他の者に危害を生ずるものの発生のおそれが大きい一団の造成宅地の区域であって政令で定める基準に該当するものを，造成宅地防災区域として指定することができる。この区域の指定は，宅地造成工事規制区域内の土地についてはできない（宅造法20条1項）。よって，本肢は誤りであり，本問の正解肢となる。

388 LEC東京リーガルマインド 2022年版出る順宅建士 ウォーク問過去問題集③法令上の制限・税・その他

●第4編　令和3年度（10月試験）本試験問題

土地区画整理法

問191

土地区画整理法に関する次の記述のうち，誤っているものはどれか。

❶ 換地計画において参加組合員に対して与えるべきものとして定められた宅地は，換地処分の公告があった日の翌日において，当該宅地の所有者となるべきものとして換地計画において定められた参加組合員が取得する。

❷ 換地計画において換地を定める場合においては，換地及び従前の宅地の位置，地積，土質，水利，利用状況，環境等が照応するように定めなければならない。

❸ 土地区画整理組合の設立の認可の公告があった日後，換地処分の公告がある日までは，施行地区内において，土地区画整理事業の施行の障害となるおそれがある土地の形質の変更を行おうとする者は，当該土地区画整理組合の許可を受けなければならない。

❹ 土地区画整理組合の組合員は，組合員の3分の1以上の連署をもって，その代表者から理由を記載した書面を土地区画整理組合に提出して，理事又は監事の解任を請求することができる。

（本試験2021年10月問20出題）

❶ 正 参加組合員に対して与えるべきものとして定められた宅地は、換地処分の公告があった日の翌日において、当該宅地の所有者となるべきものとして換地計画において定められた参加組合員が取得する（区画法104条10項、95条の2）。よって、本肢は正しい。

☆❷ 正 換地計画において換地を定める場合においては、換地及び従前の宅地の位置、地積、土質、水利、利用状況、環境等が照応するように定めなければならない（換地照応の原則、区画法89条1項）。よって、本肢は正しい。

ステップ55

☆❸ 誤 都道府県知事等の許可を受けなければならない。

ステップ54

土地区画整理組合の設立の認可の公告があった日後、換地処分の公告がある日までは、施行地区内において、土地区画整理事業の施行の障害となるおそれがある土地の形質の変更等を行おうとする者は、都道府県知事等の許可を受けなければならない（区画法76条1項2号）。当該土地区画整理組合の許可ではない。よって、本肢は誤りであり、本問の正解肢となる。

❹ 正 土地区画整理組合の組合員は、組合員の3分の1以上の連署をもって、その代表者から理由を記載した書面を組合に提出して、理事又は監事の解任を請求することができる（区画法27条7項）。よって、本肢は正しい。

農地法

重要度 A

問 192

農地に関する次の記述のうち，農地法（以下この問において「法」という。）の規定によれば，誤っているものはどれか。

❶ 遺産分割によって農地を取得する場合には，法第3条第1項の許可は不要であるが，農業委員会への届出が必要である。

❷ 法第3条第1項の許可を受けなければならない場合の売買については，その許可を受けずに農地の売買契約を締結しても，所有権移転の効力は生じない。

❸ 砂利採取法第16条の認可を受けて市街化調整区域内の農地を砂利採取のために一時的に借り受ける場合には，法第5条第1項の許可は不要である。

❹ 都道府県が市街化調整区域内の農地を取得して病院を建設する場合には，都道府県知事（法第4条第1項に規定する指定市町村の区域内にあってはその長）との協議が成立すれば，法第5条第1項の許可があったものとみなされる。

(本試験 2021 年 10 月問 21 出題)

合格者正解率	不合格者正解率
―	―
受験者正解率 **93.5**%	

正解肢 **3**

☆❶ **正** 遺産分割，相続により農地又は採草放牧地の権利を取得 ステップ52
した者は，農地法3条1項の許可を受ける必要はないが，遅滞な
く，農業委員会にその旨を届け出なければならない（農地法3条
1項但書12号，3条の3）。よって，本肢は正しい。

☆❷ **正** 農地法3条1項又は5条1項の許可を受けないでした行 ステップ52
為は，その効力を生じない（農地法3条6項，5条3項）。したがっ
て，これらの許可を受けずに農地の売買契約を締結しても，その
所有権移転の効力は生じない。よって，本肢は正しい。

☆❸ **誤** 農地法5条1項の許可が必要である。 ステップ51
砂利採取法による認可を受けた砂利採取計画に従って砂利を採 ステップ52
取するために農地を一時的に貸し付ける場合は，許可が不要とな
らない（農地法5条1項但書参照）。よって，本肢は誤りであり，
本問の正解肢となる。

☆❹ **正** 国又は都道府県等が，農地を農地以外のものにするため ステップ52
取得する場合，国又は都道府県等と都道府県知事等との協議が成
立することをもって農地法5条1項の許可があったものとみなさ
れる（農地法5条4項）。よって，本肢は正しい。

●第4編 令和3年度（10月試験）本試験問題

国土利用計画法

問 193

国土利用計画法第23条の届出（以下この問において「事後届出」という。）に関する次の記述のうち、正しいものはどれか。なお、この問において「都道府県知事」とは、地方自治法に基づく指定都市にあってはその長をいうものとする。

❶ 土地売買等の契約を締結した場合には、当事者のうち当該契約による権利取得者は、その契約を締結した日の翌日から起算して3週間以内に、事後届出を行わなければならない。

❷ 都道府県知事は、事後届出をした者に対し、その届出に係る土地に関する権利の移転若しくは設定後における土地の利用目的又は土地に関する権利の移転若しくは設定の対価の額について、当該土地を含む周辺の地域の適正かつ合理的な土地利用を図るために必要な助言をすることができる。

❸ 事後届出が必要な土地売買等の契約を締結したにもかかわらず、所定の期間内に当該届出をしなかった者は、都道府県知事からの勧告を受けるが、罰則の適用はない。

❹ 宅地建物取引業者Aが所有する準都市計画区域内の20,000㎡の土地について、10,000㎡をB市に、10,000㎡を宅地建物取引業者Cに売却する契約を締結した場合、B市は事後届出を行う必要はないが、Cは一定の場合を除き事後届出を行う必要がある。

（本試験 2021年10月問22出題）

正解肢 **4**

合格者正解率	不合格者正解率
——	——

受験者正解率 **82.6**%

出る順宅建士 ③

☆**❶ 誤** 3週間以内ではなく2週間以内。 　ステップ47

　一団の土地に関する権利を対価を得て移転又は設定する契約（予約を含む。）を締結した場合，権利取得者は，その契約を締結した日から起算して2週間以内に，都道府県知事に届け出なければならない（国土法23条1項，2項）。よって，本肢は誤り。

☆**❷ 誤** 対価の額について助言はできない。 　ステップ47

　都道府県知事は，事後届出があった場合において，その届出をした者に対し，その届出に係る土地に関する権利の移転又は設定後における土地の利用目的について，当該土地を含む周辺の地域の適正かつ合理的な土地利用を図るために必要な助言をすることができる（国土法27条の2）。しかし，設定の対価の額については，助言の対象となっていない。よって，本肢は誤り。

☆**❸ 誤** 勧告されることはなく，また罰則の適用がある。 　ステップ47

　事後届出が必要な土地売買等の契約を締結したにもかかわらず届出を行わなかった場合，6ヵ月以下の懲役又は100万円以下の罰金に処せられる（国土法47条1号，23条1項）。また，事後届出があった場合に土地の利用目的について勧告することができる（国土法24条1項）。本肢のように，事後届出を行わなかった場合に，勧告を受けるという規定はない。よって，本肢は誤り。

☆**❹ 正** 都市計画区域外において，10,000㎡以上の一団の土地に関する権利を対価を得て移転又は設定する契約を締結した場合には，権利取得者は，事後届出を行わなければならない（国土法23条1項，2項1号ハ）。したがって，宅建業者Cは準都市計画区域内の10,000㎡の土地を購入したので事後届出が必要となる。これに対して，当事者の一方又は双方が国，地方公共団体その他政令で定める法人である場合，事後届出を行う必要はない（国土法23条2項3号，18条）。したがって，B市は事後届出を行う必要はない。よって，本肢は正しく，本問の正解肢となる。 　ステップ44 ステップ46

394　LEC東京リーガルマインド　2022年版出る順宅建士 ウォーク問過去問題集③法令上の制限・税・その他

●第4編　令和3年度（10月試験）本試験問題

所得税

問194

所得税法に関する次の記述のうち，正しいものはどれか。

❶ 譲渡所得の特別控除額（50万円）は，譲渡益のうち，まず，資産の取得の日以後5年以内にされた譲渡による所得で政令で定めるものに該当しないものに係る部分の金額から控除し，なお控除しきれない特別控除額がある場合には，それ以外の譲渡による所得に係る部分の金額から控除する。

❷ 譲渡所得の金額の計算上，資産の譲渡に係る総収入金額から控除する資産の取得費には，その資産の取得時に支出した購入代金や購入手数料の金額は含まれるが，その資産の取得後に支出した設備費及び改良費の額は含まれない。

❸ 建物の全部の所有を目的とする土地の賃借権の設定の対価として支払を受ける権利金の金額が，その土地の価額の10分の5に相当する金額を超えるときは，不動産所得として課税される。

❹ 居住者がその取得の日以後5年以内に固定資産を譲渡した場合には，譲渡益から譲渡所得の特別控除額（50万円）を控除した後の譲渡所得の金額の2分の1に相当する金額が課税標準とされる。

（本試験 2021年10月問23出題）

正解肢 1

受験者正解率 28.6%

❶ 正 譲渡所得の特別控除額は50万円である（所得税法33条4項）。譲渡益から譲渡所得の特別控除額を控除する場合には、まず、当該譲渡益のうち資産の譲渡でその資産の取得の日以後5年以内にされたものによる所得に係る部分の金額から控除する（所得税法33条5項、3項1号）。これにより控除しきれない特別控除額がある場合には、それ以外の譲渡による所得に係る部分の金額から控除する（所得税法33条5項、3項2号）。よって、本肢は正しく、本問の正解肢となる。

❷ 誤 資産の取得後に支出した設備費及び改良費の額も含まれる。

譲渡所得の金額の計算上控除する資産の取得費は、別段の定めがあるものを除き、その資産の取得に要した金額並びに設備費及び改良費の額の合計額とする（所得税法38条1項）。したがって、譲渡所得の金額の計算上控除する資産の取得費には、その資産の取得後に支出した設備費及び改良費の額も含まれる。よって、本肢は誤り。

❸ 誤 譲渡所得として課税される。

譲渡所得とは、資産の譲渡による所得をいう（所得税法33条1項）。建物又は構築物の所有を目的とする地上権又は賃借権の設定により他人に土地を長期間使用させる行為のうち、その対価として支払を受ける金額がその土地の価格の10分の5に相当する金額を超えるものは、譲渡所得の譲渡とみなされる行為となる（所得税法33条1項かっこ書き、施行令79条1項1号）。したがって、譲渡所得として課税されるのであり、不動産所得（不動産等を賃貸することによる取得）として課税されるのではない。よって、本肢は誤り。

❹ 誤 固定資産を譲渡した場合、50万円特別控除の適用はない。

固定資産とは土地、建物等のことであり、これらを譲渡した場合の譲渡所得は分離課税となる（租税特別措置法31条1項、32条1項）。したがって、総合課税の場合に適用される50万円の特別控除額は、分離課税の場合には適用されない（租税特別措置法31条1項、32条1項、所得税法33条3項）。また、特別控除額を控除した後の譲渡所得の金額の2分の1に相当する金額を課税標準とする規定は、総合課税における長期譲渡所得の場合に限り適用される（所得税法22条2項）。よって、本肢は誤り。

不動産取得税

問 195

不動産取得税に関する次の記述のうち，正しいものはどれか。

❶ 平成 28 年に新築された既存住宅（床面積 210 ㎡）を個人が自己の居住のために取得した場合，当該取得に係る不動産取得税の課税標準の算定については，当該住宅の価格から 1,200 万円が控除される。

❷ 家屋が新築された日から 3 年を経過して，なお，当該家屋について最初の使用又は譲渡が行われない場合においては，当該家屋が新築された日から 3 年を経過した日において家屋の取得がなされたものとみなし，当該家屋の所有者を取得者とみなして，これに対して不動産取得税を課する。

❸ 不動産取得税は，不動産の取得があった日の翌日から起算して 2 か月以内に当該不動産の所在する都道府県に申告納付しなければならない。

❹ 不動産取得税は，不動産を取得するという比較的担税力のある機会に相当の税負担を求める観点から創設されたものであるが，不動産取得税の税率は 4 % を超えることができない。

（本試験 2021 年 10 月問 24 出題）

正解肢 1

合格者正解率	不合格者正解率
受験者正解率 **66.5%**	

出る順宅建士 ③

☆**❶ 正** 　個人が自己の居住の用に供する耐震基準適合既存住宅を取得した場合における当該住宅の取得に対して課する不動産取得税の課税標準の算定については，一戸について，当該住宅が新築された時において施行されていた控除額を価格から控除する（地方税法73条の14第3項）。平成28年に新築された住宅の控除額は1,200万円である。よって，本肢は正しく，本問の正解肢となる。

ステップ65

❷ 誤 　**3年を経過した日ではない。**

　家屋が新築された日から6カ月を経過して，なお，当該家屋について最初の使用又は譲渡が行われない場合には，当該家屋が新築された日から6カ月を経過した日において家屋の取得があったものとみなし，当該家屋の所有者を取得者とみなして，これに対して不動産取得税を課する（地方税法73条の2第2項但書）。よって，本肢は誤り。なお，宅建業者，独立行政法人都市再生機構，地方住宅供給公社等が売り渡す新築の住宅の場合は，上記の「6カ月」は「1年」となる（地方税法附則10条の2第1項）。

税1-1-3

☆**❸ 誤** 　**申告納付ではなく，普通徴収である。**

　不動産取得税の徴収については，普通徴収の方法によらなければならない（地方税法73条の17第1項）。申告納付ではない。よって，本肢は誤り。

税1-1-7

❹ 誤 　**4%を超えることもできる。**

　不動産取得税の標準税率は，100分の4とする（地方税法73条の15）。なお，住宅又は土地の取得が行われた場合における不動産取得税の標準税率は100分の3とする（地方税法附則11条の2第1項）。制限税率に関する規定はない。したがって，都道府県は，条例で100分の4を超える税率とすることもできる。よって，本肢は誤り。

398　LEC東京リーガルマインド　2022年版出る順宅建士 ウォーク問過去問題集③法令上の制限・税・その他

●第4編 令和3年度(10月試験)本試験問題

不動産鑑定評価基準

重要度 B

問196
不動産の鑑定評価に関する次の記述のうち,不動産鑑定評価基準によれば,誤っているものはどれか。

❶ 不動産鑑定士の通常の調査の範囲では,対象不動産の価格への影響の程度を判断するための事実の確認が困難な特定の価格形成要因がある場合,鑑定評価書の利用者の利益を害するおそれがないと判断されるときに限り,当該価格形成要因について調査の範囲に係る条件を設定することができる。

❷ 対象不動産を価格時点において再調達することを想定した場合において必要とされる適正な原価の総額を再調達原価というが,建設資材,工法等の変遷により,対象不動産の再調達原価を求めることが困難な場合には,対象不動産と同等の有用性を持つものに置き換えて求めた原価を再調達原価とみなすものとする。

❸ 取引事例等に係る取引が特殊な事情を含み,これが当該取引事例等に係る価格等に影響を及ぼしている場合に,適切に補正することを時点修正という。

❹ 不動産の鑑定評価によって求める賃料は,一般的には正常賃料又は継続賃料であるが,鑑定評価の依頼目的に対応した条件により限定賃料を求めることができる場合がある。

(本試験 2021 年 10 月問 25 出題)

正解肢 3

合格者正解率	不合格者正解率
—	—

受験者正解率 **51.1**%

❶ **正** 不動産鑑定士の通常の調査の範囲では，対象不動産の価格への影響の程度を判断するための事実の確認が困難な特定の価格形成要因が存する場合，当該価格形成要因について調査の範囲に係る条件（以下「調査範囲等条件」という。）を設定することができる。ただし，調査範囲等条件を設定することができるのは，調査範囲等条件を設定しても鑑定評価書の利用者の利益を害するおそれがないと判断される場合に限る（不動産鑑定評価基準総論5章1節Ⅲ）。よって，本肢は正しい。

❷ **正** 再調達原価とは，対象不動産を価格時点において再調達することを想定した場合において必要とされる適正な原価の総額をいう。なお，建設資材，工法等の変遷により，対象不動産の再調達原価を求めることが困難な場合には，対象不動産と同等の有用性を持つものに置き換えて求めた原価（置換原価）を再調達原価とみなすものとする（不動産鑑定評価基準総論7章1節Ⅱ2(1)）。よって，本肢は正しい。

税8-5-2

☆❸ **誤** 時点修正ではなく，事情補正である。

ステップ100

取引事例等に係る取引等が特殊な事情を含み，これが当該取引事例等に係る価格等に影響を及ぼしているときは適切に補正しなければならないことを事情補正という（不動産鑑定評価基準総論7章1節Ⅰ3）。時点修正ではない。よって，本肢は誤りであり，本問の正解肢となる。

❹ **正** 不動産の鑑定評価によって求める賃料は，一般的には正常賃料又は継続賃料であるが，鑑定評価の依頼目的に対応した条件により限定賃料を求めることができる場合があるので，依頼目的に対応した条件を踏まえてこれを適切に判断し，明確にすべきである（不動産鑑定評価基準総論5章3節Ⅱ）。よって，本肢は正しい。

●第4編　令和3年度（10月試験）本試験問題

住宅金融支援機構法

重要度 B

問197

独立行政法人住宅金融支援機構（以下この問において「機構」という。）に関する次の記述のうち，誤っているものはどれか。

❶ 機構は，証券化支援事業（買取型）において，賃貸住宅の購入に必要な資金の貸付けに係る金融機関の貸付債権を譲受けの対象としている。

❷ 機構は，市街地の土地の合理的な利用に寄与する一定の建築物の建設に必要な資金の貸付けを業務として行っている。

❸ 機構は，証券化支援事業（買取型）において，省エネルギー性に優れた住宅を取得する場合について，貸付金の利率を一定期間引き下げる制度を設けている。

❹ 機構は，経済事情の変動に伴い，貸付けを受けた者の住宅ローンの元利金の支払が著しく困難になった場合に，償還期間の延長等の貸付条件の変更を行っている。

（本試験 2021 年 10 月問 46 出題）

合格者正解率	不合格者正解率

正解肢 1

受験者正解率 **67.5**%

☆❶ 誤　本肢の貸付債権は譲受けの対象となっていない。　　　　　免1-2-1

　機構は，住宅の建設又は購入に必要な資金の貸付けに係る金融機関の貸付債権の譲受けを行う（証券化支援事業（買取型），機構法13条1項1号）。この債務譲受けの対象となる貸付債権に「自ら居住する住宅又は自ら居住する住宅以外の親族の居住の用に供する住宅を建設し，又は購入する者に対する貸付に係る」債権は含まれているが，「賃貸住宅の建設又は購入に必要な資金の貸付けに係る金融機関の貸付債権」は含まれていない（機構業務方法書3条各号参照）。よって，本肢は誤りであり，本問の正解肢となる。

❷ 正　機構は，合理的土地利用建築物の建設又は合理的土地利　　　免1-2-1
用建築物で人の居住の用その他その本来の用途に供したことのないものの購入に必要な資金（当該合理的土地利用建築物の建設又は購入に付随する行為で政令で定めるものに必要な資金を含む。）に必要な資金の貸付けを行うことを業務として行っている（機構法13条1項7号）。よって，本肢は正しい。

❸ 正　機構は，住宅の建設又は購入に必要な資金の貸付けに係　　　免1-2-1
る金融機関の貸付債権の譲受けを行う（証券化支援事業（買取型），機構法13条1項1号）。この貸付債権は，一般的に「フラット35」と呼ばれる長期固定金利住宅ローンである。そして，「フラット35S」という制度もあり，これは，省エネルギー性・耐震性等を備えた質の高い住宅を取得する場合に借入金利を一定期間引き下げる制度のことである（住宅金融支援機構ホームページ）。よって，本肢は正しい。

☆❹ 正　機構は，貸付けを受けた者が元利金の支払いをすること　　　免1-2-1
が著しく困難となった場合には，貸付条件の変更又は延滞元利金の支払方法の変更をすることができる（機構業務方法書26条1項，2項）。よって，本肢は正しい。

402　LEC東京リーガルマインド　2022年版出る順宅建士 ウォーク問過去問題集③法令上の制限・税・その他

●第4編　令和3年度（10月試験）本試験問題

景品表示法

問198 宅地建物取引業者が行う広告に関する次の記述のうち，不当景品類及び不当表示防止法（不動産の表示に関する公正競争規約を含む。）の規定によれば，正しいものはどれか。

❶ 住宅の居室の広さを畳数で表示する場合には，畳1枚当たりの広さにかかわらず，実際に当該居室に敷かれている畳の数を表示しなければならない。

❷ 団地（一団の宅地又は建物をいう。）と駅との間の距離は，駅から最も近い当該団地内の地点を起点又は着点として算出した数値を表示しなければならず，当該団地を数区に区分して取引するときは各区分ごとに距離を算出して表示しなければならない。

❸ 新築分譲マンションを完成予想図により表示する場合，完成予想図である旨を表示すれば，緑豊かな環境であることを訴求するために周囲に存在しない公園等を表示することができる。

❹ 新築分譲住宅の販売に当たって行う二重価格表示は，実際に過去において販売価格として公表していた価格を比較対照価格として用いて行うのであれば，値下げの時期から1年以内の期間は表示することができる。

（本試験 2021 年 10 月問 47 出題）

合格者正解率	不合格者正解率
—	—
受験者正解率 **64.0**%	

正解肢 2

❶ **誤** 1枚当たりの広さは1.62㎡以上の広さが必要となる。

住宅の居室等の広さを畳数で表示する場合においては，畳1枚当たりの広さは1.62㎡以上の広さがあるという意味で用いなければならない（表示規約15条6号，規則10条16号）。よって，本肢は誤り。なお，この広さは，各室の壁心面積を畳数で除した数値で計算する。

❷ **正** 団地（一団の宅地又は建物をいう。）と駅その他の施設との間の距離又は所要時間は，それぞれの施設ごとにその施設から最も近い当該団地内の地点を起点又は着点として算出した数値を表示しなければならず，当該団地を数区に区分して取引するときは，各区分ごとに距離を算出しなければならい（表示規約15条4号，規則10条9号）。よって，本肢は正しく，本間の正解肢となる。なお，「距離」だけでなく「所要時間」も同様である。

☆❸ **誤** 現況に反する表示をしてはならない。

宅地又は建物の見取図，完成図又は完成予想図は，その旨を明示して用い，当該物件の周囲の状況について表示するときは，現況に反する表示をしてはならない（表示規約15条8号，規則10条23号）。また，学校，病院，官公署，公園その他の公共・公益施設は，現に利用できるものを表示しなければならない（表示規約15条10号，規則10条29号）。したがって，周囲に存在しない公園等を表示することはできない。よって，本肢は誤り。

❹ **誤** 値下げの時期から6カ月以内に表示するものでなければならない。

過去の販売価格を比較対象価格とする二重価格表示は，実際に，当該期間，当該価格で販売していたことを資料により客観的に明らかにすることができる場合において，①過去の販売価格の公表時期及び値下げの時期を明示したものであること，②比較対照価格に用いる過去の販売価格は，値下げの3カ月以上前に公表された価格であって，かつ，値下げ前3カ月以上にわたり実際に販売のために公表していた価格であること，③値下げの時期から6カ月以内に表示するものであること，④土地又は建物について行う表示であることのすべてを満たせば表示をすることができる（表示規約規則13条）。値下げの時期から6カ月以内に表示するものであって，1年以内に表示するものではない。よって，本肢は誤り。

不動産の需給・統計

重要度 C

問199

次の記述のうち、正しいものはどれか。

❶ 建築着工統計(令和3年1月公表)によれば、令和2年1月から令和2年12月までの新設住宅着工戸数は約81.5万戸となり、4年ぶりに増加に転じた。

❷ 令和3年版土地白書(令和3年6月公表)によれば、土地取引について、売買による所有権移転登記の件数でその動向を見ると、令和2年の全国の土地取引件数は約128万件となり、5年連続の増加となっている。

❸ 令和3年地価公示(令和3年3月公表)によれば、令和2年1月以降の1年間の地価の変動を見ると、全国平均の用途別では、住宅地及び商業地は下落に転じたが、工業地は5年連続の上昇となっている。

❹ 年次別法人企業統計調査(令和元年度。令和2年10月公表)によれば、令和元年度における不動産業の営業利益は約5兆円を超え、前年度を上回った。

(本試験 2021 年 10 月問 48 出題)

合格者正解率	不合格者正解率
―	―

正解肢 **3**

受験者正解率 **88.7**%

❶ **誤** 増加ではなく減少である。

　建築着工統計（令和3年1月公表）によれば，令和2年1月から令和2年12月までの新設住宅着工戸数は約81.5万戸となり，4年連続の減少となった。よって，「4年ぶりに増加に転じた」とする本肢は誤り。

❷ **誤** 5年連続の増加ではなく横ばいである。

　令和3年版土地白書（令和3年6月公表）によれば，土地取引について，売買による所有権の移転登記の件数でその動向をみると，令和2年の全国の土地取引件数は約128万件となり，前年の約131万件と比べ，ほぼ横ばいで推移している。よって，「5年連続の増加」とする本肢は誤り。

❸ **正** 令和3年地価公示（令和3年3月公表）によれば，令和2年1月以降の1年間の地価変動を見ると，全国平均の用途別では，住宅地は5年ぶりの下落，商業地は7年ぶりの下落となり，工業地は5年連続の上昇となった。よって，本肢は正しく，本問の正解肢となる。

❹ **誤** 営業利益は下落している。

　年次別法人企業統計調査（令和元年度。令和2年10月公表）によれば，令和元年度における不動産業の営業利益は約4兆3千億円であり，前年度と比べ17.3%減少している。よって，「5兆円を超え，前年度を上回った」とする本肢は誤り。

土地

問200 土地に関する次の記述のうち，最も不適当なものはどれか。

❶ 森林は，木材資源としても重要で，水源涵養，洪水防止等の大きな役割を担っている。

❷ 活動度の高い火山の火山麓では，火山活動に伴う災害にも留意する必要がある。

❸ 林相は良好でも，破砕帯や崖錐等の上の杉の植林地は，豪雨に際して崩壊することがある。

❹ 崖錐や小河川の出口で堆積物の多い所等は，土石流の危険が少ない。

（本試験 2021 年 10 月問 49 出題）

合格者正解率	不合格者正解率
—	—
受験者正解率 **98.7**%	

正解肢 4

❶ **適当** 森林は，流域内の水源涵養，洪水防止等の大きな役割を担うものである。よって，本肢は適当である。なお，「涵養」とは，無理をしないようにだんだんと養い作ることをいう。

☆❷ **適当** 活動度の高い火山地域では，火山活動に伴う溶岩流や降灰，土石流等の危険性が高い。よって，本肢は適当である。

❸ **適当** 林相とは森林の様相形態をいう。そして，林相は良好でも，破砕帯や崖錐等の上の杉の植林地は，豪雨に際して崩落することがある。よって，本肢は適当である。

☆❹ **最も不適当** 崖錐は土石流の危険が大きい。

土石流が起こるのは，急勾配の渓流に多量の不安定な砂礫の堆積がある所や，流域内で豪雨に伴う斜面崩壊の危険性が大きい場合である。そのため，堆積物の多い所等は，土石流の危険が大きい。よって，本肢は最も不適当であり，本問の正解肢となる。

●第4編 令和3年度（10月試験）本試験問題

建 物

問201 建物の構造に関する次の記述のうち，最も不適当なものはどれか。

❶ 鉄骨構造は，主要構造の構造形式にトラス，ラーメン，アーチ等が用いられ，高層建築の骨組に適している。

❷ 鉄骨構造の床は既製気泡コンクリート板，プレキャストコンクリート板等でつくられる。

❸ 鉄骨構造は，耐火被覆や鋼材の加工性の問題があり，現在は住宅，店舗等の建物には用いられていない。

❹ 鉄骨構造は，工場，体育館，倉庫等の単層で大空間の建物に利用されている。

(本試験 2021 年 10 月問 50 出題)

正解肢 **3**

合格者正解率	不合格者正解率
―	―

受験者正解率 **90.8**%

☆**❶** **適当** 鉄骨構造は，主要構造の構造形式にトラス，ラーメン，アーチ等が用いられており，高層建築の骨組に適している。よって，本肢は適当である。なお，ラーメン構造とは，柱とはりといった部材の各接点が剛に接合されて一体となった骨組みによる構造をいい，トラス式構造とは，部材の節点がピン接合となっている三角形を単位とした構造骨組みによる構造をいい，アーチ式構造とは，材軸が曲線状をなす骨組をいう。

免5-3

❷ **適当** 鉄骨構造の床は既製気泡コンクリート板，プレキャストコンクリート板等で造られる。よって，本肢は適当である。なお，軽量気泡コンクリートは，軽量で耐火性・断熱性・遮音性・耐久性に優れているので住宅の外壁や床などに使用されている。プレキャストコンクリート工法とは，工場でコンクリート板を作り，現場へ運んで組み立てるという工法をいい，プレキャストコンクリート板も住宅の壁や床などに使用されている。

❸ **最も不適当** 鉄骨構造は，現在，住宅や店舗等の建物に用いられている。

鉄骨構造は，耐火被覆構法の進展や鋼材の加工性の良さが見直され，現在は，住宅，店舗，事務所等に用いられている。よって，本肢は最も不適当であり，本問の正解肢となる。

☆**❹** **適当** たとえば，肢1に記述した鉄骨構造の一種であるアーチ式構造は，主として軸方向圧縮力により，力が伝達されるものをいい，一般に体育館等のスポーツ施設のように大空間を構成する場合に利用されている。よって，本肢は適当である。

免5-3

出る順宅建士シリーズ

2022年版
出る順宅建士 ウォーク問 過去問題集　❸法令上の制限・税・その他

1988年 8 月24日	第 1 版　第 1 刷発行
2021年12月30日	第35版　第 1 刷発行

　　　　　　編著者●株式会社　東京リーガルマインド
　　　　　　LEC総合研究所　宅建士試験部

　　　　　発行所●株式会社　東京リーガルマインド
　　　　　　〒164-0001　東京都中野区中野4-11-10
　　　　　　　アーバンネット中野ビル
　　　　　　LECコールセンター　　✉ 0570-064-464
　　　　　　受付時間　平日9:30 ～ 20:00 / 土・祝10:00 ～ 19:00 / 日10:00 ～ 18:00
　　　　　　※このナビダイヤルは通話料お客様ご負担となります。
　　　　　書店様専用受注センター　　TEL 048-999-7581 / FAX 048-999-7591
　　　　　　受付時間　平日9:00 ～ 17:00 / 土・日・祝休み
　　　　　www.lec-jp.com/

　　　　カバーデザイン●ブルーデザイン有限会社
　　　　本文デザイン●エー・シープランニング　千代田 朗
　　　　本文イラスト●髙橋 雅彦
　　　　印刷・製本●倉敷印刷株式会社

©2021 TOKYO LEGAL MIND K.K., Printed in Japan　　　　　ISBN978-4-8449-9722-1
複製・頒布を禁じます。

本書の全部または一部を無断で複製・転載等することは、法律で認められた場合を除き、著
作者及び出版者の権利侵害になりますので、その場合はあらかじめ弊社あてに許諾をお求め
ください。

なお、本書は個人の方々の学習目的で使用していただくために販売するものです。弊社と競
合する営利目的での使用等は固くお断りいたしております。

落丁・乱丁本は、送料弊社負担にてお取替えいたします。出版部（TEL03-5913-6336）までご連
絡ください。

宅建士 LEC渾身の書籍ラインナップ

インプット&アウトプットの"リンク学習"で効率的に合格しよう

ゼロから一気に合格したい！
宅建士 合格の トリセツ

テキストはオールカラー&イラスト図解&やさしい文章でスラスラ学べる

基本テキスト — 完全リンク — **基本問題集** — 頻出**一問一答式過去問題集**(仮)
（2022年4月発刊予定）

購入特典 基本テキストには
★無料講義動画20本
★スマホ対応一問一答

自信満々に合格したい！
出る順 宅建士 シリーズ

試験範囲を全網羅！詳しい解説で難問にも打ち勝つ合格力を身につける

合格テキスト 全3巻 — 完全リンク — **ウォーク問 過去問題集** 全3巻

第①巻：権利関係
第②巻：宅建業法
第③巻：法令上の制限・税・その他

購入特典 ウォーク問過去問題集には **最新12月試験問題&解説 ダウンロード**

試験日 例年10月第3日曜日

受験申込期間：例年7月上旬～下旬
※最新情報は試験指定機関HPをご確認ください。

直前期！本試験形式の演習で試験対策を万全に！

過去30年良問厳選問題集
（2022年4月発刊予定）

リンク 合格テキスト

当たる！直前予想模試
（2022年6月発刊予定）

無料動画付き

 購入特典 当たる！直前予想模試には
WEB無料解説動画4回分＆無料採点サービス
順位や平均点・偏差値が一目瞭然

短期学習に特化したテキスト

ウォーク問過去問題集
リンク

どこでも宅建士 とらの巻 短期決戦型速習テキスト
（2022年5月発刊予定）

付録 試験当日まで使える別冊暗記集「とらの子」

アプリ＆オーディオブックで効率学習

リンク 合格テキスト

一問一答 ○×1000肢問題集 赤シート付き
（2022年1月発刊予定）

購入特典 スマホで学べるアプリ

リンク
・合格テキスト
・とらの巻

逆解き式！最重要ポイント555 赤シート付き
（2022年4月発刊予定）

購入特典 オーディオブック

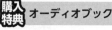

※特典の名称や書籍のタイトル・表紙・デザイン・内容・発刊予定等は、実際と異なる場合がございます。予めご了承ください。

基礎から万全!「合格のトレーニングメニュー」を完全網羅!

プレミアム合格フルコース 全78回

スーパー合格講座 (34回×2.5h)	出た順必勝 総まとめ講座 (12回×2.5h)	とにかく6点アップ! 直前かけこみ講座 (2回×2h)
分野別! コレだけ演習 総まとめ講座 (3回×3.5h)	究極のポイント300 攻略講座 (3回×2h)	全日本宅建公開模試 基礎編(2回) 実戦編(3回)
マスター演習講座 (15回×2.5h)	試験に出るトコ 大予想会 (3回×2h)	ファイナル模試 (1回)

※講座名称は変更となる場合がございます。予めご了承ください。

受講形態

通学クラス / **通信クラス**

● 各受講スタイルのメリット

通学 各本校での生講義が受講できます。講師に直接質問したい方、勉強にリズムを作りたい方にオススメ!

通信 Web通信動画はPC以外にもスマートフォンやタブレットでも視聴可能。シーンに応じた使い分けで学習効率UP。

内容 「スーパー合格講座」では合格に必要な重要必須知識を理解・定着させることを目標とします。講師が、難しい専門用語を極力使わず、具体例をもって分かりやすく説明します。「分野別!これだけ演習総まとめ講座」ではスーパー合格講座の分野終了時に演習を行いながら総まとめをします。WebまたはDVDでの提供となりますので進捗にあわせていつでもご覧いただけます。「マスター演習講座」では、スーパー合格講座で学んだ内容を、○×式の演習課題を実際に解きながら問題の解き方をマスターし、重要知識の定着をさらに進めていきます。「出た順必勝総まとめ講座」は、過去の本試験問題のうち、合格者の正答率の高い問題を題材にして、落としてはならない論点を実際に解きながら総復習します。最後に、「全日本公開模試・ファイナル模試」で本試験さながらの演習トレーニングを受けて、その後の直前講座で実力の総仕上げをします。

対象者 ・初めて宅建の学習を始める方
・何を勉強すればよいか分からず不安な方

● **受講料**

受講形態	一般価格(税込)
通信・Web動画+スマホ+音声DL	154,000円
通信・DVD	170,500円
通学・フォロー(Web動画+スマホ+音声DL)付	181,500円

詳細はLEC宅建サイトをご覧ください
⇒ **http://www.lec-jp.com/takken/**

圧倒的な演習量を誇るリベンジ講座に徹底復習のための基礎講座をプラスアルファ!

再チャレンジ合格フルコース
＋スーパー合格講座 全73回

学習経験者専用コース

スーパー合格講座 (34回×2.5h)	総合実戦答練 (3回×4h)	全日本宅建公開模試 基礎編(2回) 実戦編(3回)
ハイレベル合格講座 (18回×3h)	直前バックアップ 総まとめ講座 (3回×3h)	ファイナル模試 (1回)
分野別ベーシック答練 (6回×3h)	過去問対策 ナビゲート講座 (2回×3h)	ラスト1週間の 重要ポイント見直し講座 (1回×3h)

※講座名称は変更となる場合がございます。予めご了承ください。

受講形態

● 各受講スタイルのメリット

通学 各本校での生講義が受講できます。講師に直接質問したい方、勉強にリズムを作りたい方にオススメ!

通信 Web通信動画はPC以外にもスマートフォンやタブレットでも視聴可能。シーンに応じた使い分けで学習効率UP。

内容 「スーパー合格講座」で徹底的に基礎知識を復習し、あやふやな部分を取り除きましょう。「ハイレベル合格講座」と2種類の答練を並行学習することで最新の出題パターンと解法テクニックを習得します。さらに4肢択一600問(模試6回＋答練9回)という業界トップクラスの演習量があなたを合格に導きます。

対象者
・基礎から学びなおしてリベンジしたい方
・テキストの内容は覚えたのに過去問が解けない方

● **受講料**

受講形態	一般価格(税込)
通信・Web動画＋スマホ＋音声DL	148,500円
通信・DVD	165,000円
通学・フォロー(Web動画＋スマホ＋音声DL)付	176,000円

詳細はLEC宅建サイトをご覧ください
⇒ http://www.lec-jp.com/takken/

「とら」＋「模試」が効く！

5月〜8月に始める方のための

短期集中講座ラインナップ

合格まで全力疾走できる短期合格目標コース

ウルトラ合格フルコース ＜全48回＞

ウルトラ速習 35時間完成講座 （15回×2.5h）	出た順必勝 総まとめ講座 （12回×2.5h）	とにかく6点アップ！ 直前かけこみ講座 （2回×2h）
短期合格を目指す 宅建スタートダッシュ講座 （3回×2.5h）	究極のポイント 300攻略講座 （3回×2h）	全日本宅建公開模試 （実戦編3回）
ウルトラ演習 解きまくり講座 （6回×2.5h）	試験に出るトコ 大予想会 （3回×2h）	ファイナル模試 （1回）

＜講座内容＞

5月以降に学習を始めて今年の宅建士試験に合格するためには、めったに出題されない論点や他の受験生が得点できない論点を思い切って切り捨てることが必要です。LECは、過去の出題傾向・正解率データをもとに、膨大な論点をダウンサイジングし、「合格に必要な知識」に絞り込みました。この「合格に必要な知識」を何度も繰り返し学習することで、「引っ掛け問題」や「受験生心理を揺さぶる問題」にも対応できる「合格力」が身につきます。合格まで一気に駆け抜けましょう。

- ①短期合格を目指す宅建スタートダッシュ講座⇒しっかり入門！
- ②ウルトラ速習35時間完成講座⇒短期学習の決定版！
- ③ウルトラ演習解きまくり講座⇒習得した知識を"使える"知識へ
- ④出た順必勝総まとめ講座⇒出た順で知識を総まとめ
- ⑤全日本宅建公開模試⇒自分の弱点を発見・克服する
- ⑥究極のポイント300攻略講座⇒○×チェック
- ⑦試験に出るトコ大予想会⇒本試験予想
- ⑧とにかく6点アップ！ かけこみ講座⇒超直前！
- ⑨ファイナル模試⇒最後の予想模試

詳細はLEC宅建ホームページまたはコールセンターまで

＜別売テキスト（税込）＞

2022どこでも宅建士とらの巻		定価2,420円
2022ウォーク問過去問題集	❶権利関係	定価1,760円
	❷宅建業法	定価1,760円
	❸法令上の制限・税・その他	定価1,980円　合計4冊／7,920円

＜受講料＞

受講形態	一般価格(税込)
通信・Web動画＋スマホ＋音声DL	110,000円
通学・フォロー（Web動画＋スマホ＋音声DL）付	121,000円

※通信DVDもございます。また、通学・提携校通学の詳細はLEC宅建サイトをご覧ください。
※上記の内容は発行日現在のものであり、事前の予告なく変更する場合がございます。あらかじめご了承ください。

詳細はLEC宅建サイトをご覧ください ⇒ http://www.lec-jp.com/takken/

○×チェックでスピーディーにまとめる!

究極のポイント300攻略講座 全3回 <通学/通信>

内容 合格のためには、知識を確実に身につけなければなりません。試験直前期には、その知識をより確実なものにする必要があります。この講座では、「合格に必要な知識」をさらに精錬した究極の300のポイントを示し、知識の再確認をします。

こんな人にオススメです

・合格に必要な知識を確実にし、合格を不動のものにしたい方
・直前期の勉強法に悩んでいる方

使用教材

究極のポイント300攻略講座
オリジナルテキスト（受講料込）

受講料

受講形態	一般価格(税込)	講座コード
通信・Web動画＋スマホ＋音声DL	14,300円	TB22571

※通学・通信DVDなどその他受講形態もございます。詳しくはLEC宅建ホームページをご覧ください。

今年も当てます!本試験!!

試験に出るトコ大予想会 全3回 <通学/通信>

内容 過去問の徹底分析に基づき、LEC宅建講師陣が総力をあげて2022年度の宅建士試験に「出るトコ」を予想する講座です。復習必要度の高い重要論点ばかりで問題が構成されています。2022年度の宅建士試験合格を、より確実なものにできます。

こんな人にオススメです

・今年の宅建本試験に何がなんでも合格したい方
・一発逆転を狙う方
・2021年度宅建本試験にあと一歩だった方

使用教材

試験に出るトコ大予想会
オリジナルテキスト（受講料込）

受講料

受講形態	一般価格(税込)	講座コード
通信・Web動画＋スマホ＋音声DL	14,300円	TB22576

※通学・通信DVDなどその他受講形態もございます。詳しくはLEC宅建ホームページをご覧ください。

本試験前日の超直前講座!

とにかく6点アップ!直前かけこみ講座 全2回 <通学／通信>

内容 2022年度宅建士試験は10月16日(日)に実施されます（予定）。本講座は、その前日、10月15日(土)に行います。本試験前日ともなると、なかなか勉強が手につかないもの。やり残した細かい所が気になってしまうのも受験生の心理でしょう。そんなときこそ、当たり前のことを落ち着いて勉強することが重要です。本講座で重要ポイントをチェックして、本試験に臨んでください。

こんな人にオススメです

・本試験に向けて最後の総まとめをしたい方
・最後の最後に合格を確実にしたい方

使用教材

とにかく6点アップ!直前かけこみ講座
オリジナルテキスト（受講料込）

受講料

受講形態	一般価格(税込)	講座コード
通信・Web動画＋スマホ＋音声DL	7,150円	TB22565

※通学・通信DVDなどその他受講形態もございます。詳しくはLEC宅建ホームページをご覧ください。

※上記の内容は発行日現在のものであり、事前の予告なく変更する場合がございます。あらかじめご了承ください。

■お電話での講座に関するお問い合わせ（平日9:30〜20:00 土・祝10:00〜19:00 日10:00〜18:00）

LECコールセンター ☎0570-064-464
※このナビダイヤルは通話料がお客様ご負担となります。
※固定電話・携帯電話共通（一部のPHS・IP電話からもご利用可能）。

全国のライバルと真剣勝負！

2022 全日本宅建公開模試 全5回

多くの受験者数を誇るLECの全日本宅建公開模試。個人成績表で全国順位や偏差値、その時点での合格可能性が分かります。問題ごとに全受験生の正解率が出ますので、弱点を発見でき、その後の学習に活かせます。

基礎編(2回)　試験時間 2時間(50問)

内容 本試験の時期に近づけば近づくほど瑣末な知識に目が奪われがちなもの。そのような時期だからこそ、過去に繰り返し出題されている重要論点の再確認を意識的に行うことが大切になります。「基礎編」では、合格するために不可欠な重要論点の知識の穴を発見できるとともに、直前1ヶ月の学習の優先順位を教えてくれます。

対象者 全宅建受験生

実戦編(3回)　試験時間 2時間(50問)

内容 本試験と同じ2時間で50問解くことで、今まで培ってきた知識とテクニックが、確実に習得できているかどうかを最終チェックします。「実戦編」は可能な限り知識が重ならないように作られています。ですから、1回の公開模試につき200の知識(4肢×50問)、3回全て受けると600の知識の確認ができます。各問題の正解率データを駆使して効率的な復習をし、自分の弱点を効率よく克服しましょう。

対象者 全宅建受験生

● 実施スケジュール(一例)

			会場受験		
			水曜クラス	土曜クラス	日曜クラス
実施日	基礎編	第1回	7/20(水)	7/23(土)	7/24(日)
		第2回	8/ 3(水)	8/ 6(土)	8/ 7(日)
	実戦編	第1回	8/24(水)	8/27(土)	8/28(日)
		第2回	8/31(水)	9/ 3(土)	9/ 4(日)
		第3回	9/ 7(水)	9/10(土)	9/11(日)

※成績発表は、「Score Online(Web個人成績表)」にて行います。成績表の送付をご希望の方は、別途、成績表送付オプションをお申込みください。

● 実施校(予定)

新宿エルタワー・渋谷駅前・池袋・水道橋・立川・町田・横浜・千葉・大宮・新潟・水戸見川・梅田駅前・京都駅前・神戸・難波駅前・福井南・和歌山駅前・札幌・仙台・静岡・名古屋駅前・富山・岡山・広島・山口・高松・福岡・那覇・金沢・松江殿町・長崎駅前

※現時点で実施が予定されているものです。実施校については変更の可能性がございます。
※実施曜日、実施時間については学校によって異なります。お申込み前に必ずお問合せください。

● 出題例

公開模試　実戦編　第3回　問3

【問 3】 Aの子BがAの代理人と偽って、Aの所有地についてCと売買契約を締結した場合に関する次の記述のうち、民法の規定及び判例によれば、誤っているものはどれか。

1 Cは、Bが代理権を有しないことを知っていた場合でも、Aに対し、追認するか否か催告することができる。

2 BがCとの間で売買契約を締結した後に、Bの死亡によりAが単独でBを相続した場合、Cは甲土地の所有権を当然に取得する。

3 AがBの無権代理行為を追認するまでの間は、Cは、Bが代理権を有しないことについて知らなかったのであれば、過失があっても、当該契約を取り消すことができる。

4 Aが追認も追認拒絶もしないまま死亡して、Bが単独でAを相続した場合、BはCに対し土地を引き渡さなければならない。

解答　2

■お電話での講座に関するお問い合わせ(平日9:30〜20:00　土・祝10:00〜19:00　日10:00〜18:00)

LECコールセンター ☎ **0570-064-464**

※このナビダイヤルは通話料お客様ご負担となります。
※固定電話・携帯電話共通(一部のPHS・IP電話からもご利用可能)。

本試験対策の最終確認!

2022 ファイナル模試 1回

本試験の約3週間前に実施するファイナル模試。受験者が最も多く、しかもハイレベルな受験生が数多く参加します。学習の完成度を最終確認するとともに、合格のイメージトレーニングをしましょう。

内容 本試験直前に、毎年高い的中率を誇るLECの模試で、本試験対策の総まとめができる最後のチャンスです!
例年、本試験直前期のファイナル模試は特に受験者も多く、しかもハイレベルな受験生が数多く結集します。実力者の中で今年の予想問題を解くことで、ご自身の本試験対策の完成度を最終確認し、合格をより確実なものにしましょう。

試験時間 **2時間**(50問)

対象者 **全宅建受験生**

● 実施スケジュール(一例)

	会場受験		
	水曜クラス	土曜クラス	日曜クラス
実施日	9/21(水)	9/24(土)	9/25(日)

※成績発表は、「ScoreOnline(Web個人成績表)」にて行います。成績表の送付をご希望の方は、別途、成績表送付オプションをお申込みください。
※自宅受験(Web解説)の場合、問題冊子・解説冊子・マークシート等の発送は一切ございません。Webページからご自身でプリントアウトした問題を見ながら、「Score Online」に解答入力をしてください。成績確認も「Score Online」になります。

● 実施校(予定)

新宿エルタワー・渋谷駅前・池袋・水道橋・立川・町田・横浜・千葉・大宮・新潟・水戸見川・梅田駅前・京都駅前・神戸・難波駅前・福井南・和歌山駅前・札幌・仙台・静岡・名古屋駅前・富山・岡山・広島・山口・高松・福岡・那覇・金沢・松江殿町・長崎駅前

※現時点で実施が予定されているものです。実施校については変更の可能性がございます。
※実施曜日、実施時間については学校によって異なります。お申込み前に必ずお問合せください。

● 出題例

【問 19】 建築基準法(以下この問において「法」という。)に関する次のアからエまでの記述のうち、誤っているものの組合せはどれか。

ア 建築物が防火地域及び準防火地域にわたる場合においては、原則として、その全部について防火地域内の建築物に関する規定を適用する。

イ 公衆便所、巡査派出所その他これらに類する公益上必要な建築物は、特定行政庁の許可を受けずに道路内に建築することができる。

ウ 容積率を算定する上では、共同住宅の共用の廊下及び階段部分は、当該共同住宅の延べ面積の3分の1を限度として、当該共同住宅の延べ面積に算入しない。

エ 商業地域内にある建築物については、法第56条の2第1項の規定による日影規制は、適用されない。ただし、冬至日において日影規制の対象区域内の土地に日影を生じさせる、高さ10mを超える建築物については、この限りでない。

1 ア、イ
2 ア、エ
3 イ、ウ
4 ウ、エ

解答 3

■お電話での講座に関するお問い合わせ(平日9:30〜20:00 土・祝10:00〜19:00 日10:00〜18:00)

LECコールセンター ☎ **0570-064-464**

※このナビダイヤルは通話料金お客様ご負担となります。
※固定電話・携帯電話共通(一部のPHS・IP電話からもご利用可能)。

LEC Webサイト ▷▷ www.lec-jp.com/

情報盛りだくさん！

資格を選ぶときも、
講座を選ぶときも、
最新情報でサポートします！

最新情報
各試験の試験日程や法改正情報、対策講座、模擬試験の最新情報を日々更新しています。

資料請求
講座案内など無料でお届けいたします。

受講・受験相談
メールでのご質問を随時受付けております。

よくある質問
LECのシステムから、資格試験についてまで、よくある質問をまとめました。疑問を今すぐ解決したいなら、まずチェック！

書籍・問題集（LEC書籍部）
LECが出版している書籍・問題集・レジュメをこちらで紹介しています。

充実の動画コンテンツ！

ガイダンスや講演会動画、
講義の無料試聴まで
Webで今すぐCheck！

動画視聴OK
パンフレットやWebサイトを見てもわかりづらいところを動画で説明。いつでもすぐに問題解決！

Web無料試聴
講座の第1回目を動画で無料試聴！気になる講義内容をすぐに確認できます。

スマートフォン・タブレットからはQRコードでのアクセスが便利です。

自慢のメールマガジン配信中！（登録無料）

LEC講師陣が毎週配信！ 最新情報やワンポイントアドバイス、改正ポイントなど合格に必要な知識をメールにて毎週配信。

www.lec-jp.com/mailmaga/

LEC E学習センター

新しい学習メディアの導入や、Web学習の新機軸を発信し続けています。また、LECで販売している講座・書籍などのご注文も、いつでも可能です。

online.lec-jp.com/

LEC電子書籍シリーズ

LECの書籍が電子書籍に！ お使いのスマートフォンやタブレットで、いつでもどこでも学習できます。

※動作環境・機能につきましては、各電子書籍ストアにてご確認ください。

www.lec-jp.com/ebook/

LEC書籍部 www.lec-jp.com/system/book/

LEC書籍・問題集・レジュメの紹介サイト

- LECが出版している書籍・問題集・レジュメをご紹介
- 当サイトから書籍などの直接購入が可能（＊）
- 書籍の内容を確認できる「チラ読み」サービス
- 発行後に判明した誤字等の訂正情報を公開

＊商品をご購入いただく際は、事前に会員登録（無料）が必要です。
＊購入金額の合計・発送する地域によって、別途送料がかかる場合がございます。

※資格試験によっては実施していないサービスがありますので、ご了承ください。

LEC 全国学校案内

＊講座のお問合せ、受講相談は最寄りのLEC各校へ

LEC本校

■ 北海道・東北

札 幌本校　☎011(210)5002
〒060-0004 北海道札幌市中央区北4条西5-1　アスティ45ビル

仙 台本校　☎022(380)7001
〒980-0021 宮城県仙台市青葉区中央3-4-12
仙台ＳＳスチールビルⅡ

■ 関東

渋谷駅前本校　☎03(3464)5001
〒150-0043 東京都渋谷区道玄坂2-6-17　渋東シネタワー

池 袋本校　☎03(3984)5001
〒171-0022 東京都豊島区南池袋1-25-11　第15野萩ビル

水道橋本校　☎03(3265)5001
〒101-0061 東京都千代田区神田三崎町2-2-15　Daiwa三崎町ビル

新宿エルタワー本校　☎03(5325)6001
〒163-1518 東京都新宿区西新宿1-6-1　新宿エルタワー

早稲田本校　☎03(5155)5501
〒162-0045 東京都新宿区馬場下町62　三朝庵ビル

中 野本校　☎03(5913)6005
〒164-0001 東京都中野区中野4-11-10　アーバンネット中野ビル

立 川本校　☎042(524)5001
〒190-0012 東京都立川市曙町1-14-13　立川MKビル

町 田本校　☎042(709)0581
〒194-0013 東京都町田市原町田4-5-8　町田イーストビル

横 浜本校　☎045(311)5001
〒220-0004 神奈川県横浜市西区北幸2-4-3　北幸GM21ビル

千 葉本校　☎043(222)5009
〒260-0015 千葉県千葉市中央区富士見2-3-1　塚本大千葉ビル

大 宮本校　☎048(740)5501
〒330-0802 埼玉県さいたま市大宮区宮町1-24　大宮GSビル

■ 東海

名古屋駅前本校　☎052(586)5001
〒450-0002 愛知県名古屋市中村区名駅4-6-23　第三堀内ビル

静 岡本校　☎054(255)5001
〒420-0857 静岡県静岡市葵区御幸町3-21　ペガサート

■ 北陸

富 山本校　☎076(443)5810
〒930-0002 富山県富山市新富町2-4-25　カーニープレイス富山

■ 関西

梅田駅前本校　☎06(6374)5001
〒530-0013 大阪府大阪市北区茶屋町1-27　ABC-MART梅田ビル

難波駅前本校　☎06(6646)6911
〒542-0076 大阪府大阪市中央区難波4-7-14　難波フロントビル

京都駅前本校　☎075(353)9531
〒600-8216 京都府京都市下京区東洞院通七条下ル2丁目
東塩小路町680-2　木村食品ビル

京 都本校　☎075(353)2531
〒600-8413　京都府京都市下京区烏丸通仏光寺下ル
大政所町680-1 第八長谷ビル

神 戸本校　☎078(325)0511
〒650-0021 兵庫県神戸市中央区三宮町1-1-2　三宮セントラルビル

■ 中国・四国

岡 山本校　☎086(227)5001
〒700-0901 岡山県岡山市北区本町10-22　本町ビル

広 島本校　☎082(511)7001
〒730-0011 広島県広島市中区基町11-13　合人社広島紙屋町アネクス

山 口本校　☎083(921)8911
〒753-0814 山口県山口市吉敷下東3-4-7　リアライズⅢ

高 松本校　☎087(851)3411
〒760-0023 香川県高松市寿町2-4-20　高松センタービル

松 山本校　☎089(961)1333
〒790-0003 愛媛県松山市三番町7-13-13　ミツネビルディング

■ 九州・沖縄

福 岡本校　☎092(715)5001
〒810-0001 福岡県福岡市中央区天神4-4-11　天神ショッパーズ
福岡

那 覇本校　☎098(867)5001
〒902-0067 沖縄県那覇市安里2-9-10　丸姫産業第2ビル

■ EYE関西

EYE 大阪本校　☎06(7222)3655
〒530-0013　大阪府大阪市北区茶屋町1-27　ABC-MART梅田ビル

EYE 京都本校　☎075(353)2531
〒600-8413　京都府京都市下京区烏丸通仏光寺下ル
大政所町680-1 第八長谷ビル

【LEC公式サイト】www.lec-jp.com/

QRコードからかんたんアクセス！

LEC提携校

＊提携校はLECとは別の経営母体が運営をしております。
＊提携校は実施講座およびサービスにおいてLECと異なる部分がございます。

■ 北海道・東北

北見駅前校【提携校】 ☎0157(22)6666
〒090-0041 北海道北見市北1条西1-8-1 一燈ビル 志学会内

八戸中央校【提携校】 ☎0178(47)5011
〒031-0035 青森県八戸市寺横町13 第1朋友ビル 新教育センター内

弘前校【提携校】 ☎0172(55)8831
〒036-8093 青森県弘前市城東中央1-5-2
まなびの森 弘前城東予備校内

秋田校【提携校】 ☎018(863)9341
〒010-0964 秋田県秋田市八橋鯲沼町1-60
株式会社アキタシステムマネジメント内

■ 関東

水戸見川校【提携校】 ☎029(297)6611
〒310-0912 茨城県水戸市見川2-3092-3

所沢校【提携校】 ☎050(6865)6996
〒359-0037 埼玉県所沢市くすのき台3-18-4 所沢K・Sビル
合同会社LPエデュケーション内

東京駅八重洲口校【提携校】 ☎03(3527)9304
〒103-0027 東京都中央区日本橋3-7-7 日本橋アーバンビル
グランデスク内

日本橋【提携校】 ☎03(6661)1188
〒103-0025 東京都中央区日本橋茅場町2-5-6 日本橋大江戸ビル
株式会社大江戸コンサルタント内

新宿三丁目駅前校【提携校】 ☎03(3527)9304
〒160-0022 東京都新宿区新宿2-6-4 KNビル グランデスク内

■ 東海

沼津校【提携校】 ☎055(928)4621
〒410-0048 静岡県沼津市新宿町3-15 萩原ビル
M-netパソコンスクール沼津校内

■ 北陸

新潟校【提携校】 ☎025(240)7781
〒950-0901 新潟県新潟市中央区弁天3-2-20 弁天501ビル
株式会社大江戸コンサルタント内

金沢校【提携校】 ☎076(237)3925
〒920-8217 石川県金沢市近岡町845-1 株式会社アイ・アイ・ピー金沢内

福井南校【提携校】 ☎0776(35)8230
〒918-8114 福井県福井市羽水2-701 株式会社ヒューマン・デザイン内

■ 関西

和歌山駅前校【提携校】 ☎073(402)2888
〒640-8342 和歌山県和歌山市友田町2-145
KEG教育センタービル 株式会社KEGキャリア・アカデミー内

■ 中国・四国

松江殿町校【提携校】 ☎0852(31)1661
〒690-0887 島根県松江市殿町517 アルファステイツ殿町
山路イングリッシュスクール内

岩国駅前校【提携校】 ☎0827(23)7424
〒740-0018 山口県岩国市麻里布町1-3-3 岡村ビル 英光学院内

新居浜駅前校【提携校】 ☎0897(32)5356
〒792-0812 愛媛県新居浜市坂井町2-3-8 パルティフジ新居浜駅前店内

■ 九州・沖縄

佐世保駅前校【提携校】 ☎0956(22)8623
〒857-0862 長崎県佐世保市白南風町5-15 智翔館内

日野校【提携校】 ☎0956(48)2239
〒858-0925 長崎県佐世保市椎木町336-1 智翔館日野校内

長崎駅前校【提携校】 ☎095(895)5917
〒850-0057 長崎県長崎市大黒町10-10 KoKoRoビル
minatoコワーキングスペース内

沖縄プラザハウス校【提携校】 ☎098(989)5909
〒904-0023 沖縄県沖縄市久保田3-1-11
プラザハウス フェアモール 有限会社スキップヒューマンワーク内

※上記は2021年11月1日現在のものです。

書籍の訂正情報の確認方法とお問合せ方法のご案内

このたびは、弊社発行書籍をご購入いただき、誠にありがとうございます。
万が一誤りと思われる箇所がございましたら、以下の方法にてご確認ください。

1 訂正情報の確認方法

発行後に判明した訂正情報を順次掲載しております。
下記サイトよりご確認ください。

www.lec-jp.com/system/correct/

2 お問合せ方法

上記サイトに掲載がない場合は、下記サイトの入力フォームより
お問合せください。

http://lec.jp/system/soudan/web.html

フォームのご入力にあたりましては、「Web教材・サービスのご利用について」の
最下部の「ご質問内容」に下記事項をご記載ください。

・対象書籍名(○○年版、第○版の記載がある書籍は併せてご記載ください)
・ご指摘箇所(具体的にページ数の記載をお願いします)

お問合せ期限は、次の改訂版の発行日までとさせていただきます。
また、改訂版を発行しない書籍は、販売終了日までとさせていただきます。

※インターネットをご利用になれない場合は、下記①～⑤を記載の上、ご郵送にてお問合せください。
①書籍名、②発行年月日、③お名前、④お客様のご連絡先(郵便番号、ご住所、電話番号、FAX番号)、⑤ご指摘箇所
送付先:〒164-0001 東京都中野区中野4-11-10 アーバンネット中野ビル
　　　東京リーガルマインド出版部 訂正情報係

・正誤のお問合せ以外の書籍の内容に関する質問は受け付けておりません。
　また、書籍の内容に関する解説、受験指導等は一切行っておりませんので、あらかじ
　めご了承ください。
・お電話でのお問合せは受け付けておりません。

講座・資料のお問合せ・お申込み

LECコールセンター ☎ 0570-064-464

受付時間:平日9:30～20:00/土・祝10:00～19:00/日10:00～18:00

※このナビダイヤルの通話料はお客様のご負担となります。
※このナビダイヤルは講座のお申込みや資料のご請求に関するお問合せ専用ですので、書籍の正誤に関する
　ご質問をいただいた場合、上記「②正誤のお問合せ方法」のフォームをご案内させていただきます。